Immaterielle Gegenstände – insbesondere Immaterialgüterrechte –
als wesentliche Einrichtungen nach Art. 102 AEUV

EUROPÄISCHE INTEGRATION UND INTERNATIONALE WIRTSCHAFTSBEZIEHUNGEN

Rechtswissenschaftliche Studien

Herausgegeben von Peter Behrens
und Wolfgang Wurmnest

Band 22

PETER LANG
Frankfurt am Main · Berlin · Bern · Bruxelles · New York · Oxford · Wien

Paul Moritz Naue

Immaterielle Gegenstände – insbesondere Immaterialgüterrechte – als wesentliche Einrichtungen nach Art. 102 AEUV

PETER LANG
Internationaler der Wissenschaften

Bibliografische Information der Deutschen Nationalbibliothek
Die Deutsche Nationalbibliothek verzeichnet diese Publikation in der Deutschen Nationalbibliografie; detaillierte bibliografische Daten sind im Internet über http://dnb.d-nb.de abrufbar.

Zugl.: Hamburg, Univ., Diss., 2011

Umschlaggestaltung:
Atelier Platen, Friedberg

Gedruckt auf alterungsbeständigem,
säurefreiem Papier.

D 18
ISSN 0948-8774
ISBN 978-3-631-62231-5

www.peterlang.de

Vorwort

Die Arbeit wurde im Winterssemester 2010 von der juristischen Fakultät der Universität Hamburg als Dissertation angenommen.

Ganz besonders möchte ich meinem Doktorvater Prof. Dr. Reinhard Ellger für die förderliche Betreuung und die wertvollen Hinweise danken.

Ganz besonderer Dank gilt auch meiner Mutter für die Unterstützung während des Entstehens dieser Arbeit.

Hamburg, den 31. Oktober 2011 Moritz Naue

Inhaltsübersicht

Inhaltsverzeichnis

Einführung

A. Privatautonomie und Wettbewerb

Der Wettbewerb sichert als System dezentraler Entscheidungsfindung die Handlungsfreiheit der Wirtschaftssubjekte sowie die Funktionsfähigkeit des Marktes.[1] Das Wettbewerbsrecht hat nun Verhaltensweisen zum Gegenstand, die den Wettbewerb auf dem Markt beschränken oder verfälschen können. In Bezug auf die Missbrauchskontrolle im Sinn von Art. 102 AEUV kommt aber auch dem privaten Eigentum oft entscheidende Bedeutung im Wettbewerb zu.

Obwohl die Privatautonomie und mit ihr die Verfügungsgewalt über das Eigentum konstituierendes Prinzip der Rechtsordnung ist,[2] muss die Privatautonomie in bestimmten Ausnahmefällen einem kartellrechtlichen Kontrahierungszwang weichen. Dies gilt vor allem für missbräuchliches Verhalten marktbeherrschender Unternehmen.

So kann eine Lieferverweigerung seitens eines marktbeherrschenden Unternehmens beispielsweise gegen das kartellrechtliche Missbrauchsverbot des Art. 102 AEUV verstoßen.[3] Lieferverweigerungen marktbeherrschender Unternehmen werden damit allerdings nicht per se missbräuchlich, denn für gewöhnlich gestattet die Privatautonomie in einer Marktwirtschaft die Selektion von Vertragspartnern. Privatautonomie, Privateigentum und Wettbewerb gehören also unmittelbar zusammen. Sie sind die drei Säulen, auf denen jede funktionsfähige freie Wirtschafts- und Gesellschaftsordnung ruht. Es stellt sich nun die Frage, wie viel Privateigentum, Vertragsfreiheit und Wettbewerb jeweils wünschenswert ist.[4]

B. Essential facilities

Der Begriff „essential facilities" – übersetzt: wesentliche Einrichtung – stammt aus dem amerikanischen Antitrust-Recht. Essential, also wesentlich, ist eine Einrichtung dann, wenn sie erforderlich ist, um auf einem nachgelagerten Markt tätig werden zu können.

---

1 Kilian, Europäisches Wirtschaftsrecht (2008), Rn. 400.

2 Vgl. auch BVerfG 18.12.1968, BVerfGE 24, 367 (389).

3 So schon EuGH vom 22.2.1974 – Verb. Rs. 6 und 7/73, Slg. 1974, 223 – Instituto Chimioterapico Italiano S.p.A. und Commercial Solvents Corporation/Kommission (*Commercial Solvents*).

4 Emmerich, Kartellrecht (2006), § 1, Rn. 12.

Danach sind wesentliche Einrichtungen etwa Bahnhöfe, Flughäfen, Gasleitungsnetze oder Datennetze, um nur einige Beispiele zu nennen. Sind marktbeherrschende Unternehmen Eigentümer solcher Einrichtungen, können sie verpflichtet werden, Wettbewerbern den Zugang zu der Einrichtung einzuräumen.[5]

Die essential facilities Doktrin wurde in den USA schon 1912 entwickelt[6] und hat weithin Anerkennung gefunden,[7] ohne allerdings jemals vom U.S. Supreme Court ausdrücklich und umfassend als Rechtsprinzip beschrieben worden zu sein.[8] In Europa erstmals 1992/93 in der Hafenentscheidung der Kommission[9] ausdrücklich erwähnt, ist die essential facilities Doktrin nun als eine Fallgruppe der Generalklausel des Art. 102 AEUV anerkannt.[10] Seit Anfang der neunziger Jahre diskutiert man auch in Europa unter dem Stichwort „essential facilities" die Frage, ob die Inhaber von Infrastruktureinrichtungen – die über diese Einrichtung den Zugang zu nachgeordneten Märkten beherrschen – anderen Unternehmen die Mitbenutzung ihrer Einrichtungen gestatten müssen, um so auf nachgelagerten Märkten Wettbewerb zu sichern oder zu schaffen und die Verbraucher vor Monopolpreisen oder sonstigem Missbrauch zu schützen.

Solche Infrastruktureinrichtungen, für gewöhnlich wesentliche Einrichtungen genannt, sind Netze der Verkehrs- und Versorgungswirtschaft, ohne deren Mitbenutzung offenkundig anderen Verkehrs-, Telekommunikations- und Versorgungsunternehmen ein Zugang zu den nachgeordneten Märkten in aller Regel nicht möglich ist.[11] Außenseiter haben nur dann eine Chance, auf den abgeleiteten Märkten (etwa Bahndienstleistung, Telekommunikationsdienstleistung oder

---

5 Montag, Gewerbliche Schutzrechte, wesentliche Einrichtungen und Normung im Spannungsfeld zu Art. 86 EGV: EuZW 1997, S. 71 (75).

6 *United States v. Terminal Railroad Association*, 224 U.S. 383 (1912).

7 Vgl. Immenga/Mestmäcker-(Möschel), Wettbewerbsrecht – Band 1. EG/Teil 1 Kommentar zum Europäischen Kartellrecht[4], Art. 82 EGV, Rn. 239.

8 *Verizon Communications Inc. v. Law Offices of Curtis V. Trinko*, 540 U.S. 682 (2004); Grabitz/Hilf-(Jung), Das Recht der Europäischen Union – Kommentar (Losebl. 1999), Art. 82 EGV, Rn. 218 (37. EL November 2008); Graf v. Merveldt, Anm. zu U.S. Supreme Court vom 13.1.2004 – (Verizon Communications Inc. v. Trinko) (GRUR Int. 2004, 674): GRUR Int. 2004, 678 (680); Dazu unten Teil 1, B., II., 4.

9 Kommission, Entscheidung vom 11.6.1992, (Bulletin der EG Nr. 6, 1992, Tz. 1.3.30) – B&I Line plc./Sealink Harbours Ltd. („*Sealink I*")(Nicht im ABl. EG); Kommission, Entscheidung 94/19/EG vom 21.12.1993, ABl. EG 1994 L 15/8, Rn. 66 – Sea Containers/Stena Sealink (*Sealink II*); Kommission, Entscheidung 94/119/EG vom 21.12.1993, ABl. EG 1994, L 55/52 – „*Verweigerung des Zugangs zu den Anlagen des Hafens von Rødby*"

10 Siehe etwa Immenga/Mestmäcker-(Möschel), (Fn.7), Art. 82 EGV, Rn. 239.

11 Emmerich, Kartellrecht (2006), § 10, Rn. 35.

Gasversorgung) in Wettbewerb zu treten und sich dort zu behaupten, wenn ihnen Zugang zu den bestehenden Netzen gewährt wird.

Diese Möglichkeit zu schaffen und zu sichern, obliegt einerseits den Regulierungsbehörden, andererseits aber auch den mit dem Wettbewerbsrecht betrauten Behörden und Gerichten.[12] In dieser Arbeit geht es nur um letztere Konstellation. Es ist aber darauf hinzuweisen, dass auch die gemeinschaftlichen Rechtsrahmen zur Liberalisierung der Energie- und Telekommunikationsmärkte sektorspezifische Zugangsnormen enthalten.[13]

Der Missbrauchsvorwurf in essential facilities Fällen zeichnet sich dadurch aus, dass das marktbeherrschende Unternehmen durch Einsatz seiner Marktmacht den Leistungswettbewerb verfälscht, indem es seine Machtposition in Bezug auf ein bestimmtes Produkt oder eine bestimmte Leistung dazu einsetzt, auch auf einem benachbarten Markt eine dominante Stellung zu erlangen (leveraging oder Hebelmissbrauch). Die Geschäftsverweigerung stellt dabei die Begehungsweise dieses Typs von Machttransfer dar. Ein Machttransfer vom beherrschten auf einen nachgelagerten Markt erfolgt in der Weise, dass der Marktbeherrscher einen Input vorenthält, der für den Auftritt auf dem benachbarten Markt erforderlich (wesentlich) ist. Diese Flaschenhalsfunktion können sowohl bewegliche Güter (Rohstoffe, Ersatzteile, Komponenten) als auch unbewegliche Güter (Infrastruktureinrichtungen, Netzwerke, Übertragungsleitungen), aber auch immaterielle Güter (Gewerbliche Schutzrechte, Urheberrechte aber auch einfache Informationen) einnehmen.[14]

Solch marktbeherrschende Unternehmen können nun verpflichtet sein, Wettbewerbern Zugang zu ihrer Einrichtung einzuräumen.[15] Dass ein marktbeherrschendes Unternehmen verpflichtet sein kann, Infrastrukturen oder sonstige Einrichtungen Dritten zur Verfügung zu stellen, die die Absicht haben, mit dem marktbeherrschenden Unternehmen in Wettbewerb zu treten, ist nicht ohne weiteres evident.[16] So hat die Kommission beispielsweise an anderer Stelle festge-

---

12 von der Groeben/Schwarze-(Schröter), Vertrag über die Europäische Union und zur Gründung der Europäischen Gemeinschaft – Kommentar[6], Band 2 (2003), Art. 82 EG, Rn. 261.

13 Einschlägig sind hier die Zugangsregeln des Art. 20 RL 2003/54/EG (ABl. 2003 L 176/37) für den Elektrizitätssektor, des Art. 18 RL 2003/55/EG (ABl. 2003 L 176/57) für den Gassektor, sowie des Art. 12 RL 2002/19/EG (ABl. 2002 L 108/7) für den Telekommunikationssektor.

14 Vgl. Münchener Kommentar zum Europäischen und Deutschen Wettbewerbsrecht (Kartellrecht) – Band 1 Europäisches Wettbewerbsrecht-(Eilmansberger), Art. 82 EG, Rn. 332.

15 Montag, EuZW 1997, 71 (75).

16 Deselaers, Die „Essential Facilites“-Dokrin im Lichte des Magill-Urteils des EuGH, in: EuZW 1995, 563.

stellt, dass auch ein marktbeherrschendes Unternehmen nicht verpflichtet ist, den gegen ihn gerichteten Wettbewerb zu subventionieren.[17]

Seit der *Magill*-Entscheidung des EuGH steht allerdings fest, dass ein marktbeherrschendes Unternehmen zur Öffnung beherrschter nachgelagerter Märkte verpflichtet werden kann.

Der Zugang zum nachgelagerten Markt wird deshalb zwangsweise geöffnet, weil die Beherrschung des Hauptmarktes einen Machttransfer auf den verbundenen Markt eröffnet, wodurch der nachgelagerte Markt ohne überlegene wettbewerbliche Leistung monopolisiert wird. Dieser Machttransfer, auch bezeichnet als Hebelwirkung, stellt einen Missbrauch i.S.d. Art. 102 AEUV dar.

Dabei ist das Verhältnis zweier benachbarter Märkte entscheidend für den Vorwurf der Hebelwirkung. Die „Wesentlichkeit" einer Einrichtung bezieht sich auf den Zugang zu einem nachgelagerten Markt.[18] So kann beispielsweise ein Bahnhof wesentlich für die Erbringung von Transportdienstleistungen auf einschlägigen Strecken sein.[19] Bei der Gewährung einer Zugangspflicht prallen allerdings die Interessen des Betreibers der wesentlichen Einrichtung an ungestörter Nutzung seines Monopols mit den Interessen des Wettbewerbs, der Wettbewerber und der Verbraucher zusammen.[20] Es gilt daher, einen gerechten Interessenausgleich sicher zu stellen.

Dass auch immaterielle Güter solch wesentliche Einrichtungen darstellen können, ist seit der EuGH Entscheidung *Magill*[21] weitgehend anerkannt.

Offen geblieben ist aber die Frage, unter welchen Voraussetzungen die essential facilities Doktrin in Fällen mit Bezug zum geistigen Eigentum angewendet werden kann. Dies zu untersuchen ist Ziel der Arbeit. Die Judikatur ist noch nicht gefestigt, wie sich insbesondere an den Fällen *IMS-Health* und *Microsoft* zeigt.

Es wird zu erörtern sein, unter welchen Voraussetzungen eine Verpflichtung, Wettbewerbern den Marktzutritt zu ermöglichen, unter Heranziehung der essential facilities Doktrin in Betracht kommt, gerade und vor allem, wenn es sich um immaterielle Einrichtungen handelt.

---

17 Kommission, Entscheidung 87/500/EWG vom 29.7.1987, ABl. EG 1987 L 286/36 (41), Rn. 19 – *BBI/Boosey & Hawkes*

18 Heinemann, Schutzrechte in der Informationsgesellschaft und ihr Verhältnis zum Kartellrecht, in: Behrens (Hrsg.), Stand und Perspektiven des Schutzes geistigen Eigentums in Europa, S. 120.

19 *United States v. Terminal Railroad Association*, 224 U.S. 383 (1912).

20 Montag, EuZW 1997, 71 (75).

21 EuGH vom 6.4.1995 - Verb. Rs. C-241/91 P und C-242/91 P, Slg. 1995, I-743 – Radio Telefis Eireann und Independent Television Publications Ltd/Kommission (*Magill*).

I. Voraussetzung und Begründung der Zugangspflicht

Die essential facilities Doktrin knüpft eine Zugangsverpflichtung im Rahmen des Art. 102 AEUV an die Weigerung eines marktbeherrschenden Unternehmens, seinen Konkurrenten eine wesentliche Einrichtung zur Verfügung zu stellen. Die missbräuchliche Verhaltensweise besteht somit in der Weigerung.

1. Zwei Märkte als Charakteristikum der essential facilities Doktrin

Charakteristisch für wesentliche Einrichtungen ist die Flaschenhals-Situation. In diesem Zusammenhang wird auch plastisch der Begriff der strategischen Engpasseinrichtung[22] oder des Nadelöhrs verwendet. Mitbewerber sind demnach auf den Zugang zu einer Einrichtung angewiesen, um über diese auf einem davon abgeleiteten Markt tätig werden zu können. Dabei gibt es eine Reihe von Märkten, auf denen eine Betätigung nur über den Aufbau oder die Mitbenutzung kostspieliger Netze oder vergleichbarer Infrastruktureinrichtungen möglich ist. Klassische Beispiele sind die genannten Märkte für Gas und Strom, für Telekommunikationsleitungen oder Schienenverkehr.[23] Mitbewerber werden hier oft aus wirtschaftlichen oder tatsächlichen Gründen nicht in der Lage sein, vergleichbare Einrichtungen selbst zu schaffen, etwa weil die Errichtung eines zweiten Netzes so hohe Kosten verursachen würde, dass es unter keinen Umständen rentabel wäre, dies ist dort der Fall, wo die Ausnutzung eines Größenvorteils erforderlich ist (*economies of scale*). Eine Initialzündung zur Schaffung eines anfänglich hinreichend großen Teilnehmerkreises durch das Angebot von Preisen, die zuerst nicht kostendeckend sind, mag nur dem ersten möglich sein.[24]

In tatsächlicher Hinsicht kann es sich etwa um topographische Gründe handeln, wenn nur ein Hafen oder eine Brücke erbaut werden kann. Ein Gas- oder Telekommunikationsnetz kann beispielsweise aufgrund ökonomischer Unmöglichkeit nicht dupliziert werden, während ein Hafen vielleicht aus topographischen Gründen eine einmalige Stellung und damit eine tatsächliche Monopolstellung genießt.

Wettbewerb auf den jeweiligen nachgelagerten Märkten kann also nur dann entstehen, wenn der Inhaber einer wesentlichen Einrichtung Zugang zu dieser gewährt. Um Telekommunikationsdienstleistungen über das Festnetz anzubieten, sind die Mitbewerber daher zwingend auf den Netzzugang angewiesen.

---

22 Emmerich, Kartellrecht, 10. Aufl., § 27, Rn. 107.

23 Emmerich, Kartellrecht, 10. Aufl., § 27, Rn. 103.

24 Vgl. C.C. v. Weizsäcker, Rechte und Verhältnisse in der modernen Wirtschaftlehre, in: Kyklos, Vol. 34, 1981, 345 (369).

2. Wesentlichkeit der Einrichtung

Um von einer wesentlichen Einrichtung sprechen zu können, müssen vor allem zwei Voraussetzungen erfüllt sein: Die Gewährung des Zugangs muss objektiv unerlässlich sein, damit Wettbewerb auf einem nachgelagerten Markt erhalten wird oder überhaupt entstehen kann, dies ist die sog. Bottleneck-Situation. Außerdem darf die Einrichtung für Konkurrenten nicht duplizierbar sein.[25] Sobald es Mitbewerbern nämlich möglich ist, durch eigene Anstrengungen auf dem abgeleiteten Markt tätig zu werden, ist die betreffende Einrichtung nicht mehr wesentlich und der Marktbeherrscher damit nicht verpflichtet, Konkurrenten zu fördern. Käme man zu einem anderen Ergebnis, könnten Mitbewerber schließlich auf eigene Investitionen und Innovation verzichten und auf Kosten des Marktbeherrschers profitieren, sog. *free-riding*.

3. Begründung des Missbrauchs

Der Missbrauch besteht darin, dass die wesentliche Einrichtung dazu genutzt wird, das vorhandene Monopol auf einen getrennten aber benachbarten Markt auszudehnen, indem der Zugang gänzlich verweigert oder nur zu diskriminierenden Konditionen eröffnet wird.[26] Folge ist, dass durch die Zugangsverweigerung auch effizienteren Wettbewerbern die Aufnahme oder Fortsetzung von Wettbewerb auf dem abgeleiteten Markt unmöglich gemacht wird. Mit anderen Worten wird der Monopolist durch die Kontrolle über die wesentliche Einrichtung in die Lage versetzt, einen weiteren, abhängigen Markt ohne den Einsatz von Mitteln des Leistungswettbewerbs zu monopolisieren. Gerade diese Monopolausdehnung auf den abgeleiteten Markt begründet den Missbrauch.[27] Eine Monopolisierung des abgeleiteten Markts erfolgt mithin nicht über die Effizienz des Marktbeherrschers, etwa wegen seiner technischen oder wirtschaftlichen Überlegenheit, sondern nur dadurch, dass die Machposition in Bezug auf ein bestimmtes Produkt oder eine bestimmte Leistung zur Monopolausdehnung auf den benachbarten Markt eingesetzt wird. Dies wird als nichtleistungsgerechtes Mittel im Wettbewerb betrachtet.

---

25 Vgl. Heinemann, Immaterialgüterschutz in der Wettbewerbsordnung – Eine grundlagenorientierte Untersuchung zum Kartellrecht des geistigen Eigentums (2002), S. 96.

26 Heinemann (Fn. 25), S. 505.

27 Ähnlich auch Stapper, Das essential facilities Prinzip und seine Verwendung zur Öffnung immaterialgüterrechtlich geschützter de facto Standards für den Wettbewerb (2003), S. 24.

Nach der essential facilities Doktrin handelt es sich dann um eine wesentliche Einrichtung, wenn ein nachgelagerter Markt nur über den beherrschten vorgelagerten Markt erreicht werden kann. Auf subjektive Absichten kommt es nicht an. „Die essential facilities Doktrin ist damit in erster Linie ein Instrument der Marktstrukturkontrolle und bietet eine Alternative zu der sonst – vor allem in den USA – vorgenommenen Prüfung, ob das beherrschende Unternehmen in Monopolisierungsabsicht gehandelt hat. Die konkreten Begleitumstände der Zugangsverweigerung und der vom Monopolisten verfolgte Zweck sind bei der Prüfung der essential facilities Doktrin nicht entscheidend, insbesondere erübrigt sich der Nachweis einer konkret wettbewerbsschädigenden Absicht des Monopolisten."[28] Dies spielt natürlich auch in Europa eine wichtige Rolle, obwohl hier Verhaltensweisen nicht auf eine missbräuchliche Absicht hin untersucht werden müssen, dennoch spielen solche subjektiven Indizien eine Rolle. Eine Verhältnismäßigkeitsprüfung bezüglich des Verhaltens und der Folgen kann mit der essential facilities Doktrin aber unterbleiben, so dass eine sehr klare und eindeutige Beurteilung eines Sachverhalts ermöglicht wird.

II. Wettbewerb auf beiden Netzebenen

Die praktische Bedeutung der essential facilities Doktrin folgt vor allem aus der Deregulierung der staatlichen und halbstaatlichen Monopole auf den Märkten der Telekommunikation, der Energie und des Verkehrs. Diese Märkte sind durch Netzstrukturen gekennzeichnet, deren Besonderheiten im Wettbewerb um Netze und im Wettbewerb der mit Hilfe von Netzen erbrachten Dienstleistungen zu berücksichtigen sind. Ziel der Deregulierungs- und Liberalisierungspolitik ist es, Wettbewerb auf beiden Netzebenen zu ermöglichen. Zwar ist es für den Betreiber eines Netzes oder einer sonstigen Einrichtung grundsätzlich ökonomisch erwünscht, möglichst vielen Nutzern den Zugang gegen Entgelt zu ermöglichen, die Interessenlage verändert sich jedoch, wenn der Nutzer das Netz unternehmerisch nutzen will und der Netzbetreiber dessen Dienstleistung auch selbst anbietet, er also vertikal integriert ist. In diesem Fall ist der Anreiz groß, die dominante Position als Betreiber der Einrichtung zugunsten der eigenen Aktivitäten auf dem nachgelagerten Markt auszunutzen.[29]

---

28 Stapper, (Fn. 27), S. 25; Auch wenn der Missbrauchsbegriff ein objektiver ist, sind subjektive Verhaltensweisen doch immer ein Indiz und können Rückschlüsse auf einen Missbrauch erlauben. So war etwa im Fall *Commercial Solvents* die Absicht entscheidend, den Markt für Derivate beherrschen zu wollen. (Vgl. auch unten Teil 2, A).

29 Mestmäcker/Schweitzer, Europäisches Wettbewerbsrecht (2004), § 18 Rn. 30.

Neben den bereits erwähnten sektorspezifischen Sonderregelungen bleibt die Anwendung von Art. 102 AEUV sowohl auf europäischer Ebene als auch in den Mitgliedstaaten erheblich. In den sondergesetzlichen Regelungen gehört die Verpflichtung, diskriminierungsfreien Zugang zu den Netzen zu gewähren, zu den Hauptpflichten der Netzbetreiber. Im Wettbewerbsrecht handelt es sich dagegen um eine Sanktion, die nur eingreift, wenn die Verweigerung des Zugangs zu einer wesentlichen Einrichtung eine missbräuchliche Ausnutzung einer marktbeherrschenden Stellung ist. Nur in diesem Fall besteht die Sanktion nach Art. 7 VO 1/2003 im Kontrahierungszwang.[30]

C. Wesentliche Einrichtung und geistiges Eigentum

I. Zugangspflicht nach § 19 IV Nr. 4 GWB

Das deutsche Recht normiert in § 19 IV Nr. 4 GWB die Voraussetzungen, unter denen der Zugang zu wesentlichen Einrichtungen durch einen Marktbeherrscher gestattet werden muss. Danach stellt es einen Missbrauch dar, wenn sich ein marktbeherrschendes Unternehmen weigert, einem anderen Unternehmen gegen angemessenes Entgelt Zugang zu seinen Netzen oder zu anderen Infrastruktureinrichtungen zu gewähren, sofern es dem anderen Unternehmen aus rechtlichen oder tatsächlichen Gründen ohne die Mitbenutzung der fraglichen Infrastruktureinrichtung nicht möglich ist, auf dem vor- oder nachgelagerten Markt als Wettbewerber des marktbeherrschenden Unternehmens tätig zu werden.[31] Eine Zugangsverweigerung ist nur aus Kapazitätsmangel oder ähnlichen Gründen zu rechtfertigen.

Allerdings bezieht sich § 19 IV Nr. 4 GWB ausdrücklich nur auf körperliche Einrichtungen, d.h. Infrastrukturen wie Netz- oder Kommunikationsleitungen. Keine wesentlichen Einrichtungen im Sinne dieser Vorschrift stellen gewerbliche Schutzrechte dar, da sie nicht mit Netzen vergleichbar seien.[32]

II. Geistiges Eigentum und essential facilities

Es stellt sich allerdings die Frage, ob Immaterialgüterrechte nicht die gleichen Effekte wie eine Zugangsverweigerung zu materiellen Einrichtungen haben

30 Mestmäcker/Schweitzer, Europäisches Wettbewerbsrecht (2004), § 18 Rn. 30.

31 Emmerich, Kartellrecht (2006), § 27, Rn. 102.

32 So ausdrücklich der Ausschussbericht, BT-Dr. 13/10 633, S. 72 (l. Sp. o.).

können. Daher ist zu untersuchen, ob es sinnvoll und notwendig ist, zwischen wesentlichen Einrichtungen bestehend aus Sacheigentum und aus geistigem Eigentum zu unterscheiden. Im Rahmen von § 19 Abs. 4 GWB ist eine Angleichung von Sacheigentum und geistigem Eigentum aufgrund des eindeutigen Wortlauts der Norm wohl nicht möglich.

III. Geistiges Eigentum und Art. 102 AEUV

Anders jedoch stellt sich die Rechtslage nach dem Europäischen Kartellrecht dar, denn Art. 102 AEUV enthält das allgemeine Verbot des Missbrauchs einer marktbeherrschenden Stellung. Die Norm trifft keine Unterscheidung zwischen geistigem und Sacheigentum. Vielmehr ist der Missbrauch einer marktbeherrschenden Stellung – egal worauf diese beruhen mag – verboten.

IV. Geistiges Eigentum

Bevor aber ein Vergleich zwischen beiden Eigentumsarten angestellt werden kann, sind die Rechte des geistigen Eigentums in aller Kürze einleitend darzustellen.

Wenn von geistigem Eigentum die Rede ist, sind sowohl gewerbliche Schutzrechte wie etwa Patente, Geschmacksmuster, Sortenschutzrechte, Gebrauchsmuster, das Marken- und Kennzeichenrecht und Urheberrechte aber auch bloße Information oder Betriebsgeheimnisse z.B. betreffend Schnittstellen oder nicht geschütztes Know-how gemeint.

Grundsätzlich gewährt geistiges Eigentum rechtlichen Schutz z.B. von Erfindungen, geistigen Schöpfungen oder Kennzeichen. Es hat die Funktion, als Belohnung und Anreiz zu dienen. Es soll verhindert werden, dass Dritte kostenlos von fremder Leistung profitieren. Kreativität, Qualität und Innovationen sollen auf diese Weise gefördert werden.[33] Ein Marktteilnehmer wird für seine Forschungen, Erfindungen und Ideen also durch die befristete ausschließliche Nutzung belohnt. Eine zwangsweise Lizenzierung an Konkurrenten mit der Begründung, Wettbewerb schaffen oder fördern zu wollen, scheint daher nicht gerechtfertigt zu sein.

---

33 Heinemann, Gefährdung von Rechten des geistigen Eigentums durch Kartellrecht? Der Fall „Microsoft“ und die Rechtsprechung des EuGH, in: GRUR Int. 2006, 705.

V. Immaterielle Ausschließlichkeitsrechte und der Wettbewerbsprozess

Einerseits ist der Wettbewerbsprozess auf absolute subjektive Rechte angewiesen, andererseits baut die Gesellschaft aber auch auf vorhandenem Wissen auf, so dass auch die Früchte fremder Arbeit der Imitation – wenigstens nach einer gewissen Zeit –zugänglich sein müssen. Immaterialgüterrechte und der Wettbewerbsprozess stehen demnach in einem Spannungsverhältnis zueinander.

Um den Nutzen von Immaterialgüterrechten zu ermitteln, hat C.C. von Weizsäcker die wirtschaftlichen Aktivitäten in drei Ebenen unterteilt, nämlich erstens die Konsumebene, zweitens die Produktionsebene und drittens die Innovationsebene. Alle drei Ebenen hängen von einander ab. So ist der Konsum von Gütern abhängig von deren Produktion. Neue oder verbesserte Güter und Produktionsmöglichkeiten sind schließlich von Innovationen, also Ideen, Erfindungen oder Informationen abhängig.

Schützt man den einzelnen davor, dass die in seinem Besitz befindlichen Güter anders verteilt werden, schaltet man also durch die Institution des Eigentums den freien Zugang zu den vorhandenen Gütern aus, so entsteht ein System von Anreizen, welches dann zu einer effizienten Produktion von Gütern führt, wenn der Zugang zu allen Märkten offen ist. Ohne die Beschränkung des Wettbewerbs durch absolute subjektive Rechte herrscht also ein Zustand der vollständigen Konkurrenz, in dem jeder freien Zugang zu allen Gütern hat. Er ist der Zustand der Hobbesschen Anarchie.[34]

Die dritte Ebene wirtschaftlicher Aktivität, die der Innovation, muss nun ihrerseits in einem gewissen Ausmaß vor dem Wettbewerb der zweiten Ebene geschützt werden. Immaterialgüterrechte sind vor allem für den Wettbewerb auf der Innovationsebene von Bedeutung, dies gilt vor allem für progressive Industrien mit besonders hohen Aufwendungen für Forschung und Entwicklung. Ohne den Schutz von Ausschließlichkeitsrechten würde sich die innovatorische Aktivität eines Unternehmens nie lohnen, da jeder innovatorische Marktvorsprung wegen der unmittelbaren Imitierbarkeit ohne jede Dauer wäre. Um Wettbewerb auf der Innovationsebene zu ermöglichen, muss also der Wettbewerb auf der Produktionsebene in einem gewissen Ausmaß eingeschränkt werden. Das Paradebeispiel ist das Erfinderpatent, das dem Erfinder eine vorübergehende Ausschließlichkeitsstellung in der Ausnutzung seines Patents verschafft. Indem er Wettbewerb auf der zweiten Ebene ausschalten kann, erhält er einen Ertrag, der ihm Anreiz bietet, die Erfindung überhaupt zu machen und dafür Kosten aufzu-

34 Vgl. C.C. v. Weizsäcker, Kyklos, Vol. 34, 1981, 345 (352).

wenden.[35] Besteht also kein ausreichender Schutz durch Immaterialgüterrechte, lohnt sich allein der Imitationswettbewerb und Innovationen kommen zum Stillstand. Der Erfinder muss befürchten, dass seine Erfindung sogleich von der Konkurrenz imitiert wird. Da aber auf der anderen Seite das Wissen ein gesellschaftlich frei verfügbares Gut ist, können Schutzrechte nicht unbeschränkt gewährt werden. Imitation muss also nach gewisser Zeit möglich sein. Werden Schutzrechte aber zu weit eingeschränkt, mag der Konsument von niedrigeren Preisen profitieren – wegen des verstärkten oder früher einsetzenden Preiswettbewerbs zwischen Innovator und Nachahmer. Gleichzeitig wird hierdurch aber der Anreiz zur Innovation vermindert und die Rate des technischen Fortschritts gesenkt. Ein Mehr an Innovationen kommt daher auch der Allgemeinheit durch die Erlaubnis zu Imitation (nach Ablauf der Schutzfrist) zu Gute. Vor allem ist zu beachten, dass die jeweiligen Innovationen Potential für neue Innovationen schaffen. Denn in progressiven Industrien konkurrieren Innovationen miteinander.[36] Der so gewährte Schutz verhindert daher zwar den Zugang zu der geschützten Produktionsebene, er verhindert aber nicht den Wettbewerb der Innovationen, sondern fördert diesen vielmehr, weil jede Innovation Potential für weitere Innovationen bietet. Durch die Wettbewerbsbeschränkung auf der Produktionsebene wird daher erst der dynamische Wettbewerb um Innovationen geschaffen, weil diese miteinander konkurrieren. Nach der Markteinführung stehen die Produkte im Wettbewerb, denn die Produkte, die um die Kunden konkurrieren, sind ja nicht identisch und bieten somit dem Verbraucher unterschiedliche Optionen der Bedarfsbefriedigung. Im Wettbewerb um fortschrittliche Produkte ist nur derjenige erfolgreich, der gerade nicht das tut, was alle anderen tun. Der Wettbewerbsprozess ist damit auf subjektive Ausschließlichkeitsrechte angewiesen.

VI. Marktmacht und Immaterialgüterrechte

Früher wurden Ausschließlichkeitsrechte auch als *legal monopolies* bezeichnet, also als kleine Monopolrechte.

Immaterielle Ausschließlichkeitsrechte begründen für sich aber keine marktbeherrschende Stellung und damit kein Monopol. Zwar darf der Schutzrechtsinhaber jeglichen Imitationswettbewerb mit dem geschützten Gegenstand ausschließen. Im Normalfall existieren jedoch Substitute außerhalb des Schutzrechts. Immaterialgüterrechtlich geschützte Gegenstände und Leistungen bilden folglich selten einen eigenen Markt. Vielmehr sind sie dem für sie relevanten

35 C.C. v. Weizsäcker, Kyklos, Vol. 34, 1981, 345 (352 f).

36 C.C. v. Weizsäcker, Kyklos, Vol. 34, 1981, 345 (361 f).

Markt zuzuordnen. Beispielsweise nimmt ein Motorenhersteller durch den patentrechtlichen Schutz nicht automatisch eine beherrschende Stellung auf dem Markt für Motoren ein. Die geschützten Motoren stehen nämlich im Wettbewerb mit Motoren anderer Hersteller, die geschützt oder auch ungeschützt sein mögen. Wie das Beispiel zeigt, stehen geschützte Gegenstände oder Leistungen daher durchaus in Wettbewerb zu anderen Gegenständen oder Leistungen. Sie bilden aufgrund des rechtlichen Schutzes nicht schon einen eigenen Markt, sondern sind dem für sie sachlich allgemeinen relevanten Markt zuzuordnen.[37] Dabei erfolgt die Abgrenzung des sachlich relevanten Marktes nach den allgemeinen kartellrechtlichen Kriterien, wobei der Unterscheidung zwischen Technologie- bzw. Lizenzierungsmarkt und Produktmarkt eine besondere Bedeutung zukommt.[38]

Immaterialgüterrechte verweisen Wettbewerber also nur auf substitutiven statt auf imitierenden Wettbewerb mit anderen, ihrerseits geschützten oder auch ungeschützten Gegenständen. Immaterialgüterrechte decken in der Regel nicht den ganzen Markt ab, dies kommt zwar durchaus vor, ist aber die seltene Ausnahme, in der Regel bleibt Substitutionswettbewerb möglich. Eine auf Lizenzverträge bezogene Studie der OECD kam zu dem Ergebnis, dass in nur 27 Prozent der Fälle keine alternative Lieferquelle bestand, während in 29 Prozent der Fälle sogar 10 oder mehr Substitute zur Verfügung standen.[39]

a) Missverständnis

Dennoch kommt es immer wieder zu Missverständnissen bezüglich einer marktbeherrschenden Stellung im Zusammenhang mit Immaterialgüterrechten. Repräsentativ ist die Formulierung des Generalanwalts Gulmann in *Magill*: „Die Urheberrechtsgesetze verleihen dem Inhaber des Urheberrechts ein Monopol, mit anderen Worten ein Recht zur Beschränkung des Wettbewerbs."[40]

b) Ursprung der „legal monopolies"

Diese falsche, aber oft benutzte Formulierung lässt sich auf den Ursprung des Patent- und Urheberrechtssystems im britischen Recht zurückführen. Der briti-

37 Immenga/Mestmäcker-(Ullrich-Heinemann), Wettbewerbsrecht – Band 1. EG/Teil 2 Kommentar zum Europäischen Kartellrecht[4] (2007), GRUR B., Rn. 42.

38 Vgl. Immenga/Mestmäcker-(Ullrich/Heinemann), Wettbewerbsrecht – Band 1. EG/Teil 2 Kommentar zum Europäischen Kartellrecht[4] (2007), GRUR B., Rn. 46.

39 OECD, Competition Policy and Intellectual Property Rights (1989), S.15, www.oecd.org/dataoecd/8/44/2376247.pdf

40 GA Claus Gulmann, Schlussanträge in der Verb. Rs. C-241/91 P und C-242/91 P vom 1.6.1994, Slg. 1995, I-743, (I-751), Rn. 11 – *Magill.*

sche Gesetzgeber hat im *Statute of Monopolies* Monopole als gesetzwidrig erklärt, die ihrem Inhaber das ausschließliche Recht für die Ausübung irgendeines Gewerbes vorbehalten. Eine Ausnahme galt jedoch für *letters patent* zugunsten des „wahren und ersten Erfinders" neuer Herstellungsmethoden, sog. *new manufactures*.[41] Der Einfluss dieser Tradition auf das amerikanische Patent-, Urheber- und Antitrustrecht ist unstrittig.[42] Ein Patent wurde danach als *legal monopoly* (gesetzliches Monopol) angesehen.[43] Diese historische Sicht der Dinge ist allerdings lange überwunden und wird heute weder in den USA[44] noch in Europa vertreten. Dennoch führt sie weiterhin zu dem Missverständnis, dass gewerbliche Schutzrechte Monopolmacht verleihen würden. Dem ist aus folgendem Grund zu widersprechen: Ein Monopol kann nur auf einem Markt bestehen. Dieser Markt wird nach dem Bedarfsmarktkonzept abgegrenzt und richtet sich mithin nach der Austauschbarkeit von Produkten oder Dienstleistungen aus Sicht der Marktgegenseite. Nun können aber mehrere geschützte und/oder ungeschützte Produkte oder Dienstleistungen miteinander austauschbar sein. Ein Schutzrecht vermittelt also nicht in jedem Fall die alleinige Stellung auf dem Markt für das geschützte Produkt und führt mithin auch nicht zwangsläufig zu einem Monopol. Dies schließt selbstverständlich den Fall nicht aus, dass ein geschütztes Erzeugnis so erfolgreich ist, dass es tatsächlich einen ganzen relevanten Markt abdeckt, mithin nicht austauschbar ist. In diesem Fall kann durch das Schutzrecht ein Monopol begründet werden. Eine Nichtaustauschbarkeit kann im Übrigen aber auch auf anderen Gründen beruhen, so etwa aufgrund eines De-facto-Standards oder rechtlicher Vorgaben.

VII. Ausnahmesituation – Ausschluss von Substitutions- und Imitationswettbewerb

Es liegt in der Natur der Immaterialgüterrechte, dass sie den Imitationswettbewerb für den geschützten Bereich ausschließen. Darüber hinaus kommt es in Ausnahmefällen zu Situationen, in denen auch der Substitutionswettbewerb ver-

41 Mestmäcker/Schweitzer, Europäisches Wettbewerbsrecht (2004),§ 28 Rn. 17 f., m.w.N.

42 Mestmäcker/Schweitzer, Europäisches Wettbewerbsrecht (2004),§ 28 Rn. 18; Siehe auch *Standard Oil of New Jersy v. United States*, 221 US 1, 51 (1911).

43 Vgl. Tom/Newberg, Antitrust and Intellectual Property: From Separate Spheres to Unified Field, 66 Antitrust Law Journal (1997), 167, (168 ff.); Heinemann, (Fn. 25), S. 43.

44 Ganz deutlich wird die Abkehr dieser Ansicht in den Antitrust Guidelines for the Licensing and Acquisition of Intellectual Property, erlassen von der Antitrust Division des US Department of Justice, Abgedruckt z.B. in Bender, Intellectual Property Antitrust (1996), Volume one, S. 541 - 576. Dazu unten ausführlich.

hindert wird, weil das betreffende Schutzrecht einen Markt komplett abdeckt. In diesem Fall besteht für die Marktgegenseite keine Alternative zu dem geschützten Produkt. Das Ausschließlichkeitsrecht trägt so zur Marktstärke und sogar zur Bildung eines Monopols bei und wird dadurch für konkurrierende Mitbewerber unerlässlich, um auf abgeleiteten Märkten in Wettbewerb zu treten.[45]

So konnte beispielsweise in *Magill*[46] das Unternehmen Magill keine Fernsehzeitschriften auf den Markt bringen, weil die Sendeanstalten Urheberrechte an ihren Programmvorschauen nicht lizenzierten.

Ferner kann ein Schutzrecht zu einem De-facto-Standard erstarken. Beispielsweise ermöglichte im BGH-Fall *Standard-Spundfass*[47] nur die patentgemäße Fassbauart den Absatz von Spundfässern für die chemische Industrie. Das Patent an diesem Spundfass wurde durch die Nachfrage der gesamten deutschen chemischen Industrie zu einem De-facto-Standard, da die Industrie aus Gründen der Einheitlichkeit nur die patentgemäße Fassbauart nachfragte.[48]

Konkret handelt es sich also um Situationen, in denen das Schutzrecht wegen fehlender Substituierbarkeit der geschützten Leistung seinem Inhaber von vornherein die Möglichkeit einräumt, einen abgeleiteten Markt zu kontrollieren. Es ist allerdings noch einmal darauf hinzuweisen, dass Schutzrechte nicht notwendigerweise eine marktbeherrschende Stellung begründen – dies ist eher die seltene Ausnahme, denn ein Schutz- oder Urheberrecht müsste schon einen ganzen Markt abdecken. Dass keine substituierbaren Produkte für die Marktgegenseite zur Verfügung stehen, kommt eher selten vor.

VIII. Marktbeherrschung und Missbrauch

Die bloße Monopolisierung eines Marktes ist von Art. 102 AEUV nicht verboten, hinzutreten muss immer auch eine missbräuchliche Verhaltensweise, die gesondert zu begründen ist. Ein herrschendes Unternehmen ist also im Grundsatz nicht dazu verpflichtet, in Geschäftsbeziehungen zu einem abhängigen Unternehmen zu treten. Nur wenn das Schutzrecht genau wie eine wesentliche Einrichtung zur Monopolisierung abgeleiteter Märkte eingesetzt wird, kommt über-

---

45 Ein Monopol entsteht dann, wenn der gesamte relevante Markt von dem Schutzrecht abgedeckt ist.

46 EuGH vom 6.4.1995 - Verb. Rs. C-241/91 P und C-242/91 P, Slg. 1995, I-743 – *Magill.*

47 BGH 13.07.2004, BGHZ 160, S. 67 – *Standard-Spundfass.*

48 In *Standard-Spundfass* kam eine Zwangslizenz wohl insbesondere aus Diskriminierungsgesichtspunkten in Betracht.

haupt ein Hebelmissbrauch i.S.d. essential facilities Doktrin in Betracht.[49] Schutzrechte können ebenso wie Sacheigentum als Hebel zur Monopolisierung abgeleiteter Märkte eingesetzt werden, so dass es zu einer missbräuchlichen Monopolausdehnung kommt. Im Folgenden ist daher zu untersuchen, ob die essential facilities Doktrin auf Immaterialgüterrechte angewandt werden kann.

IX. Interessenkonflikt

Die Wesentlichkeit einer Einrichtung knüpft an das Merkmal der Marktbeherrschung an. Wie in allen Fällen der Geschäftsverweigerung besteht ein Spannungsverhältnis, auf der einen Seite soll Wettbewerb auf dem abgeleiteten Markt ermöglicht werden, auf der anderen Seite soll die Investitionsbereitschaft des Marktbeherrschers nicht beeinträchtigt werden.[50] Bei der Beurteilung dieser widerstreitenden Interessen sei dann besondere Sorgfalt geboten, wenn die Waren oder Dienstleistungen oder die Einrichtungen, zu denen Zugang begehrt wird, das Ergebnis umfangreicher Investitionen seien. Dies würde insbesondere auf Fälle zutreffen, in denen die Erteilung einer Lizenz zur Nutzung von Rechten an geistigem Eigentum verweigert werde. Würden derartige ausschließliche Rechte auf bestimmte Zeit gewährt, so bedürfe es schon hier einer Abwägung zwischen dem Interesse an einem freien Wettbewerb und dem Interesse daran, einen Anreiz zur Forschung, Entwicklung und schöpferischen Tätigkeit zu schaffen.[51] Ferner beschränke die Ausübung von Rechten an geistigem Eigentum den Wettbewerb nur für eine bestimmte Zeit, wohingegen das Monopol eines marktbeherrschenden Unternehmens für Erzeugnisse, Dienstleistungen oder andere Einrichtungen zu einem ständigen Ausschluss des Wettbewerbs auf einem verbundenen Markt führe.[52]

In Fällen mit Bezug zum geistigen Eigentum stellt sich daher die Frage, ob ein Zugang zu fremden Patent-, Urheberrechten oder Geschmacksmustern überhaupt gewährt werden kann. Da das Wesen von Immaterialgüterrechten gerade in seiner Ausschließlichkeitsstellung für den Inhaber besteht. Das Schutzrecht

49 Daneben kann ein Missbrauch auch in der Diskriminierung von Mitbewerbern nach Art. 102 lit. c) AEUV liegen. Dies ist allerdings unabhängig von der Kategorie des Hebelmissbrauchs.

50 Immenga/Mestmäcker-(Möschel), (Fn. 7), Art. 82 EGV, Rn. 239.

51 GA Francis G. Jacobs, Schlussanträge in der Rs. C-7/97 vom 28.05.1998, Slg. 1998, I-7791, (I-7812), Rn. 62 – *Bronner*.

52 GA Francis G. Jacobs, Schlussanträge in der Rs. C-7/97 vom 28.05.1998, Slg. 1998, I-7791, (I-7812), Rn. 64 – Bronner.

wäre demnach in seinem Kerngehalt betroffen, wenn andere dieses ausschließliche Recht nutzen dürften.

In *Volvo*[53] lehnte der EuGH einen Zwangszugang zu Schutzrechten ab, führte aber gleichzeitig aus, dass unter bestimmten Voraussetzungen ein Eingriff in Schutzrechte möglich sei. Spätestens seit *Magill*[54] steht fest, dass unter „außergewöhnlichen Umständen" auch Zugang zu fremden Immaterialgüterrechten gewährt werden muss.

Insoweit stellt sich die Frage, wie eine Zwangslizenz den Markt und das Marktverhalten der Wettbewerber beeinflusst. Die Investitionsbereitschaft der marktstarken Unternehmen könnte durch die Möglichkeit des freien Zugangs zu Schutzrechten für Mitbewerber negativ beeinträchtigt werden. Die Befürchtung, dass diese Unternehmen eine Pflicht haben könnten, Mitbewerber zu beliefern, wirkt eher hemmend auf ihre Investitionsbereitschaft, wohingegen andere Unternehmen auf die Investition des marktstarken Unternehmens warten könnten, um dann kostenlos an dessen Innovation zu partizipieren, anstatt selbst Investitionen vorzunehmen, sog. *free-riding*. Bei der Anordnung des Lieferzwangs muss also beides beachtet werden, auf der einen Seite die kurzfristige Erhöhung des Wettbewerbs und damit verbunden auch zusätzliche Investitionen und Folgeinnovationen, auf der anderen Seite die möglicherweise negativen Folgen für die Investitionsbereitschaft und den längerfristigen Wettbewerb.[55]

Im Übrigen muss bei einem zwangsweisen Zugang immer bedacht werden, dass die Unerlässlichkeit einer Einrichtung oft das Resultat einer Investition ist, die erhebliche Risiken bergen kann. Aufgrund dessen muss auch einem marktstarken Unternehmen für gewöhnlich der Gewinn aus erfolgreichen Investitionen alleine zustehen, denn diese allein ist auch das Risiko eingegangen, mit der Investition zu scheitern.

Auch dem marktstarken Unternehmen ist es erlaubt, andere Unternehmen für eine befristete Zeit von der geschützten Innovation auszuschließen, um sicherzustellen, dass ein Gewinn für die Investition am Markt erwirtschaftet werden kann. Dies gilt selbst dann, wenn effektivere Wettbewerber ausgeschlossen werden.[56] Die Beurteilung kann jedoch anders ausfallen, wenn durch das Schutzrecht eine Monopolausdehnung auf abgeleitete Märkte transferiert wird.

---

53 EuGH vom 5.10.1988 – Rs. 238/87, Slg. 1988, 6211 – Volvo/Veng.

54 EuGH vom 6.4.1995 - Verb. Rs. C-241/91 P und C-242/91 P, Slg. 1995, I-743 – *Magill.*

55 Kommission, Mitteilung vom 9.2.2009 – Rs. (2009/C 45/02) - Erläuterungen zu den Prioritäten der Kommission bei der Anwendung von Artikel 82 des EG-Vertrags auf Fälle von Behinderungsmissbrauch durch marktbeherrschende Unternehmen, ABl. EG 2009, C 45/7, Rn 86.

56 Kommission, Mitteilung vom 9.2.2009 – Rs. (2009/C 45/02) - Erläuterungen zu den Prioritäten der Kommission bei der Anwendung von Artikel 82 des EG-Vertrags auf

X. Lizenzierungszwang nach Art. 102 AEUV

Nach der Rechtsprechung des Gerichtshofs[57] stellt der Missbrauch einer marktbeherrschenden Stellung einen objektiven Begriff dar, der im Hinblick auf die Zielsetzung der Errichtung eines Systems unverfälschten Wettbewerbs – Art. 3 Abs. 1 AEUV i.V.m. Protokoll Nr. 27 über den Binnenmarkt und den Wettbewerb – auszulegen ist und auch daraufhin, dass die Innehabung einer marktbeherrschenden Stellung dem Unternehmen unabhängig von den Ursachen dieser Stellung eine besondere Verantwortung dafür auferlegt, dass es durch sein Verhalten einen wirksamen und unverfälschten Wettbewerb auf dem gemeinsamen Markt nicht beeinträchtigt. Es sind ihm deshalb Verhaltensweisen verwehrt, die die Struktur eines Marktes beeinflussen können, auf dem der Wettbewerb gerade wegen seiner Stellung bereits geschwächt ist, oder die die Aufrechterhaltung des noch bestehenden Wettbewerbs oder dessen Entwicklung durch die Verwendung von Mitteln behindern, welche von den Mitteln eines normalen Produkt- oder Dienstleistungswettbewerbs auf der Grundlage der eigenen Leistungen des Unternehmens abweichen.

Bezüglich der Immaterialgüterrechte ist nach ständiger Rechtsprechung des EuGH grundsätzlich die Verweigerung einer Lizenz als solche nicht missbräuchlich.[58] Es gehöre nämlich zur Substanz der Immaterialgüterrechte, dass ihr Inhaber andere von der Nutzung des geschützten Gegenstands ausschließen darf.[59] Damit ist vom EuGH allerdings nur Selbstverständliches festgestellt worden, nämlich dass der Imitationswettbewerb durch Immaterialgüterrechte ausgeschlossen ist.[60]

Allerdings kann der Inhaber von Immaterialgüterrechten bei einem Vorliegen „außergewöhnlicher Umstände“ – welche einen Missbrauch nach Art. 102 AEUV begründen – zur Lizenzierung an Mitbewerber verpflichtet werden.[61]

Fälle von Behinderungsmissbrauch durch marktbeherrschende Unternehmen, ABl. EG 2009, C 45/7, Rn. 89.

57 EuGH vom 13.2.1979 – Rs. 85/76, Slg. 1979, I-461, (I-520), Rn. 38, (I-541), Rn. 91 – Hoffmann-La Roche & Co. AG/Kommission.

58 So erstmals EuGH 5.10.1988 – Rs. 238/87, Slg. 1988, 6211, (6235), Rn. 8 – Volvo/Veng; EuGH 6.4.1995 – verb. Rs. C-241 und 242/91, Slg. 1995, I-743, (823), Rn. 49 – *Magill.*

59 Conde Gallego, Die Anwendung des kartellrechtlichen Missbrauchsverbots auf „unerlässliche“ Immaterialgüterrechte im Lichte der IMS-Health und Standard-Spundfass-Urteile, in: GRUR Int. 2006, 16 (18).

60 Vgl. Immenga/Mestmäcker-(Ullrich-Heinemann), (Fn. 37), GRUR B., Rn. 50.

61 EuGH 5.10.1988 – Rs. 238/87, Slg. 1988, 6211 – Volvo/Veng; EuGH 6.4.1995 – verb. Rs. C-241 und 242/91, Slg. 1995, I-743 – *Magill*; EuGH 29.4.2004 – Rs. 418/01, Slg.

Magill war der erste Fall, in dem der kartellrechtliche Lizenzierungszwang angeordnet wurde. Die *Magill*-Entscheidung stellt damit einen Meilenstein für die Bestimmung des Verhältnisses zwischen dem Recht des geistigen Eigentums und dem kartellrechtlichen Missbrauchsverbot dar.

Zwar entspricht es heute ganz allgemeiner Meinung, dass Art. 102 AEUV auf schutzrechtsbasierte Verhaltensweisen anwendbar ist, doch werden die genauen Anwendungsvoraussetzungen sehr kontrovers diskutiert.[62] Dabei ist stets zu berücksichtigen, dass die Ziele bzw. der Zweck des geistigen Eigentums gefährdet werden, wenn ihr Schutz auf unsachgemäße Weise durch das Kartellrecht eingeschränkt wird.[63]

1. Gründe für den Ausschluss geistigen Eigentums von der essential facilities Doktrin

Geistiges Eigentum schließt andere Marktteilnehmer von der geschützten Idee oder Erfindung aus und behält dem Inhaber Chancen und Verwertungsmöglichkeiten vor. Andererseits werden Wettbewerber auf die Schaffung neuer, substitutionsfähiger Güter verwiesen, falls sie sich im Wettbewerb um die Gunst der Konsumenten durchsetzen wollen.[64] Würde nun Zugang zu fremden Patent- oder Urheberrechten gewährt, so hätte das die Entwertung und Aushöhlung des Ausschließlichkeitsrechts zur Folge, der Anreiz, in die Schaffung dieser Güter zu investieren, ginge verloren. Eine denkbare Extremposition wäre daher der absolute Vorrang des geistigen Eigentums vor dem Kartellrecht, in der Realität werden heute allerdings differenziertere Positionen zwischen beiden Polen vertreten.

2. Schutzrechtlich abgeschirmte De-facto-Standards als wesentliche Einrichtungen

Häufig wird übersehen, dass sich Situationen ergeben können, in denen Schutzrechte zur Beherrschung abgeleiteter Märkte eingesetzt werden können. So verhielt es sich beispielsweise im *Microsoft*-Fall,[65] in dem Microsoft die Lieferung von Schnittstelleninformationen an Sun Microsystems verweigerte und dies mit Rechten des geistigen Eigentums rechtfertigte. Durch die Weigerung, Schnitt-

---

2004, I-5039 – IMS-Health/NDC Health; EuG vom 17.09.2007 – Rs. T-201/04, Slg. 2007, II-3601 – Microsoft/Kommission; Heinemann, (Fn. 25) , S. 504.

62 Immenga/Mestmäcker-(Ullrich-Heinemann),(Fn. 37), GRUR B., Rn. 58.

63 Heinemann, GRUR Int. 2006, 705.

64 Conde Gallego, GRUR Int. 2006, 16 (17).

65 EuG vom 17.09.2007 – Rs. T-201/04, Slg. 2007, II-3601 – Microsoft.

stelleninformationen zur Kompatibilität mit Windows zu liefern, wurde Sun als Wettbewerber auf dem Markt für Serversoftware praktisch verdrängt, obwohl Sun auf diesem Markt vormals eine Pionierstellung einnahm und eigene Innovationen hervorbrachte.

a. Lieferverlangen von Sun

So richtete im September 1998 Herr Green, Vizepräsident von Sun, die insbesondere Server und Server-Betriebssysteme herstellen, an Herrn Maritz, Vizepräsident von Microsoft, folgendes Schreiben:

„Ich schreibe Ihnen, um Sie zu ersuchen, dass Microsoft (Sun) alle Informationen zur Verfügung stellt, die nötig sind, um es (Sun) zu ermöglichen, native Unterstützung für COM-Objekte unter Solaris zu leisten. Ferner ersuchen wir darum, dass Microsoft (Sun) alle Informationen zur Verfügung stellt, die nötig sind, um es (Sun) zu ermöglichen, native Unterstützung für das gesamte Spektrum von Active-Directory-Technologien unter Solaris zu leisten. Wir glauben, dass den Brancheninteressen am besten gedient ist, wenn Anwendungen, die unter Solaris laufen sollen, nahtlos über COM und/oder Active Directory mit den Windows-Betriebssystemen und/oder mit Software, die auf Windows basiert, kommunizieren können."

Herr Maritz antwortete sogleich: „Vielen Dank für Ihr Interesse, mit Windows zu arbeiten. Wir haben einige gemeinsame Kunden, die unsere Produkte verwenden, und ich finde es großartig, dass Sie daran interessiert sind, Ihr System für die Interoperation mit Windows zu öffnen. Microsoft war stets bestrebt, den Software-Entwicklern – einschließlich (ihrer) Konkurrenten – zu helfen, für (ihre) Plattform bestmögliche Produkte und Interoperabilität zu schaffen."[66]

b. Verfahren vor dem Europäischen Gericht 1. Instanz

Mit diesem freundlichen Briefwechsel begann eine Auseinandersetzung um die Lieferung von Schnittstelleninformationen zwischen den Unternehmen Sun und Microsoft, die erst neun Jahre später, nämlich am 17.09.2007 vom EuG entschieden wurde.

Sun war ohne die Lieferung und Lizenzierung von Schnittstelleninformationen des Windows PC-Betriebssystems nicht länger wettbewerbsfähig auf dem Markt für Serversoftware. Microsoft hatte die Dialogfähigkeit seines marktbeherrschenden Windows-PC-Betriebssystems mit fremder Serversoftware bewusst eingeschränkt, um die eigene Serversoftware am Markt durchzusetzen.[67]

---

66 EuG vom 17.09.2007 – Rs. T-201/04, Slg. 2007, II-3601, Rn. 2 und 4 – Microsoft

67 Heinemann, GRUR Int. 2006, 705 (711).

Dabei stellte das Windows-Betriebssystem einen De-facto-Standard auf dem Markt der PC-Betriebssysteme dar, denn Microsoft besitzt mit dem PC-Betriebssystem Windows eine weltweite, marktbeherrschende Stellung, die auf Dauer besteht. Ferner ist diese marktbeherrschende Stellung durch Rechte des geistigen Eigentums abgeschirmt. Mithin sind die Windows-Schnittstelleninfor-mationen unerlässlich, um Windows-kompatible Serversoftware anzubieten. Im Übrigen ist Windows als De-facto-Standard auch nicht duplizierbar.

Folge der Lizenzverweigerung von Microsoft war, dass Sun nicht mehr in erwähnenswertem Maße am Wettbewerb auf dem Markt für Serversoftware teilnehmen konnte, obwohl es dort vormals eine Vorreiterrolle eingenommen hatte. Sun plante keineswegs durch den Zugang zu geistigem Eigentum fremde Serversoftware zu imitieren. Vielmehr wollte Sun daran anknüpfen, eigene, innovative Software zu entwickeln.

Microsoft war es durch diese Strategie möglich, auf dem Markt für Serversoftware in kürzester Zeit erhebliche Marktanteile zu gewinnen. Dies gelang Microsoft, ohne Konkurrenten im Wettbewerb mit niedrigeren Preisen oder innovativerer Technik zu überbieten.

D. Gang der Darstellung

Ein seltenes, aber umso schwerer zu lösendes Problem ist, dass sich ein Schutzrecht aufgrund fehlender Substituierbarkeit der geschützten Leistung als unerlässlich für den Wettbewerb auf abgeleiteten Märkten erweist.

Durch die Verpflichtung, Wettbewerbern Zugang zu seinen wesentlichen Einrichtungen zu gewähren, wird das marktbeherrschende Unternehmen gezwungen, seinen Konkurrenten Hilfe zu leisten.

Heute ist es allerdings nicht mehr so sehr umstritten, ob Zugang zu wesentlichen Einrichtungen gewährt werden muss, sondern unter welchen Voraussetzungen dies zu geschehen hat. Denn gerade der Sinn von Immaterialgüterrechten besteht darin, andere von der nachahmenden Nutzung ausschließen zu können. Aber inwiefern unterscheiden sich in Bezug auf einen Zwangszugang immaterielle von materiellen Eigentumsrechten?

Diese Arbeit behandelt daher die Frage, ob wesentliche Einrichtungen i.S. der essential facilities Doktrin auch aus gewerblichen Schutzrechten bestehen können und wie sich das Spannungsverhältnis einer kartellrechtlichen Zwangslizenz mit der Ausschließlichkeitswirkung gewerblicher Schutzrechte auf befriedigende Weise lösen lässt.

Zum andern ist es Ziel, die Vermischung von verschiedenen Kriterien des EuGH in Fällen mit Bezug zu gewerblichen Schutzrechten zu entflechten und klare Strukturen für die Anwendung der essential facilities Doktrin im Rahmen des Art. 102 AEUV zu entwickeln.

Dafür ist zunächst zu klären, ob ein Unterschied zwischen Sach- und geistigem Eigentum besteht und inwieweit dieser Bedeutung für die Zulässigkeit einer kartellrechtlichen Zwangslizenz hat. Ferner soll die historische Entwicklung der essential facilities Doktrin in den USA zum besseren Verständnis der Problematik nachgezeichnet werden. Es werden dann der Hebelmissbrauch und die essential facilities Doktrin im Rahmen von Art. 102 AEUV erörtert. Im Anschluss wird die Arbeit nach der Struktur und Chronologie der Fälle aufgebaut, um diese zu analysieren und den Stand der europäischen Rechtsprechung zu erörtern.

Teil 1. Grundlegendes zum geistigen Eigentum und zur essential facilities Doktrin

A. Geistiges Eigentum und Wettbewerb

Art. 345 AEUV lässt die Eigentumsrechte der Mitgliedsstaaten unberührt. Die jeweiligen Schutzrechte gehören auch zur den Eigentumsordnungen der Mitgliedstaaten. Obwohl nicht ausdrücklich im Vertrag aufgeführt, ist das Eigentum daher generell geschützt.

Im Unterschied zum Sacheigentum ist ihr Schutzgegenstand immaterieller Art, z.B. eine Erfindung im Patentrecht, eine künstlerische Schöpfung im Urheberrecht, die Kennzeichnungskraft der Marke im Markenrecht.[68] Die Liste könnte noch fortgeführt werden. Gemeinsam ist den Schutzrechten aber, dass sie ihrem Inhaber die Befugnis verleihen, den Schutzgegenstand nach Belieben zu nutzen und Dritte von der Nutzung auszuschließen.

I. Wesen des geistigen Eigentums

1. John Locke – Ursprung des geistigen Eigentums

Die Wurzeln des geistigen Eigentums liegen im Naturrechtsdenken und in der Aufklärung. John Locke hatte, ausgehend vom Wert der menschlichen Arbeit, ein naturgegebenes Recht an den selbst geschaffenen Gütern gefordert. Danach werden die öffentlichen Güter, also alle frei verfügbaren Ressourcen, durch das Hinzufügen eigener Leistung etwas Neues und damit aneignungsfähig. So wird heute beispielsweise die geistige Schöpfung durch das Urheberrecht Eigentum des Schöpfers. Ein vormals öffentliches Gut wandelt sich in ein privates Gut.[69] Danach genießt nicht nur das materielle Eigentum einen ausschließlichen Schutz, sondern auch die geistige Arbeit des Menschen soll ausschließlich ihm zur Verfügung stehen und durch Rechte geschützt sein.

---

68 Mestmäcker/Schweitzer, Europäisches Wettbewerbsrecht (2004), § 28, Rn. 1.

69 John Locke hat diesen Gedanken in An Essay Concerning the True Original, Extent and End of Civil Government – Second Treatise on Government (1698), Kapitel V, S. 24 entwickelt.

2. Besonderheiten des geistigen Eigentums

Der Gegenstand der Immaterialgüterrechte ist daher der Schutz von Kenntnissen und Informationen zugunsten des Rechtsinhabers. Immaterialgüterrechte sind Teil der abstrakten Regeln, die geschützte Bereiche abgrenzen, in die Dritte keine Eingriffsbefugnisse haben. Aber Ausschließlichkeitsrechte sagen als solche nichts darüber aus, was dem Rechtsinhaber konkret – über die ausschließliche Nutzungsbefugnis hinaus – zustehen soll. Ein Immaterialgüterrecht hat damit als solches noch keinen Wert. Der Wert lässt sich erst durch die Vermarktung entweder des Produkts oder der Lizenz bestimmen. Der Wert eines Immaterialgüterrechts entscheidet sich daher erst durch die Teilnahme des Rechtsinhabers am Wirtschaftsverkehr und am Wettbewerb.[70]

a) Öffentliche Güter

Die ökonomische Eigenart der Ausschließlichkeitsrechte erschließt sich erst in der Auseinandersetzung und im Gegensatz zu den öffentlichen Gütern. Öffentliche Güter sind nur teilweise naturgegeben, z.B. die Luft oder das Wasser der Meere. Sie umfassen aber auch künstlich geschaffene Güter wie die unentgeltliche Nutzung der Straßen oder die Nutzung des privaten Fernsehens. Öffentliche Güter sind dadurch gekennzeichnet, dass von ihrer Nutzung niemand ausgeschlossen werden kann, sog. Nichtausschließbarkeit. Außerdem ist ihre Nutzung ohne Beeinträchtigung derselben Nutzung durch Dritte möglich, sog. fehlende Konsumrivalität.[71]

b) Nicht-Konkurrenz im Konsum

Fehlende Konsumrivalität bedeutet, dass der Konsum eines Gutes durch die Person A den Konsum des gleichen Gutes durch die Person B nicht beeinträchtigt. Da das geistige Eigentum sich nicht auf Sachen, sondern auf geistige Schöpfungen bezieht, ist es auch nicht dem Verschleiß einer körperlichen Sache ausgesetzt. So kann ein Theaterstück ohne weiteres beliebig viele Male aufgeführt werden, ohne dadurch an Qualität einzubüßen. Im Gegensatz dazu verschleißt beispielsweise ein Autoreifen mit jeder Nutzung, ein Hemd mit jedem Tragen. Im Übrigen kann eine körperliche Sache nur von einem beschränkten Personenkreis genutzt werden, im Gegensatz zu einem Theaterstück, das prinzipiell einer unbeschränkten Zahl von Personen zugänglich gemacht werden kann, wie es

---

70 So auch Immenga/Mestmäcker-(Ullrich/Heinemann), Wettbewerbsrecht – Band 1. EG/Teil 2 Kommentar zum Europäischen Kartellrecht^4 (2007), GRUR B., Rn. 22.

71 Mestmäcker/Schweitzer, Europäisches Wettbewerbsrecht (2004), § 28, Rn. 1 ff.

etwa auch bei dem weltweiten Abspielen von Kinofilmen der Fall ist. Dies bezeichnet man als die sog. fehlende Konsumrivalität. Während die Nutzung durch die Person A bei Sacheigentum der Nutzung durch die Person B entgegensteht, steht bei geistigem Eigentum einer parallelen Nutzung nichts entgegen.

c) Nichtausschließbarkeit

Außerdem können Individuen vom Genuss eines Gutes auch dann nicht ausgeschlossen werden, wenn sie keinen Beitrag zu dessen Erstellung geleistet haben, sog. Nichtausschließbarkeit. Dies ermöglicht die Imitation fremder Ideen und Leistungen ohne eigenen Kostenaufwand. Die Auswirkungen fehlender Ausschließbarkeit weisen bei körperlichen und unkörperlichen Gegenständen wichtige Gemeinsamkeiten auf. Sie lassen sich allerdings anhand von Sacheigentum besser darstellen als bei Immaterialgüterrechten.

aa) Hobbes – Leviathan

Der Ausgangspunkt der Analyse lässt sich durch den Naturzustand bei Thomas Hobbes kennzeichnen, in dem jeder ein Recht auf alles hat, dagegen hat niemand Sicherheit im Genuss von irgendetwas. Hobbes hat die Konsequenzen dieser Lage für die materiellen und immateriellen Güter aufgezeigt. Für individuelle Anstrengungen bleibe danach kein Raum, weil man sich ihrer Früchte nicht sicher sein könne. Und folglich werde es keinen Ackerbau, keine Schifffahrt, keine Kunst und keine Literatur geben.[72] Erst die allseitige Anerkennung von Eigentumsrechten begründet die Möglichkeit, im Eigeninteresse und längerfristig zu planen und zu arbeiten. Das Eigentum begründet Planungssicherheit, indem es den Zugriff auf das Eigentum anderer ausschließt. Unter Bedingungen der Arbeitsteilung können knappe Güter nur gegen Entgelt von anderen Eigentümern erworben werden. Dafür bilden sich Märkte und Preise. Preise für Güter sind Kosten für Unternehmen, die diese Güter für ihre Produktion benötigen. Das Recht trägt damit zur wirtschaftlichen Nutzung knapper Güter bei.

bb) Beispiel anhand der Allmende

Ein Beispiel für falsche Konsumanreize infolge fehlender Ausschließlichkeitsrechte ist die Allmende, die als gemeinsames Eigentum für alle Ortsansässigen frei nutzbar ist. Für Allmenden ist kennzeichnend, dass eine Mehrzahl von Personen, wie z.B. die Einwohner einer Gemeinde oder die Mitglieder einer Genos-

---

72 Hobbes, Leviathan or the Matter, Form, and Power of a Common Wealth Ecclesiastical and Civil (1839), S. 113.

senschaft, gemeinsame Güter unentgeltlich nutzen können. Dies führt zu kurzfristigen Gewinnmaximierungen durch die Einzelnen, die zufällig zur prioritären Nutzung in der Lage sind. Die Nutzung erfolgt ohne Rücksicht auf die Chancen anderer und auf den zukünftigen Wert der Sache und führt so z.B. zur Vernichtung des Wildbestandes bei der Jagd, zur Abholzung des Waldes bei der Forstwirtschaft oder zur Verödung der Weiden, wenn es um die Nutzung durch Weidewirtschaft geht.[73] Dem Verbrauch und der Verschwendung knapper Ressourcen ohne Rücksicht auf die Kosten können aber Ausschließlichkeitsrechte entgegen wirken, weil sie den Rechtsinhaber zwingen, seine Entscheidung unter Berücksichtigung von Opportunitätskosten zu treffen.[74] Trifft den Eigentümer eines Fischteichs die Überfischung alleine, wird er sich veranlasst fühlen, ökonomisch mit dem Fischbestand zu wirtschaften und eine Überfischung zu vermeiden.

d) Resümee

Gewerbliche Schutzrechte helfen also über das Problem der Nichtausschließbarkeit bei Immaterialgütern hinweg, so dass auch immaterielle Güter handelbar werden.

Allerdings ist eine Abgrenzung des Eigentums hier viel schwieriger als beim Sacheigentum, denn in der fehlenden Konsumrivalität besteht ein wesentlicher Unterschied zum Sacheigentum, dieser Unterschied liegt gerade in der fehlenden körperlichen Abgrenzung – diese ergibt sich bei materiellem Eigentum aus der Sache an sich – durch die fehlende natürliche Ausschließlichkeit wäre eine mehrfache Nutzung ohne Verschleiß des Gegenstands bei Immaterialgütern ohne weiteres möglich. Damit aber auch Immaterialgüter zu Wirtschaftgütern werden können, ist es, genauso wie bei materiellen Gütern, erforderlich, andere von fremdem Eigentum bzw. fremden geistigen Leistungen auszuschließen.

Zusammenfassend kann festgestellt werden, dass Informationen besondere Eigenschaften aufweisen: Sie entziehen sich der natürlichen Aneignung, sind deshalb nicht ohne weiteres übertrag- und verwertbar und sie unterliegen weder der Abnutzung noch dem Grundsatz der Rivalität der Nutzung.[75]

Ein Schutzrechtssystem verfolgt also den Zweck, die ausschließliche Nutzung von Informationen, Erfindungen und Ideen dem Schutzrechtsinhaber vor-

---

73 Mestmäcker/Schweitzer, Europäisches Wettbewerbsrecht (2004), § 28, Rn. 5; Vgl. auch Hardin, The Tragedy of the Commons, in: Henderson (Hrsg.), The Fortune Encyclopedia of Economics (1993), S. 88 - 91.

74 Mestmäcker/Schweitzer, Europäisches Wettbewerbsrecht (2004), § 28, Rn. 5.

75 Immenga/Mestmäcker-(Ullrich/Heinemann), (Fn. 70), GRUR B., Rn. 22.

zubehalten, um so einen wesentlichen Investitionsanreiz zu setzten.[76] Dies muss, anders als bei Sachen, die sich durch sich selbst von anderen Sachen abgrenzen, künstlich geschehen. Daraus lassen sich allerdings keine Schlüsse zur unterschiedlichen Anwendung von geistigem und Sacheigentum in Bezug auf die essential facilities Doktrin ziehen. Die Nichtausschließbarkeit würde auch beim Sacheigentum – wie bei Hobbes besonders deutlich wird - gravierende Folgen haben. Auch der zwangsweise Zugang zu fremdem Sacheigentum kann getätigte Investitionen enttäuschen und zukünftige Investitionsanreize zerstören.

3. Ausschließlichkeit im Wege der Einzelaufzählung

Bei Immaterialgütern besteht also die wichtigste vom Gesetzgeber zu entscheidende Frage darin, welcher Ausschnitt aus frei verfügbaren Kenntnissen oder Informationen zum Gegenstand eines Ausschließlichkeitsrechts gemacht werden soll.[77] „Da der Bezugspunkt zu einem konkreten Gegenstand fehlt, müssen im Wege der Einzelaufzählung sämtliche Rechte umschrieben werden, die dem Schutzrechtsinhaber zustehen sollen."[78] Die Entscheidung wird bestimmt von den Erwartungen, dass potentielle Rechtsinhaber die ihnen vorbehaltenen Chancen wahrnehmen und die geschützte Leistung erbringen oder nutzen. Erst dadurch werden die Rechte zum Gegenstand des Wirtschaftsverkehrs und des Wettbewerbs. Die Schutzgegenstände dieser Ausschließlichkeitsrechte verlieren jedoch nicht ihre ursprüngliche Eigenart als öffentliches Gut. Die unbefugte Nutzung mindert zwar die Ertragschancen des Rechtsinhabers, beeinträchtigt aber nicht, wie bei körperlichen Gegenständen, den Schutzgegenstand selbst,[79] dies hat seine Ursache in der fehlenden Konsumrivalität.

a) Wesentliche Unterschiede zum Sacheigentum

Bei einer wirtschaftlichen Betrachtung „unterscheidet sich geistiges Eigentum vor allem durch seine Qualität als öffentliches Gut vom Sacheigentum: Ohne rechtlichen Schutz könnte niemand von der Nutzung des Schutzobjekts ausgeschlossen werden und eine Nutzung des Objekts durch eine beliebige Anzahl

76 Münchener Kommentar zum Europäischen und Deutschen Wettbewerbsrecht (Kartellrecht) – Band 1 Europäisches Wettbewerbsrecht-(Eilmansberger), Art. 82 EG, Rn. 390.

77 Mestmäcker/Schweitzer, Europäisches Wettbewerbsrecht (2004), § 28, Rn. 8.

78 Heinemann, Immaterialgüterschutz in der Wettbewerbsordnung – Eine grundlagenorientierte Untersuchung zum Kartellrecht des geistigen Eigentums (2002), S. 5.

79 Mestmäcker/Schweitzer, Europäisches Wettbewerbsrecht (2004), § 28, Rn. 8.

von Interessenten wäre möglich (Nicht-Rivalität im Konsum).“[80] Durch die Verleihung von Schutzrechten wandelt sich ein immaterielles Gut von einem öffentlichen zu einem privaten Gut: „Das Recht sorgt dafür, dass andere von der Nutzung ausgeschlossen werden können. Die Tatsache der Nicht-Rivalität im Konsum wird dadurch nicht berührt.“[81] Damit wird auch das geistige Eigentum zum handelbaren Gut, welches den Schutz der Rechtsordung erfährt.

b) Sinn und Zweck

Immaterialgüterrechte werden also geschaffen, damit immaterielle Güter zum Gegenstand von Marktprozessen werden können. Die rechtlich gewährleistete Ausschließlichkeit verwandelt ein ursprünglich freies Gut in ein privates Gut. Es wird auf diese Weise Knappheitsregeln unterworfen und kann erst dadurch wirtschaftlich entstehen und am Markt bewertet werden.[82] Gleichzeitig verschaffen gewerbliche Schutzrechte ihrem Inhaber die Befugnis, mit ihnen nach Belieben zu verfahren, und sie bestimmen die Regeln, nach denen die von ihnen verliehene Rechtsmacht ausgeübt werden darf.

Die wichtigste Legitimation von Immaterialgüterrechten besteht darin, dass ihr Gegenstand ohne Verrechtlichung mit hoher Wahrscheinlichkeit nicht geschaffen oder wirtschaftlich nicht genutzt werden könnte. Weil Ideen, Kenntnisse und Informationen, sobald sie bekannt sind, von jedermann genutzt werden können, fehlt ohne Rechtsschutz anscheinend der Anreiz, die Kosten auf sich zu nehmen, die zur Entwicklung einer neuen technisch und wirtschaftlich verwertbaren Idee aufgewendet werden müssen.[83] Die Folge wären Situationen, wie sie Hobbes in Leviathan beschreibt. Trotz alledem ist es nicht das Recht an sich, welches einen Anreiz zur Hervorbringung neuer Ideen schafft, sondern der Wettbewerb, in dem diese Rechte Mittel zum Zweck sind.[84] Denn erst die Wettbewerbssituation, d.h. der Markt, bestimmt, welche Ideen oder Erfindungen geschaffen werden. Es ist also der Wettbewerb selbst, der den Anreiz für die Schaffung geistiger Leistung gibt. Das Recht ist nur zur ausschließlichen Zuweisung der Nutzungsbefugnisse an seinen Inhaber nötig, damit überhaupt Wettbewerb um immaterielle Güter entstehen kann. Allerdings mindert die Einsicht in die schlichte Mittelfunktion des geistigen Eigentums seine Rolle im Innovati-

80 Heinemann, (Fn. 78), S. 5.

81 Heinemann, (Fn. 78), S. 5.

82 Vgl. Ullrich, Grenzen des Rechtsschutzes: Technologieschutz zwischen Wettbewerbs- und Industriepolitik, in Schricker/Dreier/Kur (Hrsg.), Das geistige Eigentum im Dienste der Innovation (2001), S. 83 (92).

83 Mestmäcker/Schweitzer, Europäisches Wettbewerbsrecht (2004), § 28, Rn. 10.

84 So auch Immenga/Mestmäcker-(Ullrich/Heinemann), (Fn. 70), GRUR B., Rn. 22.

onswettbewerb nicht, denn erst die Immaterialgüterrechte, die ein Ausschließlichkeitsrecht gewähren, eröffnen den Wettbewerb um Ideen und Informationen.[85]

c) Zeitliche Gewährung von Schutzrechten

So wichtig es ist, dass abgegrenzte Informationen durch Ausschließlichkeitsrechte zu Wirtschaftsgütern werden, so wichtig ist der Grundsatz, dass Informationen als Inbegriff des in einer Gesellschaft verfügbaren Wissens auch frei zugängliche Güter sind und bleiben. Deshalb kommt dem Prinzip der Gemeinfreiheit in der Nutzung von Wissen der gleiche Rang zu wie dem Ausschlussprinzip. Den daraus folgenden Besonderheiten des geistigen Eigentums trägt die Gesetzgebung unter anderem dadurch Rechnung, dass sie den Bestand der Rechte befristet.[86] Durch dieses Prinzip wird es den Marktteilnehmern und der Allgemeinheit ermöglicht, aufbauend auf dem vorhandenen Wissen weitere Innovationen zu schaffen, die für einen befristeten Zeitraum nur dem Schutzrechtsinhaber zur Verfügung stehen und ihm so einen Vorteil im Wettbewerb ermöglichen können. Der Schutzrechtsinhaber soll durch die Gewährung einer zeitlichen Ausschließlichkeitsstellung die Möglichkeit erhalten, seine Investitionen für Forschung und Entwicklung am Markt zu amortisieren. Da Gesellschaften auf dem Wissen voriger Generationen aufbauen, steht nach Ablauf der Schutzfrist das Wissen auch der Allgemeinheit zur Verfügung und kann von Wettbewerbern sowohl für Imitationen als auch für Folgeinnovationen genutzt werden. Neuerungen sind immer nur ein relativ kleiner Fortschritt, der ohne den Rückgriff auf schon bestehende Grundlagen kaum möglich wäre.

d) Workable competition

Anfangs war das Modell der vollkommenen Konkurrenz wettbewerbspolitisches Leitbild. Die Wettbewerbstheorie verengte sich immer mehr zu einer statischen Preistheorie mit Gleichgewichtsmodellen, die nur den Endzustand völlig ausgereifter, keinem Wandel unterliegender Märkte beschrieb. Ziel der Wettbewerbspolitik war eine möglichst weitgehende Annäherung aller Märkte an dieses Modell.[87]

Das Ziel des funktionsfähigen Wettbewerbs ist die Sicherstellung eines gesamtwirtschaftlichen Wohlfahrtsoptimums. Dabei gibt es die *first best solution* also die erst beste Lösung, die in der soeben erwähnten vollkommenen Konkur-

---

85 Immenga/Mestmäcker-(Ullrich/Heinemann), (Fn. 70), GRUR B., Rn. 23.

86 Mestmäcker/Schweitzer, Europäisches Wettbewerbsrecht (2004), § 28, Rn. 11.

87 Emmerich, Kartellrecht (2006), § 1, Rn. 14 ff.

renz besteht. Als erstrebenswert wurde aber die *second best solution* also die zweitbeste Lösung erkannt, die bestimmte Marktunvollkommenheiten zulässt und als erwünscht ansieht.

John Maurice Clark hat schon 1939 die „Gegengiftthese“[88] aufgestellt, die grundlegend für den *workable competition* (funktionsfähigen Wettbewerb) ist. Er zog damit als erster die Konsequenz aus dem Umstand, dass die Voraussetzungen des vollkommenen Wettbewerbs weithin irreal sind.[89] Danach ist es auch in der Theorie nicht mehr erstrebenswert, eine vollkommene Wettbewerbssituation zu erreichen, in der Preise und Angebote aller Anbieter gleich sind. Im Kern besagt die These, dass auf sämtlichen Märkten, die durch Unvollkommenheiten gekennzeichnet sind, eine möglichst weitgehende Beseitigung dieser Unvollkommenheiten nicht immer und nicht notwendig zu guten ökonomischen Ergebnissen führt. Vielmehr kann es durchaus auch erforderlich sein, vorhandene Unvollkommenheiten durch die Schaffung weiterer Unvollkommenheiten zu bekämpfen, wenn es schon nicht gelingt, alle Unvollkommenheiten zu beseitigen.[90] Vielmehr gleichen sich Unvollkommenheiten im Wettbewerb gegenseitig aus. Wenn Ungleichheiten als „Gift“ bezeichnet werden, gibt es danach durch jede weitere Ungleichheit ein „Gegengift“. Marktunvollkommenheiten sind danach Voraussetzung für wirksamen Wettbewerb. So entwickelt sich Konkurrenz, wenn ein Anbieter überhöhte Preise verlangt: effizientere Wettbewerber werden mit niedrigeren Preisen in den Markt einsteigen und so wiederum den Marktteilnehmer zu Innovation anspornen.

Aus der Gegengiftthese entwickelte Clark schließlich die „dynamische Theorie“.[91] Sie versteht Wettbewerb als einen in der Zeit ablaufenden Prozess, der aus Vorstößen einzelner Pionierunternehmen und aus Verfolgungsaktionen anderer, sog. Nachahmer, besteht.[92]

Auch für die gewerblichen Schutzrechte hat das sog. *move and response* Prinzip erhebliche Bedeutung. Es findet insbesondere in der zeitlichen Gewährung von Ausschließlichkeitsrechten seinen Niederschlag: auf einen Vorstoß eines Wettbewerbers erfolgt die Reaktion der übrigen Marktteilnehmer. Ein Marktteilnehmer entwickelt also eine Erfindung, die zeitlichen Schutz genießt, er stößt im Wettbewerb vor und anderen Marktteilnehmern bleibt die Möglichkeit zu reagieren, entweder durch ähnliche Erfindungen, welche in Konkurrenz

88 J.M. Clark, Towards a Concept of Workable Competition, in: American Economic Review, Vol. 30, No. 2, Part 1, (1940), 241 – 256.

89 Vgl. auch von Hayek, Recht, Gesetzgebung und Freiheit, Band 3: Die Verfassung einer Gesellschaft freier Menschen, S. 97.

90 Vgl. Emmerich, Kartellrecht (2006), § 1, Rn. 20.

91 J.M. Clark, Competition as a Dynamic Process (1961).

92 Vgl. Emmerich, Kartellrecht (2006), § 1, Rn. 21.

treten können, oder durch Imitate nach dem Ablauf der Schutzfrist. Die Theorie des funktionsfähigen Wettbewerbs wird der Harvard-Schule zugerechnet.[93] Auch die Gegengiftthese geht also mit ihrem *move and response* Prinzip von der grundsätzlichen Wettbewerbsverträglichkeit von zeitlich befristeten Schutzrechten aus.

II. Geistiges Eigentum und Wettbewerb

Immaterialgüterrechte sind für die Förderung und Schaffung von Innovationen mithin unerlässlich, wie gesehen machen erst sie aus öffentlich zugänglichen Ideen und Erfindungen wirtschaftlich verwertbare Güter. Die Rechtsvorschriften zum geistigen Eigentum räumen den Inhabern von Patenten, Geschmacksmustern, Warenzeichen, sonstigen gewerblichen Schutzrechten und Urheberrechten ausschließliche Rechte ein. Sie geben ihrem Inhaber das Recht, anderen die bloße Nachahmung seiner Produkte zu verbieten und die Innovation selbst auszubeuten oder dieses Recht durch die Vergabe von Lizenzen an Dritte zu verwerten. Damit ermöglichen sie ihrem Inhaber zum einen die ausschließliche Verwertung seiner geistigen Leistung und geben so unter anderem auch Anreize, in die Schaffung dieser Güter zu investieren. Zum anderen werden Wettbewerber auf die Schaffung neuer, substitutionsfähiger Güter verwiesen, um sich im Wettbewerb um die Verbraucher durchzusetzen.[94]

Ein wesentliches Element der Ausschlusswirkung ist das Recht, mit dem immateriellen Eigentum nach Belieben zu verfahren, etwa ein Patent zu lizenzieren oder selbst auszunutzen. Denn das Schutzrecht verbürgt gerade die Befugnis, Dritte von der Benutzung des Schutzgegenstands ausschließen zu können.

Wie schon oben[95] erläutert ist die Gewährung von Ausschließlichkeitsrechten nicht Ausnahme vom Wettbewerb, sondern Mittel des Wettbewerbs.[96] Eine solche Ausschlussbefugnis verweist die Mitbewerber allerdings nur auf substitutiven statt auf imitierenden Wettbewerb. Im Übrigen besteht heute Einigkeit darüber, dass die dynamische Effizienz, d.h. die auf Schaffung innovativer und kreativer Produkte gerichtete Effizienz, auch zu den Zielfunktionen des Wett-

---

93 Vgl. Kilian, Europäisches Wettbewerbsrecht (2008), Rn. 405.

94 Vgl. Conde Gallego, GRUR Int. 2006, 16.

95 S. 9.

96 Ausführlich dazu Immenga/Mestmäcker-(Ullrich/Heinemann), (Fn. 70), GRUR B., Rn. 21.

bewerbs zählt.[97] Die Ausschlussbefugnis schließt aber auch das Recht mit ein, nicht jedem Interessenten, sondern nur einzelnen Bewerbern anstelle oder neben einer Eigennutzung eine Lizenz zur Nutzung des Schutzrechts zu erteilen. Denn dadurch macht der Schutzrechtsinhaber von seiner Befugnis Gebrauch, den durch die geschützte geistige Leistung errungenen, anderen Marktteilnehmern nicht zugänglichen Vorsprung im Wettbewerb selbst oder durch Lizenzvergabe an einzelne Dritte wirtschaftlich zu nutzen. Solange genug Raum für Substitutionswettbewerb besteht, werden kartellrechtliche Überlegungen also eher eine untergeordnete Rolle spielen.[98] Für den Wettbewerb folgt aus der Gewährung von Schutzrechten die Verdrängung des Imitationswettbewerbs zugunsten des Innovationswettbewerbs.

1. Monopole und gewerbliche Schutzrechte

Die Rechtsposition beansprucht aber auch dann Schutz, wenn der Patentinhaber Marktbeherrscher ist. Denn im Interesse der Technologieförderung schützt das Patent gerade auch das in einer Erfindung verkörperte Potential, die formale Ausschließlichkeitsstellung auf dem Markt zu einem wirtschaftlichen Monopol ausbauen zu können.[99] Entsteht die marktbeherrschende Stellung durch internes Wachstum, ist lediglich deren Missbrauch verboten. Die marktbeherrschende Stellung als solche ist dagegen nicht verboten.[100] Vielmehr wird jeder Marktteilnehmer im Wettbewerb versucht sein, sich so weit wie möglich von den Konkurrenten abzusetzen, und damit zumindest den Versuch unternehmen, den Markt zu beherrschen. Wachstum ist also ein durchaus respektables Ziel im Wettbewerb, eben auch bis zum Grad der marktbeherrschenden Stellung. Erst ab diesem Punkt greift das Korrektiv des Art. 102 AEUV ein, indem es den Missbrauch dieser Stellung – aber nicht die Stellung an sich – verbietet.

---

97 Conde Gallego, GRUR Int. 2006, S. 16 (17). Auf dieser Überlegung baut die Komplementaritätstheorie auf. Dazu Heinemann, (Fn. 78), S. 24 ff.

98 Conde Gallego, GRUR Int. 2006, S. 16 (17); Anders verhielt es sich im BGH Fall *Standard-Spundfass*, hier bestand keine Möglichkeit auf Substitutionswettbewerb auszuweichen, eine Diskriminierung kam nach Ansicht des BGH durch die unterschiedliche Lizenzierung an Mitbewerber in Betracht (BGH 13.07.2004, BGHZ 160, 67 – *Standard-Spundfass*).

99 BGH 13.07.2004, BGHZ 160, 67 = BGH-GRUR 2004, 966 (968) – *Standard-Spundfass*.

100 Anders verhält es sich bei externem Wachstum, das sich schon als unvereinbar mit der FKVO und §§ 35 ff. GWB darstellen kann.

2. Ziel nach der Anreiz- und Belohnungstheorie

Was aber ist der grundlegende Sinn und Zweck von subjektiven Ausschließlichkeitsrechten. Auf der Insel von Robinson Crusoe hat das Eigentum sicherlich keine Rolle gespielt. Denn Eigentumsrechte sind ein Instrument der Gesellschaft, ihr Sinn besteht gerade darin, das Verhalten und den Umgang untereinander klaren Regeln zu unterwerfen. Wie H. Demsetz[101] am Beispiel von Indianerstämmen zeigt, kommt es für die Notwendigkeit von Eigentumsrechten auch auf das Verhältnis von Kosten und Nutzten für die Gesellschaft an. Ein Indianerstamm im bewaldeten Norden Amerikas ist auf das Fell von Bären angewiesen. Solange genug Bären vorhanden sind, ist die Jagd keinen Regeln unterworfen, sondern jeder nimmt sich nach Belieben ohne Rücksicht auf andere. Niemandem entsteht ein Nachteil, da es genug für alle gibt.

Die Situation änderte sich aber mit dem Beginn des Pelzhandels. Dies hatte zwei Konsequenzen. Erstens erhöhte sich der Wert der Felle für die Indianer erheblich. Dies führte zweitens dazu, dass die Jagd auf Bären stark anstieg.

Das Verhältnis zur freien Jagd änderte sich nun mit dem steigenden Bedarf an Fellen.

Die Indianer etablierten in der Folge ein Eigentumssystem, welches auch die wirtschaftlichen Aspekte des Fellhandels berücksichtigte. Um den Bärenbestand effizient zu nutzen und den Bestand vor Ausrottung zu bewahren, haben die Indianerstämme in Vereinbarungen exklusive Jagdgebiete festgelegt. Denn ohne das Recht, andere von dem Jagdgebiet auszuschließen, besteht für den Einzelnen kein Anreiz, im Umgang mit den vorhandenen Ressourcen ökonomisch umzugehen.

Dagegen gab es solche ersten Formen von Eigentumssystemen bei den Indianern im Südwesten Amerikas nicht. Der Grund liegt darin, dass es in der Ebene keine Tiere von kommerziellem Wert gab, verglichen mit den Pelztieren des Waldes. Außerdem wanderten die Tiere in der Ebene über weite Strecken. Es ergab sich also kein Nutzen aus privaten Jagdgebieten.

Eigentumsrechte entstehen demnach dann, wenn sich die Kosten im Verhältnis zum Nutzen dieser Rechte lohnen.

Dieses Konzept findet breite Anwendung – auch im Bereich der Immaterialgüterrechte. Wäre z.B. der Zugang zu neuen Ideen für alle frei zugänglich, bestünde kaum Anreiz, solch neue Ideen hervorzubringen, weil der Nutzen aus der Idee nicht mehr dem Erfinder zugute käme.

---

101 H. Demsetz, Toward a theory of property rights, in: The American Economic Review, Vol. 57, No. 2 (1967), S. 347ff.

Diesem grundlegenden Gedanken folgt die Anreiz- und Belohnungstheorie. Das Ziel von Immaterialgüterrechten ist es, dem Erfinder einer Idee das ausschließliche Recht an ihr – zumindest für eine begrenzte Zeit – zu gewähren. Denn die Anstrengung, Innovationen hervorzubringen, würden sich nicht lohnen, wenn gleichzeitig allen anderen die Nutzung frei stünde.

Mit dem subjektiven Schutz von Innovationen ist aber auch ein weiterer Aspekt verbunden. Ziel ist es zum einen, den Vorstoß eines Wettbewerbers mit einer zeitlich befristeten Ausschließlichkeitsstellung für seine Innovation zu belohnen, indem anderen Wettbewerbern diese Innovation erst nach Ablauf des Schutzrechts zugänglich wird. Zum anderen sollen Wettbewerber nicht lediglich den Fristablauf abwarten, sondern durch die geschützte Innovation auch motiviert werden, eigene Lösungen quasi um das Schutzrecht herum zu erfinden und in die Entwicklung neuer oder verbesserter Erzeugnisse und Verfahren zu investieren.

Es entsteht das sog. *move and response* Prinzip. Um die Gunst der Verbraucher konkurrieren also verschiedene Innovationen miteinander. Der ausschließliche Schutz gewährt zwar den Nutzen aus der Innovation, garantiert aber nicht, dass eine neue Innovation nicht erfolgreicher im Wettbewerb sein kann.

Innovation ist also ein wesentlicher und dynamischer Bestandteil einer offenen und wettbewerbsfähigen Marktwirtschaft. Daher sind sowohl gewerbliche Schutzrechte als auch Wettbewerb notwendig, um Innovationen zu fördern und deren wettbewerbsfähige Verwertung sicherzustellen.[102] Aus dieser Sicht ist die Ausschlussfunktion von Immaterialgüterrechten für das Wettbewerbsrecht hinnehmbar.[103]

3. Von der Konfliktthese zur dynamischen Effizienz – Die Komplementaritätsthese

Die geschichtliche Entwicklung des Verhältnisses von geistigem Eigentum und Kartellrecht führte von einem isolierten Nebeneinander von Kartellrecht und dem Recht des geistigen Eigentums „über die Konfliktthese zur Harmonie- und Komplementaritätsthese.“[104] Im Überblick über das Verhältnis von Kartellrecht und Rechten des geistigen Eigentums hat sich die Spannung in der Vergangenheit in verschiedene Richtungen entladen. Der früher vertretenen Konfliktthese lag die Annahme zugrunde, dass zwischen dem Wettbewerbsrecht und den Im-

102 Kommission, Bekanntmachung vom 27.4.2004, Leitlinien zur Anwendung von Art. 81 EG-Vertrag auf Technologietransfer-Vereinbarungen, ABl. 2004, C 101/2, Rn. 7.

103 Conde Gallego, GRUR Int. 2006, 16 (17).

104 Heinemann, (Fn. 78), S. 25.

materialgüterrechten ein unüberbrückbarer Gegensatz bestehe. Denn Immaterialgüterrechte seien durch ihre Exklusivstellung als Ausnahmen vom Wettbewerb zu verstehen und stünden somit im direkten Gegensatz zu einer wettbewerblichen Öffnung, welche vom Kartellrecht angestrebt werde. Beispielsweise wurde in der frühen Geschichte des US-Kartellrechts der Sherman Act nicht auf Rechte geistigen Eigentums angewandt.[105] Auch in Europa unterblieb eine Anwendung anfangs, da die Norm des Art. 102 AEUV zu Beginn zu unübersichtlich erschien.

Später wiederum wurde durch die Chicago-Schule die Kartellrechtsanwendung zugunsten des Schutzrechts als rechtlich verbürgte Gewährleistung des monopolistischen Gewinnmaximierungsinteresses seines Inhabers beschränkt.[106]

Heute wird vertreten, dass die dynamische Effizienz zu den Zielfunktionen des Wettbewerbs zählt.[107] Es wird von der Neutralitätsthese gesprochen, die geistiges Eigentum vor dem Kartellrecht wie anderes Eigentum unvoreingenommen gleich behandeln will.[108] Denn die Verleihung von Ausschließlichkeitsrechten dient lediglich der Korrektur eines Marktversagens, welche sich bei Innovationen unter dem Gesichtspunkt des öffentlichen Guts ergibt: Ohne Schutzrechte bestünden wahrscheinlich keine ausreichenden Anreize zur Hervorbringung von Innovationen, da Dritte ohne eigene Aufwendungen fremde Ergebnisse sofort übernehmen könnten. Dementsprechend hat die Zuerkennung von Ausschlussrechten zwei Konsequenzen: Einerseits wird das Nachahmen von Innovationen eingeschränkt, da andere von der Benutzung des geschützten Gegenstands ausgeschlossen werden. Andererseits werden Innovationen gesteigert, indem Innovationen miteinander konkurrieren, denn die Produkte, die um den Kunden konkurrieren, sind ja nicht identisch und bieten somit dem Verbraucher unterschiedliche Optionen der Bedarfsbefriedigung,[109] dadurch wird die Hervorbringung von Innovation in der Zukunft gefördert.

„Diese Zweiteilung macht auch deutlich, inwiefern von Konflikt bzw. von Harmonie zwischen Rechten des geistigen Eigentums und Kartellrecht gesprochen werden kann: in kurzfristiger Hinsicht besteht ein Konflikt zwischen den beiden Rechtsgebieten, da durch die Verleihung von Ausschlussrechten möglicher Wettbewerb beschränkt werden kann. In dynamischer, d.h. mittel- und

105 Vgl. Heinemann, (Fn. 78), S. 41.

106 Vgl. Ullrich, Lizenzkartellrecht auf dem Weg zur Mitte, in: GRUR Int. 1996, 555.

107 Conde Gallego, GRUR Int. 2006, 16 (17).

108 U.S. Department of Justice, Federal Trade Commission, Antitrust Guidelines for Licensing of Intellectual Property, 49 BNA-PTCJ 174 (1995); Ullrich, GRUR Int. 1996, 555.

109 C.C. v. Weizsäcker, Rechte und Verhältnisse in der modernen Wirtschaftlehre, in: Kyklos, Vol. 34, 1981, 345 (362).

langfristiger Betrachtung, besteht dagegen Übereinstimmung: die Verleihung von Ausschlussrechten fördert den Innovationswettbewerb, der auch zu einer Intensivierung des Produktwettbewerbs führt.“[110]

Dennoch kann eine Harmoniethese nicht abgeleitet werden, denn obwohl Gemeinsamkeiten bestehen, können Immaterialgüterrechte, wie alle anderen Rechte auch, einem wettbewerbswidrigen Missbrauch dienen. Der Begriff der Komplementaritätsthese ist daher vorzugswürdig.[111]

4. Anwendung des Kartellrechts bei Ausschluss von Substitutionswettbewerb

Bleibt genügend Raum für Substitutionswettbewerb, stellen immaterialgüterrechtliche Ausschließlichkeitsstellungen für das Wettbewerbsrecht generell kein Problem dar, im Gegenteil, der Wettbewerb um neue Ideen und Erfindungen wird sogar gefördert, lediglich Imitationen werden ausgeschlossen.

Problematisch werden allerdings solche Konstellationen, in denen das Schutzrecht wegen fehlender Substituierbarkeit der geschützten Leistung seinem Inhaber von vornherein die Möglichkeit einräumt, einen Markt komplett zu kontrollieren.[112] Dabei heißt Substituierbarkeit nicht völlige Austauschbarkeit, dies wäre bei einem Schutzrecht denknotwendig ausgeschlossen, es genügt vielmehr eine relative Austauschbarkeit im Sinne des Bedarfsmarktkonzeptes; danach umfasst ein relevanter Markt alle Produkte oder Dienstleistungen, die aus Sicht der Nachfrager nach Eigenschaft, Verwendungszweck und Preislage zur Deckung eines bestimmten Bedarfs austauschbar sind.[113] „Die Wettbewerbsförderlichkeit von Schutzrechten ist die Regel, seine wettbewerbswidrige Instrumentalisierung die besonders zu begründende Ausnahme.“[114] Die Kontrolle von Märkten ist von Art. 102 AEUV jedoch nicht verboten. Es reicht also keinesfalls aus, eine marktbeherrschende Stellung innezuhaben oder sogar ein Monopol zu begründen.

Damit stellt sich die Frage, ob der Missbrauch einer beherrschenden Stellung durch die Ausübung von Immaterialgüterrechten möglich ist.

Ein Immaterialgüterrecht verleiht seinem Inhaber ausschließliche Befugnisse, nun besteht die Frage darin, ob allein die Ausübung dieser rechtlichen Befugnisse einen verbotenen Missbrauch darstellen kann und somit gegen das Kar-

---

110 Heinemann, (Fn. 78), S. 25f.

111 Siehe Heinemann, (Fn. 78), S. 1.

112 Vgl. Conde Gallego, GRUR Int. 2006, 16 (17).

113 BGHZ 131, 107 (110) – *Backofenmarkt*; BGH, GRUR 1996, S. 808 – *Pay-TV-Durchleitung*.

114 Heinemann, (Fn. 78), S. 2

tellrecht verstößt. Dass die Ausübung von Immaterialgüterrechten grundsätzlich keinen Missbrauch darstellt, ist eigentlich einleuchtend und seit dem *Volvo*-Urteil[115] des EuGH ständige Rechtsprechung.[116] Aber schon in *Volvo* wurde angedeutet, dass gewerbliche Schutzrechte unter „besonderen Umständen" eingeschränkt werden können.[117]

Ein anerkanntes Instrument zur Öffnung von Märkten ist die essential facilities Doktrin. Ob diese Doktrin überhaupt auf geistiges Eigentum anwendbar ist und welche Voraussetzungen dafür erfüllt sein müssen, bedarf allerdings im Folgenden genauerer Untersuchung. Vorweggenommen sei, dass die *Magill*-Entscheidung des EuGH einen Meilenstein für das Verhältnis von geistigem Eigentum und Kartellrecht darstellt. Am Beispiel des Urheberrechts bestätigte der EuGH, dass sich beim Vorliegen „außergewöhnlicher Umstände" aus Art. 102 AEUV eine kartellrechtliche Zwangslizenz ableiten lasse. Der Missbrauch setzt nach dem EuGH drei Kriterien voraus, nämlich die Verhinderung eines neuen Produkts (Art. 102 S. 2 lit. b AEUV), den Ausschluss jeden Wettbewerbs auf dem abgeleiteten Markt für wöchentliche Programmführer (Hebelwirkung) und die Abwesenheit einer objektiven Rechtfertigung.[118] Wie diese Kriterien zueinander stehen, bedarf aber im Folgenden genauerer Untersuchung und ist bis heute strittig.

III. Abschied von der Konfliktthese

Es wird die Auffassung vertreten, Immaterialgüterrechte würden einen Anreiz für Unternehmen schaffen, in Forschung und Entwicklung zu investieren.[119]

---

115 EuGH vom 5.10.1988 – Rs. 238/87, Slg. 1988, 6211 – Volvo/Veng.

116 So wird in EuGH vom 6.4.1995 - Verb. Rs. C-241/91 P und C-242/91 P, Slg. 1995, I-743 – *Magill*; EuGH vom 29.4. 2004 – Rs. C-418/01, Slg. 2004, I-5039 – *IMS-Health*; EuGH vom 26.11.1998 – Rs. C-7/97, Slg. 1998, I-7791 – *Bronner*, ausnahmslos auf die *Volvo*-Rechtsprechung verwiesen.

117 Genannt wurden vom EuGH folgende drei Umstände: Die willkürliche Weigerung, unabhängige Reparaturwerkstätten mit Ersatzteilen zu beliefern, unangemessene Ersatzteilpreise oder die Entscheidung, für ein bestimmtes Modell keine Ersatzteile mehr herzustellen, obwohl noch viele Fahrzeuge dieses Modells verkehren. (EuGH vom 5.10.1988 – Rs. 238/87, Slg. 1988, 6211, (6235), Rn. 9 – Volvo/Veng). Dabei handelt es sich ausschließlich um Kategorien des Ausbeutungsmissbrauchs. Der Hebelmissbrauch wurde in *Volvo* nicht angesprochen.

118 Immenga/Mestmäcker-(Ullrich-Heinemann), (Fn. 70), GRUR B., Rn. 57 f.

119 Dies ist allerdings alles andere als gesichert: so widerlegen Ergebnisse der empirischen Forschung dies eher, als dass sie die Anreizwirkung oder Investitionssicherungsfunktion etwa von Patentrechten bestätigen würden, so etwa Hummel, Die volkswirtschaftliche

Dies ist auch nicht völlig von der Hand zu weisen. Allerdings leitet die Konfliktthese daraus ein Spannungsverhältnis zwischen Immaterialgüterrechten und dem Wettbewerbsrecht her, da Immaterialgüterrechte der Offenhaltung des Wettbewerbs widerspächen.[120] Der Wettbewerb müsse zugunsten des Schutzrechtsinhabers eingeschränkt werden, damit ein Innovationswettbewerb entstehen könne.[121] Ebenso wie das Wettbewerbsrecht verfolgten auch die Immaterialgüterrechte das Ziel der Wachstumssteigerung, der Weg sei lediglich ein anderer.[122] Im Schutzbereich eines Immaterialgüterrechts ist der Wettbewerb zeitlich befristet ausgeschlossen, Konkurrenten werden so auf einen Substitutionswettbewerb verwiesen, um im Wettbewerb bestehen zu können, müssen sie in Forschung und Entwicklung investieren.[123]

Die Konfliktthese löst dieses Spannungsverhältnis zugunsten der Immaterialgüterrechte, denn mit der Umschreibung des sachlichen und zeitlichen Schutzbereichs von Immaterialgüterrechten habe der Gesetzgeber eine Wertung zugunsten des geistigen Eigentums und zum Nachteil des Wettbewerbsrechts getroffen.[124] Andernfalls würde die Belohnungsfunktion des geistigen Eigentums unterlaufen werden. „Diese Auffassung, die zumindest zu einer Teilimmunisierung geistigen Eigentums bezüglich der Vorschriften der Missbrauchskontrolle führt, lässt sich mit den Wertungen des Kartellrechts tatsächlich schwer verein-

---

Bedeutung des Urheberrechts (1989); Vgl. auch den Überblick bei Harabi, Determinanten des technischen Fortschritts: eine industrieökonomische Analyse, sub. 3.1.2. in: Harabi (Hrsg.), Kreativität – Wirtschaft – Recht (1996).

120 Vgl. auch McGowan, Regulating Competition in the Information Age: Computer Software as an Essential Facility Under the Sherman Act, 18 Hastings Communications and Entertainment Law Journal 1996, 771 (777).

121 Siehe Lemley, The Economics of Improvement in Intellectual Property Law, in: Texas Law Review 1997, 989 (996); Rosen, Intellectual Property and the Antitrust Pendulum: Recent Developments at the Interface Between the Antitrust and Intellectual Property Laws, in: Antitrust Law Journal 1994, 669 (694).

122 Siehe Hanna, Misusing Antitrust: The Search for Functional Copyright Misuse Standards, Stanford Law Review 1994, 401 (419); Rosen, Antitrust Law Journal 1994, 669 (694); Farrell, Arguments for a Weaker Intellectual Property Protection in Network Industries, in: Kahin/Abbate (Hrsg.), Standards Policy for Information Infrastructure (1995), S. 368 ff.

123 Vgl. Fleischer, Behinderungsmissbrauch durch Produktinnovationen (1997), S. 67 f.

124 Vgl. Beier, Missbrauch einer beherrschenden Stellung durch Ausübung gewerblicher Schutzrechte?,
FS für Karlheinz Quack (1991), S. 31 f.; Farrell, (Fn. 122), S. 368 f.; McGowan, 18 Hastings Communications and Entertainment Law Journal 1996, 771 (849 f.); Miller, Magill: Time to Abandon the „Specific Subject-Matter" Concept, in: EIPR 1994, 415 (417).

baren."[125] Wie zu zeigen sein wird, schließen sich Wettbewerbsrecht und geistiges Eigentum nicht aus.

1. Anreiz- und Belohnungswirkung als Wettbewerbsausschluss?

Kann also der Wettbewerb legitimerweise durch Immaterialgüterrechte eingeschränkt werden? Die Frage ist zu verneinen, eine möglicherweise bestehende Anreiz- und Belohnungsfunktion vermag kartellrechtliche Einschränkungen allerdings nicht zu rechtfertigen.

Zwar mag der Traum, eine Monopolstellung zu erobern, motivierend wirken. Dies gilt aber auch für das Sacheigentum.[126] Außerdem besteht die Gefahr des Verlustes von Investitionsanreizen bei geistigem und Sacheigentum gleichermaßen.[127] Auch dort kann eine uneingeschränkte Zugangspflicht dem Investitionsschutz zuwiderlaufen.[128] Viel ausschlaggebender ist allerdings, dass sich die Durchsetzung eins Produkts am Markt nicht durch Rechte des geistigen Eigentums direkt beeinflussen lässt.[129] Zwar wird ein Bereich geschützt, es wird damit aber nicht automatisch Marktmacht vermittelt. Welcher Wert einem Schutzrecht zukommt, wird nicht vom Gesetz festgelegt, vielmehr bestimmt nur der Markt den Wert von Dienstleistungen und Waren, dies gilt für geistiges sowie für Sacheigentum gleichermaßen.[130]

Immaterialgüterrechte benötigen nur deshalb einen sachlichen und zeitlichen Schutzbereich, weil Informationen sich im Gegensatz zum Sacheigentum auf andere Weise nicht abgrenzen lassen. Ohne die abgrenzende Umschreibung von

---

125 Stapper, Das essential facilities Prinzip und seine Verwendung zur Öffnung immaterialgüterrechtlich geschützter de facto Standards für den Wettbewerb (2003), S.106.

126 Siehe Stapper, (Fn. 125), S.107; Vgl. auch Fikentscher, Wettbewerbsrecht im TRIPS-Agreement der Welthandelsorganisation, GRUR Int. 1995, 529 (533f.); Mennicke, „Magill" – Von der Unterscheidung zwischen Bestand und Ausübung von Immaterialgüterrechten zur „essential facilities"-Doktrin in der Rechtsprechung des Europäischen Gerichtshofes?, ZHR 1996, 626 (646); Und BGH 13.07.2004, BGHZ 160, 67 = BGH-GRUR 2004, 966 (968) – *Standard-Spundfass*.

127 Vgl. Korah, The Ladbroke Saga, in: ECLR 1998, 169 (176); In diesem Sinne auch: Heinemann, (Fn. 78), S. 494; Prete, From Magill to IMS: Dominant Firms` Duty to License Competitors, in: EBLR 2004, 1071 (1084); Schuhmacher, Die Essential Facility Doctrine als Herausforderung für das Urheberrecht, in: Dittrich (Hrsg.), Beiträge zum Urheberrecht VII (2003), S. 85 (108).

128 Thyri, Immaterialgüterrechte und Zugang zu wesentlichen Einrichtungen - Der Fall Microsoft im Lichte von IMS-Health, in: WuW 2005, 388 (394).

129 Siehe Stapper, (Fn. 125), S.107.

130 Siehe Stapper, (Fn. 125), S.107.

Ausschließlichkeitsrechten könnte der Wert solcher Informationen nicht wirtschaftlich nutzbar gemacht werden. Denn „Informationen bieten, abgesehen vom *first-mover* Vorteil oder der Möglichkeit der Geheimhaltung, nicht die Möglichkeit der natürlichen Aneignung. Sie bedürfen daher grundsätzlich des rechtlichen Schutzes, um überhaupt im Wettbewerb in Erscheinung zu treten."[131]

Mithin ermöglicht der Schutz des geistigen Eigentums erst den Wettbewerb um geistige Schöpfungen und Ideen. „Es handelt sich bei Immaterialgüterrechten nicht um Schutzrechte vor dem, sondern für den Wettbewerb. Der durch das geistige Eigentum gewährte Rechtsschutz hat daher auch keine Belohnungs- oder Anreizfunktion, vielmehr entscheidet allein der Wettbewerb und nicht das Schutzrecht über die Investitionsanreize."[132] Was der Markt für eine geschützte Idee zu zahlen bereit ist, hat nichts mit einer Belohnungsfunktion zu tun. Maßgeblich ist die Qualität der Idee. Eine „Anreiz- und Belohnungfunktion" besteht also nicht. Die durch das geistige Eigentum gewährten Handlungsfreiheiten können kein Verhalten rechtfertigen, das einem marktbeherrschenden Unternehmen aufgrund seiner Stellung ohnehin untersagt wäre.[133]

2. Ablehnung der Anreiz- und Belohnungstheorie

Die klassische Anreiz- oder Belohnungstheorie besagt, dass die Schutzrechtsgewährung zu Innovationsleistungen motivieren soll. Allerdings ist in Wirklichkeit nicht das geistige Eigentum selbst, sondern der Wettbewerb Grund für technischen Fortschritt und Innovation. Dem entsprechen die Ergebnisse der empirischen Forschung, die hartnäckig die Anreiz- und Investitionssicherungsfunktion etwa des Patentschutzes eher widerlegen als bestätigen.[134] Die Ausschließlichkeitsrechte machen das Wissen bloß zum aneignungs- und handelsfähigen Gut. Damit stellen die gewerblichen Schutzrechte – ebenso wie das Sacheigentum – lediglich Mittel zum Handeln am Markt dar. Der eigentliche Anreiz zur Innovation kommt dabei vom Wettbewerb selbst, der allerdings durch die Gewährung von Ausschließlichkeitsrechten und den dadurch ermöglichten Technologiewettbewerb verändert wird.

Ullrich zieht daraus zwei Schlussfolgerungen: Einerseits könne geistiges Eigentum nicht schon selbst eine Wettbewerbsbeschränkung darstellen. Dem ist zuzustimmen, denn auch das Sacheigentum wird erst durch seine besondere Stellung und Ausnutzung auf einem Markt zu Wettbewerbsbeschränkungen ein-

---

131 Stapper, (Fn. 125), S.107.

132 Stapper, (Fn. 125), S.108; Vgl. auch: Tom/Newberg, 66 Antitrust Law Journal 1997, 167 (202).

133 Immenga/Mestmäcker-(Ullrich/Heinemann), (Fn. 70), GRUR B., Rn. 42 ff.

134 Ullrich, GRUR Int. 1996, 555 (566).

gesetzt. Andererseits dürfe aber auch keine kartellrechtliche Ausnahmebehandlung unter dem Gesichtspunkt der Anreiz- und Belohnungswirkung erfolgen.[135] Dem ist ebenfalls zuzustimmen, denn wie dargestellt haben Schutzrechte keine Anreiz- und Belohnungswirkung im klassischen Sinn, vielmehr belohnt erst die erfolgreiche Teilnahme am Wettbewerb den Inhaber eines Schutzrechts durch den vom Ausschließlichkeitsrecht abgesicherten Gewinn, aber sobald das Schutzrecht kartellrechtswidrig eingesetzt wird, tritt auch die „Anreiz- und Belohnungswirkung" zurück und kann nicht etwa ein kartellrechtswidriges Verhalten rechtfertigen. Ein Patent, aber auch andere Rechte des geistigen Eigentums können sich als so erfolgreich am Markt erweisen, dass Unternehmen möglicherweise auf Grundlage dieser Rechte eine marktbeherrschende Stellung oder gar ein Monopol erlangen können. Eine solche Position ist nun aber nicht das Resultat der rechtlichen Ausschließlichkeit als solcher, sondern allein der Marktsituation. Dies ist dann der Fall, wenn Verbraucher für das neue geschützte Produkt eine so starke Präferenz entwickeln, dass kein anderes Produkt – ob geschützt oder ungeschützt – als Substitut für das neue Produkt in Frage kommt. Patentrechte schützen nicht eine marktbeherrschende Stellung, sie verleihen nur ein exklusives Recht: Niemand darf das Patent nutzen, aber jeder kann in konkurrierende, evtl. im Wettbewerb überlegene Produkte investieren, die dann ihrerseits patentgeschützt sein können, ohne sich mit bestehenden Patenten zu überschneiden.[136] Der immaterialgüterrechtliche Schutz erfüllt also keine direkte Belohnungs- oder Anreizwirkung, denn ausschließlich der Wettbewerb setzt Investitionsanreize und bewegt Unternehmen, in bestimmte Forschung und Entwicklung zu investieren.

Die Ausschlusswirkung des geistigen Eigentums schließt mithin nicht die Anwendbarkeit von Kartellrecht auf Sachverhalte mit Bezug zum geistigen Eigentum aus.[137] Ganz im Gegenteil, es ergeben sich keine Besonderheiten im Vergleich zum Sacheigentum. Da dem geistigen Eigentum im Wettbewerb eine bloße Mittelfunktion zukommt und es keine interventionistische Zielsetzung verfolgt, kann es auch nicht die Grundlage für eine spezielle Nachgiebigkeit bei der kartellrechtlichen Missbrauchsaufsicht sein. Im Rahmen der kartellrechtli-

135 Ullrich, Wissenschaftlich-technische Kreativität zwischen privatem Eigentum, freiem Wettbewerb und staatlicher Steuerung, in: Harabi (Hrsg.), Kreativität – Wirtschaft – Recht (1996), S. 203 (210 ff.).

136 Drexl, Intellectual Property and Antitrust Law – IMS Health and Trinko – Antitrust Placebo for Consumers Instead of Sound Economics in Refusal-to-Deal Cases, in: IIC 2004, 788 (792).

137 So ausdrücklich auch Kommission, Bekanntmachung vom 27.4.2004, Leitlinien zur Anwendung von Art. 81 EG-Vertrag auf Technologietransfer-Vereinbarungen, ABl. 2004, C 101/2, Rn. 7.

chen Missbrauchsaufsicht sind immaterialgüterrechtlich geschützte Positionen und Sacheigentum daher gleich zu behandeln.[138] Es können also auch immaterialgüterrechtlich geschützte Positionen missbräuchlich eingesetzt werden.

3. Zusammenfassung: Wettbewerb als Anreiz für Innovationen

Zusammenfassend ist festzuhalten, dass immaterielle Güter vor allem dadurch gekennzeichnet sind, dass sie sich der natürlichen Aneignung entziehen, deshalb nicht ohne weiteres wirtschaftlich verwertbar sind und weder der Abnutzung noch dem Prinzip der Rivalität im Konsum unterliegen. Aus diesen Eigenschaften ergibt sich die Notwendigkeit des „künstlichen“ rechtlichen Schutzes der Information als Wirtschaftsgut, weil sie sonst im Wettbewerb nicht oder nicht ausreichend hervorgebracht wird. Denn wo sich die Nutzung von Gütern nicht internalisieren lässt, können die für ihre Erstellung aufgewendeten Investitionen nicht amortisiert werden. Dies klingt wie die Wiederholung der patentrechtlichen Ansporn- und Belohnungstheorie mit anderen Worten, weil der rechtliche Schutz den Anreiz für die Hervorbringung von neuem Wissen und neuen Werken zu setzen scheint, und sie wird auch vielfach so formuliert, bedeutet dies aber gerade nicht. Vielmehr erklärt dieser ökonomische Begründungsansatz nur die Tatsache, dass Wissen oder Information erst durch das Recht zum handels- und wettbewerbsfähigen Gut konstituiert wird.[139] Daneben bestehen nur faktische Internalisierungsmöglichkeiten durch „first mover“ Vorteile, Unternehmensgröße, Geheimhaltung oder Kooperation.[140]

Die Wirkungen, die sich mit dieser Konstituierung verbinden, folgen aber gerade nicht schon aus dem Schutzrecht an sich, sondern beruhen allein auf dem Wettbewerb, in dem das so geschützte Gut eingesetzt wird. Dieser Wettbewerb also, nicht das Schutzrecht, entscheidet über den Investitionsanreiz, d.h. über die erreichbare Nachfrage, über die unternehmerischen Gewinnziele und über den Wert des geschützten Wissens am Markt. Das Schutzrecht ist nur Mittel zum Zweck – eine Handlungsbefugnis, die wettbewerbsgerechtes Verhalten ermöglicht, aber es ist nicht selbst schon Zweck, Anreiz oder Belohnung.[141]

Im Ergebnis weist das geistige Eigentum somit keinen einschränkenden Charakter bezüglich des Wettbewerbsrechts auf.

Die Einsicht in diese Mittelfunktion des geistigen Eigentums mag auf den ersten Blick ernüchternd wirken, die Rolle des geistigen Eigentums im Innovati-

138 Siehe auch Stapper, (Fn. 125), S. 108; Immenga/Mestmäcker-(Ullrich/Heinemann), (Fn. 70), GRUR B., Rn. 24.

139 Ullrich, GRUR Int. 1996, 555 (565f.).

140 Vgl. Harabi, (Fn. 119), sub. 3.1.2.

141 Ullrich, GRUR Int. 1996, 555 (566).

onswettbewerb wird dadurch aber nicht in Frage gestellt, denn der Immaterialgüterschutz verbürgt weiterhin die für die Selbststeuerung des Marktes notwendige Entscheidungsfreiheit im Wettbewerb. Als solches unterscheidet sich das geistige Eigentum dann aber nicht von sonstigem Eigentum oder der allgemeinen Handlungsfreiheit. Das eine wie das andere stellt nichts als die rechtliche Anerkennung des allgemeinen unternehmerischen Gewinninteresses dar und schützt in jeweils gleicher Weise die Autonomie seiner Wahrnehmung im Wettbewerb, aber nicht vor der Kartellaufsicht, wenn es einer Wettbewerbsbeschränkung dient.

Folglich müssen anstatt einer Kartellrechtsimmunität die allgemeinen Kartellrechtsmaßstäbe konsequent auf schutzrechtsbezogene Wettbewerbsbeschränkungen übertragen werden.[142]

IV. Unterschied zum Sacheigentum

Immaterialgüterrechte werden im Missbrauchsrecht in Bezug auf ihre Eignung, den Zugang zu einer Einrichtung zu behindern, durchweg als eigenständige Kategorie diskutiert. Worin kann also die Begründung dieser besonderen analytischen Eigenständigkeit liegen. Häufig wird angeführt, die Zugangsgewährung zu einer durch Immaterialgüterrechte geschützten Einrichtung durch Zwangslizenzen stehe der Ausschließlichkeit dieser Rechte grundsätzlich entgegen. Gerade in dieser Ausschließlichkeit bestünde die Substanz des geistigen Eigentums und damit seine besondere Funktion im System des Wettbewerbes. Denn Unternehmen seien nur dann bereit, Risiken einzugehen und in die Entwicklung neuer Technologien zu investieren, wenn sie danach den ungeteilten Erfolg ihrer Leistung auf dem Markt erwirtschaften könnten und quasi für ihre Leistungen „belohnt" würden. Durch den Schutz geistigen Eigentums zugestandene Gewinne gelten danach als Lohn für die unternehmerische Leistung, die in der Entwicklung der betreffenden Einrichtung besteht. Eine Pflicht zur Öffnung derartiger Einrichtungen, so wird argumentiert, könne Investitionsentscheidungen frustrieren und jeden Anreiz zur Entwicklung im Keim ersticken.[143] In diesem Punkt unterscheidet sich das geistige Eigentum allerdings nicht wesentlich vom Sacheigentum. Auch dort kann eine uneingeschränkte Zugangspflicht dem Investiti-

142 Ullrich, GRUR Int. 1996, 555 (567).

143 Jung, Die Zwangslizenz als Instrument der Wettbewerbspolitik, in: ZWeR 2004, 379, (381 f.).

onsschutz zuwiderlaufen und das Entstehen eines nachhaltigen Infrastrukturwettbewerbs verhindern.[144]

1. Unterscheidung von Schutzwürdigkeit und Schutzbedürftigkeit

Auch der EuGH scheint dem geistigen Eigentum eine Sonderstellung in Bezug auf das Wettbewerbsrecht einzuräumen. Der Gerichtshof spricht im Anschluss an den Generalanwalt Tizzano[145] von einer „Abwägung zwischen dem Interesse am Schutz des geistigen Eigentums und der wirtschaftlichen Handlungsfreiheit seines Inhabers auf der einen und dem Interesse am Schutz des freien Wettbewerbs auf der anderen Seite.“[146]

Schon der Wortlaut dieser Formulierung spricht für eine besondere Gewichtung geistiger Eigentumsrechte gegenüber dem Ziel eines freien Wettbewerbs durch den EuGH.

In der gesonderten Erwähnung des „geistigen Eigentums“ neben der wirtschaftlichen Handlungsfreiheit mag ein Hinweis auf das besondere Gewicht der Immaterialgüterrechte in der Abwägung mit dem freien Wettbewerb zu verstehen sein.[147]

Diese Besonderheit des geistigen Eigentums scheint also aus einer höheren Schutzwürdigkeit von in geistigem Eigentum liegenden Innovationspotentialen abgeleitet zu werden. Eine besondere Schutzwürdigkeit ergibt sich aber nicht formal aus dem Vorliegen rechtlichen Schutzes durch Geschmacksmuster, Patent- oder Urheberrecht, sondern vielmehr aus dem Sinn und Zweck dieser Schutzrechte, der sich aus der ökonomischen Eigenart als Information ergibt.[148]

Durch Art. 102 AEUV soll aber der Wettbewerb als Entdeckungsverfahren ganz allgemein vor Einschränkungen aufgrund von Marktmissbräuchen geschützt werden. Die Schutzwürdigkeit von Investitionsbereitschaft ist also nicht nur auf den Bereich des geistigen Eigentums zu beschränken. Während geistiges Eigentum also nicht schutzwürdiger ist als Sacheigentum, ist es aufgrund seiner

---

144 Thyri, WuW 2005, 388 (394).

145 GA Antonio Tizzano, Schlussanträge in der Rs. C-418/01 vom 2.10.2003, Slg. 2004, I-5039 (I-5061), Rn. 62 – *IMS-Health.*

146 EuGH vom 29.4. 2004 – Rs. C-418/01, Slg. 2004, I-5039 (I-5084), Rn. 48 – *IMS-Health.*

147 Thyri, WuW 2005, 388 (395). Die wirtschaftliche Handlungsfreiheit umfasst insofern nämlich schon die Eigentumsfreiheit.

148 Vgl. Eilmansberger, Abschlusszwang und Essential Facility Doktrin nach Art. 82 EG, Überlegungen aus Anlass der Entscheidung „IMS-Health“, in: EWS 2003, 12 (15).

besonderen Verwundbarkeit durch unrechtmäßige Reproduktion aber wohl schutzbedürftiger.[149]

2. Gleichbehandlung von geistigem und Sacheigentum

Es leuchtet nicht ein, warum eine im Wesentlichen auf Immaterialgüterrechten beruhende Machtstellung kartellrechtlich anders behandelt werden sollte als eine durch andere Faktoren bewirkte Marktbeherrschung.

Dass eine Lizenzverweigerung bezüglich urheberrechtlich geschützter Informationen kartellrechtlich gegen Art. 102 AEUV verstoßen kann, wurde nach der *Magill*-Entscheidung[150] des EuGH als Sensation gewertet.

Wie Heinemann zutreffend festgestellt hat, erscheint eine entsprechende Vorgehensweise im Zusammenhang mit Sacheigentum demgegenüber als selbstverständlich, wie ein Blick auf das deutsche Sachenrecht veranschaulicht.

Nach § 903 S.1 BGB kann der Sacheigentümer *mit der Sache nach Belieben verfahren und andere von jeder Einwirkung ausschließen.* Die Vorschrift nennt als Grenze der Rechtsmacht des Sacheigentümers *das Gesetz oder Rechte Dritter.*

Im Gegensatz zum geistigen Eigentum fällt eine Abgrenzung beim Sacheigentum äußerst leicht. „Immaterialgüterrechte tun sich mangels Sachbezugs schwerer. Hier muss jedes Recht einzeln niedergeschrieben werden. Diese Festlegung einzelner aus dem Immaterialgüterrecht fließender Befugnisse führt", so Heinemann, „schnell zu einer Verabsolutierung i.S. der Inhaltstheorie:[151] Die in den immaterialgüterrechtlichen Texten festgehaltenen Befugnisse werden als sakrosankt erachtet und vor der Einwirkung der Gesamtrechtsordnung abgeschirmt. Dieser als "Immunisierung" zu beschreibende Vorgang lässt die Erkenntnis in den Hintergrund treten, dass auch das immaterielle Eigentum seine Grenzen am Gesetz und an den Rechten Dritter findet."[152] Folge ist, dass solche Grenzen im Einzelfall in die immaterialgüterrechtlichen Befugnisse eingreifen können. Daher kann auch das Wettbewerbsrecht nicht vor den Immaterialgüterrechten Halt machen. Wird das Gesetz oder werden Rechte Dritter betroffen, so ist auch in Bezug auf Immaterialgüterrechte ein Lizenzierungszwang mögliche Folge. Im Grundsatz bleibt es bei der ausschließlichen Nutzung durch den Inhaber. Kommt es aber zu Kartellrechtsverstößen, kann, wie beim Sacheigentum,

---

149 Thyri, WuW 2005, 388 (395); Ullrich, GRUR Int. 1996, 555 (562).

150 EuGH vom 6.4.1995 - Verb. Rs. C-241/91 P und C-242/91 P, Slg. 1995, I-743 – Radio Telefis Eireann und Independent Television Publications Ltd./Kommission (*Magill*).

151 Dazu im Folgenden im US Wettbewerbsrecht ausführlich.

152 Heinemann, (Fn. 78), S. 494.

ein Kontrahierungszwang durchgesetzt werden, die Voraussetzungen dafür sind dieselben.[153]

3. Zusammentreffen von Lieferpflichten bei Sach- und geistigem Eigentum

Dass kein Unterschied zwischen Sach- und geistigem Eigentum besteht, wird besonders deutlich, wenn beide Eigentumsformen in einem Produkt zusammentreffen und einer Lieferpflicht ausgesetzt sind. Heinemann hat dies am Beispiel der kartellrechtlichen Lieferpflicht markengeschützter Erzeugnisse am Fall *Rossignol*[154] veranschaulicht. Hier wird gleichzeitig Sach- und geistiges Eigentum berührt. In den Fällen sortimentsbedingter Abhängigkeit wird z.B. der Hersteller der Markenware als Inhaber einer Spitzenstellung gegenüber den Händlern kontrahierungspflichtig. Er wird also auf der Grundlage von Art. 102 AEUV gezwungen, seine Produkte dem betreffenden Händler zu verkaufen. Die Auslegung von Art. 102 AEUV in diesem Fall kann nicht davon abhängen, ob die zu liefernden Waren durch Markenrecht und oder andere Immaterialgüterrechte geschützt sind. Entscheidend für den Lieferzwang ist die sortimentsbedingte Abhängigkeit. Es ist nicht zu verkennen, dass die Lieferpflicht einen starken Eingriff in die Privatautonomie des Herstellers darstellt. Die Stärke des Eingriffs ist aber für Sach- und geistiges Eigentum gleich. Der tiefere Grund für diesen Eingriff besteht für beide Eigentumsformen gleichermaßen darin, dass „das Gesetz oder Rechte Dritter" der Lieferverweigerung entgegenstehen. Deshalb sind auch Argumente verfehlt, die aus der Abwesenheit einer Regelung über Zwangslizenzen im einschlägigen Immaterialgütergesetz folgern, dass ein kartellrechtlicher Kontrahierungszwang nicht möglich sei. Dies würde zu einem vollständigen Wegfall des sortimentsbedingten Kontrahierungszwangs führen, da dieser gerade auf die Besonderheiten von Markenware zugeschnitten ist. Entscheidend ist demgegenüber, dass die kartellrechtliche Norm ausnahmsweise eine Durchbrechung der vertraglichen Abschlussfreiheit fordert. Lieferverweigerungen werden bei geistigem Eigentum nicht anders behandelt als beim Sacheigentum.

4. Ergebnis

Zusammenfassend ist festzuhalten, dass Immaterialgüterrechte ebenso wie Sacheigentum Einschränkungen unterliegen können, ohne ihre Qualität als aus-

153 Siehe Heinemann, (Fn. 78), S. 494.
154 BGH vom 20.11.1975, NJW 1976, 801 – *Rossignol.*

schließliches Recht zu verlieren, denn in diesem Punkt unterscheiden sich geistiges und Sacheigentum nicht. Auch Immaterialgüterrechte können also wie alle anderen Rechte zum Missbrauch einer marktbeherrschenden Stellung eingesetzt werden. Geistiges Eigentum bedarf aufgrund seines unkörperlichen Wesens zwar der normativen Abgrenzung, ist deshalb aber nicht schutzwürdiger als Sacheigentum.

Auch die Anreiz- und Belohnungstheorie eröffnet keinen besonderen wettbewerblichen Schutz für Immaterialgüterrechte. Die Monopolisierung nachgelagerter Märkte kann also nicht etwa mit der Belohnung durch das Schutzrecht legitimiert werden.[155] Vielmehr muss sich auch ein geschütztes Erzeugnis erst am Markt durchsetzen, um einen Geldwert zu erlangen. Dies hat auch Folgen für die Doktrin der wesentlichen Einrichtung. Entscheidend für die Wesentlichkeit der Einrichtung ist, dass andere Unternehmen auf ihre Benutzung angewiesen sind. Dies ist sowohl bei körperlichen als auch bei unkörperlichen Gegenständen möglich. „Nur eine solche Vorgehensweise wird auch dem Grundsatz der Gleichbehandlung von Sach- und geistigem Eigentum gerecht."[156]

B. Verhältnis von Wettbewerbsrecht und geistigem Eigentum in den USA und die Ursprünge der essential facilities Doktrin

I. Geschichtliche Entwicklung in den USA

Die Auseinandersetzung mit dem Verhältnis der Immaterialgüterrechte und dem Schutz des freien Wettbewerbs findet ihren Ursprung im Antitrustrecht der USA. Diese Erkenntnisse sind im Übrigen auch für Europa von grundlegender Bedeutung. Aus diesem Grund soll zu Beginn der Darstellung die Entwicklungsgeschichte in den USA nachgezeichnet werden.

Einerseits führte Art. I Section 8 Cl. 8 der amerikanischen Verfassung von 1787 den zeitlich befristeten Schutz an den Werken von *authors and inventors* also Urhebern und Erfindern ein. „Andererseits bestand eine starke antimonopolistische Tendenz, die nicht zuletzt darauf beruhte, dass sich die Loslösung von England gegen die Ausübung von politischer und wirtschaftlicher Macht gewandt hatte."[157]

---

155 Ausführlich im Bezug auf den *Magill*-Fall des EuGH dazu unten.

156 Heinemann, (Fn. 78), S. 511.

157 Heinemann, (Fn. 78), S. 37.

1793 erließ Thomas Jefferson das erste Patentgesetz. Darin wurden dem Erfinder rechtliche Monopole als Anreiz zur Erfindung zugestanden. Dass ein Patent als *legal monopoly* bezeichnet wurde, prägte das weitere Verhältnis zwischen geistigem Eigentum und Wettbewerbsrecht.[158]

Die Parallele von politischer und wirtschaftlicher Macht war ein Jahrhundert später das tragende Argument von Senator Sherman für die Verabschiedung des ersten amerikanischen Kartellgesetzes im Jahre 1890. So sagte er etwa: „Wenn wir keinen König mit politischer Macht dulden, sollten wir auch keinen König über die Produktion, den Transport und den Verkauf aller anderen nötigen Dinge des Lebens erdulden. Niemand sollte die Macht haben, Wettbewerb zu beseitigen, um überhöhte Priese verlangen zu können."[159]

1. Die Entwicklungsphasen

Während Ausschließlichkeitsrechte zunächst als Fremdkörper in einem System freien Wettbewerbs verstanden wurden, die möglichst restriktiv zu fassen waren, werden in jüngerer Zeit mehr die gemeinsamen Ziele von Immaterialgüterrechten und Wettbewerbsgesetzen betont. Im Prinzip kann die Entwicklung bis heute in drei Phasen eingeteilt werden. In den frühen Jahren nach der Verabschiedung des Sherman Acts wurde dieser wegen seiner Offenheit und der dadurch schwierigen Handhabung praktisch gar nicht auf Fälle mit Bezug zum geistigen Eigentum angewandt, das Immaterialgüterrecht schloss also die Anwendung von Kartellrecht aus. Von 1912 bis Mitte der siebziger Jahre war die Inhaltstheorie die gängige Methode, um kartellrechtliche Sachverhalte mit Bezug zu Immaterialgüterrechten zu lösen. Und dann folgte, eingeleitet von der *Chicago School* und *Post Chicago*, die Entwicklung bis in die Gegenwart.

a) Erlass des Sherman Acts 1890

In Section 1 enthält der Sherman Act ein Verbot wettbewerbsbeschränkender Vereinbarungen und in Section 2 ein allgemeines Monopolisierungsverbot. Die für das amerikanische Recht ungewöhnliche Weite der Norm erschwerte eine Handhabung vor allem in den ersten Jahren. Daher wurde zunächst von einer Anwendung dieser Verbote auf immaterialgüterrechtlich abgesicherte Ver-

158 Siehe Heinemann, (Fn. 78), S. 38.

159 Congressional Record, Volume XXI, Part III, S. 2457: "If we will not endure a king as a political power we should not endure a king over the production, transportation, and sale of any of the necessaries of life. If we would not submit to an emperor we should not submit to an autocrat of trade, with power to prevent competition and to fix the price of any commodity."

haltensweisen abgesehen. Grundsätzlich bestand der Konflikt zwischen Kartellrecht und Recht des geistigen Eigentums. Denn geistiges Eigentum kann Ausschließlichkeitsstellungen schaffen, die mit dem Verbot einer marktbeherrschenden Stellung nur schwer zu vereinbaren sind. Um diese Spannung aufzulösen, ging man zu Beginn des zwanzigsten Jahrhunderts in den USA davon aus, dass das Kartellrecht in Fällen des geistigen Eigentums zurücktreten muss und daher nicht zur Anwendung kommt, kartellrechtswidrige Handlungen wurden also durch Immaterialgüterrechte generell gerechtfertigt.[160] Die Vertragsfreiheit wurde als absolut betrachtet, demgegenüber konnte sich das Wettbewerbsrecht nicht durchsetzten.[161] Diese Position wurde jedoch recht bald als unangemessen erkannt und aufgegeben.

b) Die Inhaltstheorie

Im Folgenden wurde eine Lösung zwischen geistigem Eigentum und Kartellrecht in einer formalen Abgrenzung der beiden Rechtsgebiete gesucht. In dem 1912 ergangenen *bath-tub*-Urteil[162] des Supreme Court wurden auch Wettbewerbsbeschränkungen im Zusammenhang mit einem Patentrecht dem Kartellrecht unterworfen. Einen absoluten Vorrang des Patentrechts vor dem Kartellrecht wies der Supreme Court zurück, so dass es zu einem Spannungsverhältnis im Hinblick auf die beiden Rechtsgebite kam.[163] Wie einleitend erwähnt, wurde ein Patent als *legal monopoly* angesehen, diese Ansicht passte aber nicht zu den Zielen des Kartellrechts, das gerade Monopole zu verhindern suchte. Beide Rechtsgebiete erschienen daher „als zwei radikal zu trennende Sphären."[164] Diese Gegensätze sollten mit der Inhaltstheorie überwunden werden. Danach wurde das Verhalten des Schutzrechtsinhabers, das sich innerhalb des vom Patent erlaubten hielt, vom Anwendungsbereich des Kartellrechts ausgenommen. Es war auch die Rede vom *shield of patent*[165] und *island of permission in a sea of prohibitions*.[166] Damit wurde umschrieben, dass eine Verhaltensweise erst dann, wenn sie sich außerhalb des vom Patent geschützten Bereichs bewegte, dem Kartellrecht unterfiel. Die Spannung zwischen Wettbewerbsrecht und geistigem

160 Als Beispiel sei das Urteil des Supreme Court *E. Bement & Sons v. National Harrow Co.*, 186 U.S. 70 (1902), genannt.

161 Siehe Heinemann, (Fn. 78), S. 41.

162 *Standard Sanitary Manufacturing Company et. al. v. United States*, 226 U.S. 20 (1912).

163 Siehe Heinemann, (Fn. 78), S. 42 f.

164 Heinemann, (Fn. 78) S. 43; Siehe auch Tom/Newberg, Antitrust Law Journal 1997, 167, (168 ff.).

165 Siehe Heinemann, (Fn. 78), S. 43.

166 Furth, Price-Restrictive Patent Licenses under the Sherman Act, 71 Harvard Law Review 1958, 815, (821).

Eigentum wurde also durch eine formale Grenzziehung in Form der Inhaltstheorie beigelegt. Wirtschaftliche Zusammenhänge wurden dabei nicht berücksichtigt.

Die teilweise Unterwerfung immaterialgüterrechtlich geschützter Verhaltensweisen unter die allgemeinen Regeln beruhte auf der Erkenntnis, dass auch die Rechte des geistigen Eigentums über ihre Zielsetzung hinaus zur Beschränkung von Wettbewerb eingesetzt werden können. Der Zwei-Felder-Ansatz der Inhaltstheorie setzte diese Erkenntnis allerdings nur unzureichend um. Einerseits wurde das Kartellrecht dadurch zu stark eingeschränkt, indem ausnahmslos alle Verhaltensweisen im ersten Feld von der Kartellrechtskontrolle ausgeschlossen wurden, andererseits wurde das geistige Eigentum aber auch zu unrecht beschnitten, indem alle Verhaltensweisen außerhalb des Patenrechts dem kartellrechtlichen Per-se-Verbot unterfielen. Der größte Verdienst der Inhaltstheorie war aber dennoch die Erkenntnis, dass Immaterialgüterrechte als Basis für kartellrechtswidrige Operationen dienen können.

c) Der Abschied von der Inhaltstheorie

Die Annahme, dass Immaterialgüter und Kartellrecht in direktem Gegensatz zu einander stehen, bildete die Grundlage der Inhaltstheorie. „Auf den ersten Blick erscheint dieser Gegensatz einleuchtend, insbesondere wenn man die Rechte des geistigen Eigentums als *legal monopolies* bezeichnet, die der Monopolkontrolle zu unterwerfen sind.“[167] Ein Verhalten war nach der Inhaltstheorie gerechtfertigt, wenn sie in den Kernbereich eines Schutzrechts fiel. Erst wenn sie diesen Bereich überschritt, fand das Kartellrecht Anwendung. Es kam mithin auf die gesetzliche Weite des Schutzrechts an. Eine Abgrenzung fand nach rechtlichen Kriterien statt. Bei genauerem Nachdenken erschließt sich allerdings die Einsicht, dass sowohl das Recht des geistigen Eigentums als auch das Kartellrecht änliche Ziele verfolgen, nämlich die Förderung von Wettbewerb.[168] Dies geschieht einmal durch den zeitlichen Schutz von Ideen und Erfindungen, das andere Mal durch das Verbot von wettbewerbsschädlichen Absprachen und einseitigen, missbräuchlichen Verhaltensweisen. In beiden Fällen steht der Wettbewerb im Mittelpunkt und soll geschützt und gefördert werden.

d) Chicago School of Antitrust Analysis

Die Inhaltstheorie wurde durch die Ansichten der Chicago School of Antitrust Analysis überwunden. Diese sah das einzige Ziel des Kartellrechts in der Maxi-

---

167 Heinemann, (Fn. 78), S. 56.

168 Vgl. Heinemann, (Fn. 78), S. 56.

mierung wirtschaftlicher Effizienz.[169] Zugunsten der Schutzrechte wurde eine kartellrechtliche Einschränkung gemacht, denn das Schutzrecht sei die rechtlich verbürgte Gewährleistung des monopolistischen Gewinnmaximierungsinteresses seines Inhabers.[170] Die marktstarke Stellung eines Unternehmens deutete nach dieser Theorie auf eine höhere Effizienz hin, nicht auf wettbewerbswidrige Praktiken.[171] Ward Bowman befürwortete in seinem 1973 erschienenen Buch "Patent and Antitrust Law"[172] die Beibehaltung des ersten Felds der Inhaltstheorie, sah aber in der Ausübung von Immaterialgüterrechten innerhalb des zweiten Feldes keinen Grund für ein kartellrechtliches Per-se-Verbot, sondern befürwortete die Anwendung der *rule of reason*, also einer Einzelfallbewertung. Bowman[173] sah in dem Patentschutz die allgemeine Rechtfertigung für das Betreiben einer monopolistischen Gewinnmaximierungsstrategie nach Maßgabe dessen, was der Markt für den Schutzgegenstand herzugeben bereit ist. Hierein wurde ausdrücklich der Nutzen mit einbezogen, den der Schutzgegenstand im Zusammenhang mit ungeschützten Gegenständen – etwa geschützte Teile in ungeschützten Erzeugnissen oder sonstige Komplementärerzeugnisse – auf sich zu ziehen vermag.[174] Dies würde dem Schutzrechtsinhaber im funktionierenden Wettbewerb nämlich nur bei tatsächlicher wettbewerblicher Überlegenheit des Schutzgegenstandes gelingen. Außerdem läge es im Interesse des Schutzrechtsinhabers, Dritten Lizenzen nur, aber auch stets bei höherer Wertschöpfung durch diese, einzuräumen und Lizenznehmerbeschränkungen, die nicht zur Gewinnmaximierung, sondern zur Monopolteilung führen würden, zu vermeiden.[175] Die Schwächen sind in den Grundannahmen zu finden, etwa der, dass über die Durchsetzbarkeit von Lizenznehmerbeschränkungen nur der Marktwert entscheide und nicht auch vorbestehende Marktmachtverhältnisse und dass stets ausreichender Wettbewerb zur Marktwertermittelung bestehe und genutzt werde.[176] Im Ergebnis kommt diese Sichtweise einem Rückschritt gleich, praktisch

---

169 Siehe Heinemann, (Fn. 78), S. 56 f.; Fikentscher, Hauptfelder und Zwecke des Kartellrechts in rechtspolitischer und kollisionsrechtlicher Sicht, in: FS Werner Lorenz (1991), S. 341 (346); Siehe eingehend zur Chicago School: Schmidt/Rittaler, Die Chicago School of Antitrust Analysis - Wettbewerbstheoretische und –politische Analyse eines Credos (1986).

170 Ullrich, GRUR Int. 1996, 555.

171 Vgl. Kilian, Europäisches Wettbewerbsrecht (2008), Rn. 407.

172 Bowman, Patent and Antitrust Law – A Legal and Economic Appraisal (1973).

173 Vgl. Bowman, (Fn. 172), S. 11 ff., 15 ff.

174 Vgl. Bowman, (Fn. 172), S. 62, 64ff.

175 Vgl. Ullrich, GRUR Int. 1996, 555 (559).

176 Ullrich, GRUR Int. 1996, 555 (560).

wurde nämlich die Kartellrechtsanwendung auf Immaterialgüterrechte ausgeschlossen.

- Eigendynamik der Chicago School Idee

Trotz dieses Rückschritts für das Verhältnis von Kartellrecht und Rechten des geistigen Eigentums brachte der argumentative Ausgangspunkt Bowmans eine Eigendynamik hervor, die zur Entwicklung in eine ganz andere Richtung führte. Der formalistische Charakter der Abgrenzungsversuche zwischen Kartellrecht und geistigem Eigentum war überwunden und die gesamten rechtlichen und wirtschaftlichen Zusammenhänge gerieten ins Blickfeld. Im Folenden wurde zwischen Per-se-Verboten und *rule-of-reason*-Analyse unterschieden. Ein Per-se-Verbot stellte ein absolutes Verbot von bestimmten Vereinbarungen dar. Dagegen wurde bei einer *rule of reason*-Untersuchung eine Abwägung im Einzelfall erforderlich.[177] Damit war zwar die formelle Abgrenzung zwischen Kartellrecht und geistigem Eigentum nach der Inhaltstheorie überkommen, so dass etwa Patentrechte im zweiten Feld der Inhaltstheorie nicht automatisch dem kartellrechtichen Verbot unterfielen. Allerdings entfiel gleichzeitig auch die „unberechtigte Kartellrechtsausnahme für den Schutzrechtsinhalt."[178]

Es folgete die Ära der *Post Chicago Economics*. In den Guidelines der Antitrust Division des Justizministeriums (sog. *Vertical Restrains Guidelines*) unter der Reagan-Regierung 1985 fand noch der Chicago School Ansatz seinen Niederschlag. Darin wurden vertikale Beschränkungen noch äußerst wohlwollend durch die *rule of reason* behandelt.[179] Und schließlich folgte 1988 mit den *Antitrust Enforcement Guidelines for International Operations* ein Regelwerk insbesondere mit Bezug zum geistigem Eigentum, in dem es ebenfalls wohlwollend hieß:

> "The owner of intellectual property is entitled to enjoy whatever market power the property itself may confer."[180]

Der Clinton Regierung missfiel dieser sehr liberale Ansatz, so dass es zu einer Überarbeitung des Regelwerks kam. Damit wurden die *Antitrust Guidelines for*

177 Siehe Heinemann, (Fn. 78), S. 58.

178 Heinemann, (Fn. 78), S. 121.

179 Kleißl, Lizenzkartellrecht in der amerikanischen und europäischen Rechtsordnung, Berlin 2008, S. 66.

180 Antitrust Division, U.S. Department of Justice, Antitrust Enforcement Guidelines for International Operations, § 3.6 (1988), abgedruckt in 4 Trade Regulation Reports (CCH) § 13, 109.

the Licensing of Intellectual Property[181] der US Kartellbehörde vom 6. April 1995 Ausdruck des *Post Chicago* Standpunktes.

e) Post Chicago Economics

aa) Wandel zu einer differenzierteren Analyse

Wie der Begriff *Post Chicago* vermuten lässt, sind die Ansätze der *Chicago School* überholt. Es kam zu einer differenzierteren Betrachtung der kartellrechtlichen Probleme, ohne sich aber von allen Erungenschaften der *Chicago School* zu lösen.[182] Wie erwähnt war das Anliegen der *Chicago School*-Vertreter vor allem die Steigerung wirtschaftlicher Effizienz.[183] *Post Chicago* bestritt dagegen, dass dies die einzige Aufgabe des Kartellrechts sei. Gerade die Aufgabe der Machtbegrenzung in einem nicht vom Wettbewerb regulierten Markt komme dem Kartellrecht zu.[184] Außerdem berücksichtige die *Chicago School* dynamische Aspekte nicht ausreichend, insbesondere Effizienzsteigerungen in der Zukunft.[185] So hat sich die durch die *Chicago School* aus dem Tritt geratene Kartellrechtslehre alter Schule neu formiert. Einerseits sind danach zwar auch effiziente Marktbeziehungen zu berücksichtigen, andererseits ist es aber eben auch das Ziel, einen die Wahlfreiheit verbürgenden, vertikale Abhängigkeiten kon-

---

181 U.S. Department of Justice, Federal Trade Commission, Antitrust Guidelines for Licensing of Intellectual Property, Washington D.C., April 6. 1995: abgedruckt in 49 BNA-PTCJ, 714 (1995); Dazu Bodewig, Der Entwurf neuer Kartellrichtlinien für den Erwerb und die Lizenzierung geistigen Eigentums in den USA, in: GRUR Int. 1995, 142.

182 Siehe Heinemann, (Fn. 78), S. 76, (mit weiteren Nachweisen für die verschiedenen Theorien, die unter dem Begriff Post Chicago zusammengefasst werden, wie z.B. die „Neue Institutionenökonomie“ – "public choice" – „Theorie der spontanen Ordnung“ oder „Spieltheoretische Ansätze“).

183 Bork, Legislative Intent and the Policy of the Sherman Act, in: 9 Journal of Law and Economics, 1966, 7.

184 Siehe Fox, The Modernization of Antitrust: A New Equilibrium, in: 66 Cornell Law Review, 1981, 1140 ff.; Hovenkamp, Antitrust Policy After Chicago, 84 Michigan Law Review 1985, 213, (249 ff.); Flynn, The Reagan Administration´s Antitrust Policy, „Orginal Intent“ and the Legislative History of the Sherman Act, 33 Antitrust Bulletin 1988, 259 ff.

185 Siehe Heinemann, (Fn. 78), S. 79; Royall, Symposium: Post Chicago Economics – Editor´s Note, 63 Antitrust Law Journal 1995, 445 ff.; Siehe auch Baker, Recent Developments in Economics that Challenge Chicago Schools Views, 58 Antitrust Law Journal 1989, 645 ff.

trollierenden Wettbewerb zu gewährleisten.[186] Unter *Post Chicago* wurde die zu sehr vereinfachende Theorie der *Chicago School* durch die Erkenntnis ersetzt, dass Marktunvollkommenheiten und die Möglichkeit strategischen Verhaltens bei der Kartellrechtsanwendung berücksichtigt werden müssten.[187] Diese Erkenntnisse ließen Raum, um Verhaltensweisen kartellrechtlich zu untersuchen, die auf vorhandener Marktmacht basierten. So kann beispielsweise das Kippen eines Marktes, sog. *Tipping*, dem Marktbeherrscher einen schutzrechtlich abgesicherten De-facto-Standard verschaffen. Auch Verhaltensweisen, welche durch diese Marktmacht ermöglicht werden, können durch die Erkenntnisse der *Post Chicago*-Vertreter kartellrechtlich beanstandet werden und sind nicht automatisch durch das Bestehen von Schutzrechten kartellrechtsimmun.

bb) Wendepunkt zu Post Chicago – Der Fall Kodak

In der *Kodak*-Entscheidung[188] des Supreme Court, die als Wendepunkt hin zu *Post Chicago* gesehen wird, wurde die dynamische Betrachtungsweise des Wettbewerbs besonders deutlich. Denn trotz des intensiven Wettbewerbs auf dem Hauptmarkt für Fotokopierer wendete der Supreme Court das Kartellrecht an, da Kodak auf dem nachgelagerten Markt für Ersatzteile und Reparaturen wettbewerbswidrig Konkurrenten behinderte. Nach Ansicht der *Chicago School* wäre dies eine durch Schutzrechte abgeschirmte Praktik, die im Rahmen der Gewinnmaximierungsstrategie eines jeden Unternehmes gerechtfertigt wäre. Auch wäre nach der *Chicago School* die Annahme von Marktmacht auf einem abgeleiteten Markt nicht möglich, solange wirksamer Wettbewerb auf dem Hauptmarkt besteht.[189] Die *Kodak*-Entscheidung hat somit die Wende zu *Post Chicago* eingeleitet. Sie eröffnete die Ära einer differenzierteren kartellrechtlichen Betrachtungsweise, in der auch alle ökonomischen Aspekte Berücksichtigung fanden. Sowohl die Kartellrechtsimmunität auf dem ersten Feld der Inhaltstheorie als auch eine absolute Gewinnmaximierungsstrategie können seit *Post Chicago* keine Kartellrechtsausnahmen mehr rechtfertigen.

186 Siehe Ullrich, GRUR Int. 1996, 555 (561); und Sullivan, The Political Economy of the Sherman Act – the First One Hundred Years (1991), S. 166ff.; Vgl. auch Fox, 66 Cornell Law Review 1981, 1140 ff.

187 Siehe Hovenkamp, 84 Michigan Law Review 1985, 213, (255 ff.); Heinemann, (Fn. 78), S. 77.

188 *Eastman Kodak Co. v. Image Technical Services, Inc.*, 504 U.S. 451 (1992); Die Entscheidung wird unter Teil 2, D., I. ausführlich erörtert.

189 Siehe Heinemann, (Fn. 78), S. 80 f.; Siehe auch Lande, Chicago Takes It on the Chin: Imperfect Information Could Play a Crucial Role in the Post-Kodak World, 62 Antitrust Law Journal 1993, 193 ff.; Ausführlich zum Fall Kodak unten.

f) Antitrust Guidelines for the Licensing of Intellectual Property

Wie bereits erwähnt, gelten im Übrigen vor allem die *Licensing Guidelines*[190] der US Kartellbehörde als Wende hin zu Post Chicago.[191] Die *Antitrust Guidelines for the Licensing of Intellectual Property* des *U.S. Department of Justice* und der *Federal Trade Commission*[192] vom 6. April 1995 führten vor allem zu der Erkenntnis, dass Immaterialgüterrechte ihrem Inhaber nicht per-se Marktmacht verschaffen und kein grundlegender Unterschied zum Sacheigentum besteht.

Im Gegensatz zu den *Enforcement Guidelines*[193] von 1988 hatte sich die Ansicht durchgesetzt, dass dem Inhaber von Immaterialgüterrechten das beliebige Ausnutzen von Marktmacht nicht mehr möglich sein sollte, sondern bei der Gefahr von Wettbewerbsbeschränkungen auf den Einzelfall eingegangen werden sollte.[194] Allerdings hatte die *Antitrust Division* schon Anfang der achtziger Jahre von den generellen Per-se-Verboten Abstand genommen.[195] Die Erkenntnis, dass es im Hinblick auf das Kartellrecht keinen Unterschied zwischen geistigem und Sacheigentum gebe beruht auf dem Hauptsatz der *Guidelines* – der gleichermaßen für Patent- und Geheimnisschutz, Urheber- und Markenrecht Geltung beansprucht –, nämlich dass auf schutzrechtsbezogenes Wettbewerbsverhalten dieselben allgemeinen Kartellrechtsregeln anzuwenden seien, die auch sonst auf Verträge über Eigentum an körperlichen oder unkörperlichen Gegenständen Anwendung finden, weil geistiges Eigentum insoweit weder besonders schutzbedürftig noch besonders verdächtig sei.[196] Damit wurden die Augen vor den wesentlichen Unterschieden natürlich nicht verschlossen, allerdings können diese Unterschiede ohne weiteres bei der Anwendung des Kartellrechts berück-

190 U.S. Department of Justice, Federal Trade Commission, Antitrust Guidelines for Licensing of Intellectual Property, Washington D.C., April 6. 1995: abgedruckt in 49 BNA-PTCJ, 714 (1995).

191 Heinemann, (Fn. 78), S. 56 f. und 121.

192 Abgedruckt z.B. in Bender, (Fn. 44), S. 541-576.

193 Antitrust Division, U.S. Department of Justice, Antitrust Enforcement Guidelines for International Operations, § 3.6 (1988), abgedruckt in 4 Trade Regulation Reports (CCH) § 13, 109.

194 Siehe Heinemann, (Fn. 78), S. 63.

195 Die Per-se-Verbote in Form der *Nine No-No's* wurden seit 1968 von der *Antitrust Division* angewendet, sie wurden 1981 widerrufen und zwar auf demselben Weg, wie sie verkündet worden waren, nämlich durch *luncheon speeches* von Kartellbeamten. Dazu auch Rule, The Administration's Views: Antitrust Analysis After the Nine No-No's, 55 Antitrust Law Journal 1986, 365 ff.

196 U.S. Department of Justice, Federal Trade Commission, Antitrust Guidelines for Licensing of Intellectual Property, 49 BNA-PTCJ 174 (1995), sub 2.0, 2.1; Ullrich, GRUR Int. 1996, 555 (562).

sichtigt werden.[197] Ferner verschafft ein Immaterialgüterrecht seinem Inhaber nicht notwendigerweise Marktmacht. Diese „Aussage macht Schluss mit der Auffassung von Immaterialgütern als *legal monopolies*."[198] Vielmehr kommt es auch bei Immaterialgütern, wie sonst auch, auf die Substitutionsmöglichkeiten der Wettbewerber an.

Folge war, dass die frühere, formalistische Abgrenzung von Immaterialgüterrechten und Kartellrecht überwunden wurde. Heute wird also auf die konkreten Auswirkungen auf den Wettbewerb abgestellt, um festzustellen, ob eine immaterialrechtliche Befugnis missbräuchlich eingesetzt wird. Die extreme These der Chicago School, dass fast alle Beschränkungen letztlich die Effizienz steigern und damit zu erlauben seien, gehört damit der Vergangenheit an.[199]

g) Effizienzgesichtspunkte nach der rule of reason

Heute wird bei der Beurteilung von kartellrechtsrelevanten Verhaltensweisen der Fokus in den USA also mehr auf wirtschaftliche Aspekte gerichtet.

Die formale Abgrenzung nach dem Zwei-Felder Ansatz der Inhaltstheorie wurde durch eine Einzelfallbetrachtung ersetzt. Heute wird eine Vereinbarung daraufhin untersucht, ob daraus Beschränkungen für den Wettbewerbs folgen oder ob Effizienzsteigerungen eine Vereinbarung rechtfertigen können.[200] Ob eine kartellrechtlich relevante Beschränkung durch ein Schutzrecht gerechtfertigt werden kann oder nicht, spielt mithin keine Rolle mehr. Heute wird eine *rule of reason*-Abwägung vorgenommen. „Auch nach der neuen Rechtslage ist zwar auf die Frage einzugehen, ob die beschränkenden Absprachen oder Verhaltensweisen von immaterialgüterrechtlichen Befugnissen gedeckt sind, dieses Kriterium ist aber nicht mehr absolute, sondern relative Grenze."[201] *Post Chicago* überspannt den Bogen also nicht, sondern kommt, ganz ähnlich wie der EuGH in seinem *Volvo*-Urteil, zu der Annahme, dass nicht jede Schutzrechtsausübung wettbewerbswidrig ist, diese aber auch nicht von vorn herein unmöglich ist.

Nach den *Licensing Guidelines* kommt es nicht mehr darauf an, ob ein wettbewerbswidriges Verhalten durch Schutzrechte gerechtfertig werden kann, vielmehr ist entscheidend, wie sich dieses Verhalten rechtlich und ökonimisch

---

197 "However, the fact that intellectual property may in some cases be misappropriated more easily than other forms of property may justify the use of some restrictions that might be anticompetitive in other contexts." Guidelines, S. 20.

198 Heinemann, (Fn. 78), S. 64; Vgl. auch *Jefferson Parish Hospital District No. 2 v. Hyde*, 466 US. 2, 16 (1984).

199 Vgl. Heinemann, (Fn. 78), S. 83.

200 Vgl. Heinemann, (Fn. 78), S. 72.

201 Heinemann, (Fn. 78), S. 72 f.

auf den Makrt auswirkt. Damit wird der Erkenntnis Rechnung getragen, dass auch die Ausübung von Immaterialgüterrechten wettbewerbswidrig seinen kann.[202] Es ist danach allein eine Frage des Kartellrechts, ob eine Verhaltensweise wettbewerbswidrig oder -konform ist.

h) Abwägung von Vor- und Nachteilen der rule of reason

Mit der neuen Einzelfallbetrachtung anstelle des Verbotskatalogs ging natürlich auch ein Verlust an Vorhersehbarkeit und Rechtssicherheit einher. Allerdings kann die bloße Rechtssicherheit selbstverständlich nie die Anwendung von überholten Rechtsgrundsätzen rechtfertigen. Denn dann könnte man auch der *Chicago School* folgen und eine völlige Freiheit von allen schutzrechtlich abgeschirmten Verhaltensweisen zulassen.[203]

Per-se-Verbote führen aber oft zu unbefriedigenden Ergebnissen, weil sie einerseits zu weitgehende Verbote aufstellen und andererseits zu kurz greifen, wenn schädliche Verhaltensweisen nicht erfasst werden.[204] Diese wirtschaftlichen Nachteile können durch eine präzise Bewertung des Einzelfalls verhindert werden. Der damit einhergehende Verlust von Rechssicherheit kann einerseits durch die Guidelines, also die Verwaltungsrichtlinien, kompensiert werden, andererseits sorgt aber auch die Rechtsprechung in der täglichen Praxis für die klaren Konturen und eine dynamische Vortentwicklung des Rechts.

Im Übrigen führen die *Guidelines* nicht zu einer einseitigen „Besser-" oder „Schlechterstellung" des geistigen Eigentums, wie Heinemann anmerkt.[205] Zwar wurde die Kartellrechtsimmunität innerhalb des Schutzbereichs aufgehoben, dafür können nun auch Verhaltensweisen wettbewerbskonform sein, wenn sie außerhalb des Schutzbereichs liegen, aber im Saldo als wettbewerbsförderlich angesehen werden können. Die extensive Anwendung von Kartellrecht wurde also zurückgenommen, gleichzeitig aber eine unberechtigte Freistellung vom Kartellrecht beseitigt.

i) Zusammenfassung

Das Verhältnis von Kartellrecht und Rechten des geistigen Eigentums in den USA hat alle Extreme erfahren. Ging man im US-amerikanischen Recht anfangs

---

202 Siehe Heinemann, (Fn. 78), S. 72 f.; Tom/Newberg, U.S. Enforcement Approaches to the Antitrust-Intellectual Property Interface, in: Anderson, Robert/Gallini, Nancy (Hrsg.), Competition Policy and Intellectual Property Rights in the Knowledge-Based Economy (1998), S. 343 (351).

203 Vgl. Heinemann, (Fn. 78), S. 74.

204 Vgl. Heinemann, (Fn. 78), S. 74 f.; Vgl. auch Tom/Newberg, 66 Antitrust Law Journal 1997, 167 (197).

205 Heinemann, (Fn. 78), S. 75.

noch davon aus, dass auf Rechte des geistigen Eigentums kein Kartellrecht angewandt werden könne, da es sich um *legal monopolies* handle, so wurde danach versucht, auftretende Spannungen mit dem Zwei-Felder-Ansatz der Inhaltstheorie zu lösen. Verhaltensweisen, die dem ersten Feld zugeordnet wurden, konnten vom Schutzrecht gerechtfertigt werden, auf dem zweiten Feld fand dagegen das Kartellrecht Anwendung.

Die Entwicklung ging weiter von strikten Per-se-Verboten über die *Chicago School*, die eine absolute Gewinnmaximierungsstrategie durch Schutzrechte als gerechtfertigt ansah. Bis schließlich der Wandel hin zu *Post Chicago* zu einer vermittelnden Kartellrechstauffassung führte, nach der die wirtschaftlichen Aspekte im Mittelpunkt einer Einzelfallabwägung standen. Danach gab es keine generelle Erlaubnis oder kein generelles Verbot im Zusammenhang mit Rechten des geistigen Eigentums, es kam vielmehr auf die wettbewerbsfördernden Gesichtspunkte jedes einzelnen Verhaltens an.[206]

Allerdings hat sich die Auffassung der *Chicago School* bis heute gehalten, so dass sich bislang keine klare Linie in den USA abzeichnet. In den Jahren der George W. Bush Regierung gewann der laissez faire Ansatz der *Chicago School* die Oberhand. Nach langer Zeit zeigt nun mit Barak Obama ein Präsident wieder Interesse an einer wirksamen Durchsetzung des Kartellrechts.[207] Obama erklärte auch, dass er sowohl eine Antitrust Division als auch ein Justice Department wolle das wirklich an das Kartellrecht glaube, und versprach stärkere Kontrollen des Pharma-, Medien-, Energie- und Versicherungssektors.[208]

II. Entstehungsgeschichte der essential facilities Doktrin in den USA

Aber nicht nur das Verhältnis von Immaterialgüterrechten zum Kartellrecht spielte in den USA schon früher als in Europa eine Rolle. Auch die Doktrin der wesentlichen Einrichtung wurde auf der anderen Seite des Atlantiks schon 1912 in der Entscheidung *Terminal Railroad* entdeckt. Wie das Verhältnis zur essential facilities Doktrin in den USA heute aussieht, ist dagegen eine andere Frage, auf die erst an späterer Stelle mit der *Trinko*-Entscheidung eingegangen werden soll.

---

206 Siehe Heinemann, (Fn. 78), S. 83 f.

207 In einer Rede am Center for American Progress erklärte Christine Varney, die Leiterin der Obama administration´s new Antitrust Devision, „[that the Justice Department is] comitted to aggressively pursuing enforcement of Section 2 of the Sherman Act.“ (zitiert nach: Crane, Obamas Antitrust Agenda, Regulation 2009, 16).

208 Crane, Obamas Antitrust Agenda, Regulation 2009, 16.

1. Section 2 Sherman Act

Die äquivalente Norm zu Art. 102 AEUV ist Section 2 Sherman Act in den USA. Die verwandten Normen sind jedoch nicht deckungsgleich. Nach Section 2 Sherman Act ist nämlich schon die Monopolisierung oder der Versuch verboten.[209] Einen entscheidenden Unterschied gibt es auch hinsichtlich der subjektiven Absichten des marktbeherrschenden Unternehmens.

In Bezug auf die essential facilities Doktrin scheidet Section 1 Sherman Act[210] als relevante Norm aus, denn die Vorschrift erfasst nur gemeinsame Strategien und Absprachen und ähnelt damit eher Art. 101 AEUV. Eine Lizenzverweigerung oder generell die Verweigerung des Zuganges zu wesentlichen Einrichtungen ist dagegen ein einseitiger Vorgang und wird von Section 2 Sherman Act erfasst, der – wie Art. 102 AEUV – nur einseitige Verhaltensweisen betrifft.

Die Norm setzt voraus, dass jemand durch *exclusionary conduct* (wettbewerbswidriges Verhalten) Monopolmacht auf einem relevanten Markt erlangt bzw. aufrechterhält oder den Versuch hierzu unternimmt. Der wesentliche Unterschied zwischen Section 2 Sherman Act und Art. 102 AEUV besteht darin, dass Section 2 Sherman Act allgemein die – auf wettbewerbswidrige Weise betriebene – Monopolisierung untersagt, während sich Art. 102 AEUV nur gegen den Missbrauch einer marktbeherrschenden Stellung wendet. Entscheidend für einen Verstoß ist also, dass die Erlangung von Monopolmacht durch wettbewerbswidriges Verhalten bezweckt wird. Dagegen ist ein Monopol, welches auf überlegener Leistung am Markt beruht, sog. *competition on the merits*, wettbewerbskonform. Monopolmacht, die auf Effizienz basiert, ist nicht untersagt.[211]

Wettbewerbswidriges Verhalten liegt dann vor, wenn der Wettbewerb beeinträchtigt, z.B. ein Konkurrent ausgeschlossen wird, und dies nicht durch Effizienzsteigerungen i.S.d. *rule of reason* kompensiert wird. In schwierigen Fällen wird dem Kriterium des *exclusionary conduct* das Kriterium des Leistungswettbewerbs *competition on the merits* gegenübergestellt. Wettbewerbsvorteile, die auf einer überlegenen Leistung im Wettbewerb beruhen, verstoßen nicht gegen

---

209 *Section 2 of the Sherman Act makes it unlawful for any firm to "monopolize, attempt to monopolize, or conspire with any other person or persons to monopolize any part of the trade or commerce among the several States, or with foreign nations."*

210 "Every contract, combination in the form of trust or otherwise, or conspiracy, in restraint of trade or commerce among the several States, or with foreign nations, is declared to be illegal."

211 Vgl. "Monopoly in the concrete", *Standard Oil Co. v. United States*, 221 U.S. 1, 62 (1911).

Kartellgesetze, solange Marktmacht nicht vorsätzlich zur Monopolisierung eines Marktes missbraucht wird.[212]

Im Hinblick auf Immaterialgüterrechte gilt auch in den USA der Grundsatz, dass der Inhaber eines Schutzrechtes in der Entscheidung frei ist, ob oder mit wem er Lizenzverträge schließt. Diese Vertragsfreiheit endet erst bei einer Verletzung des Sherman Acts, also einer missbräuchlichen Monopolisierung oder dem Versuch dazu.[213] Der Supreme Court erachtet aber die bloße Monopolmacht nicht als per se von Section 2 verboten.[214]

2. Refusal to deal „Abbruch der Geschäftsbeziehungen“

Auch in den USA ist die Privatautonomie ein grundsätzliches Prinzip. Allerdings kann auch dort die Vertragsfreiheit kartellrechtlichen Einschränkungen unterliegen, dies gilt insbesondere für den Fall der Lieferverweigerung (*refusal to deal*). Dem marktbeherrschenden Unternehmen wird damit die Pflicht auferlegt, Konkurrenten Hilfestellungen im Wettbewerb zu geben. Dies scheint nur auf den ersten Blick kontrovers.[215] Gerade wenn marktbeherrschende Unternehmen kleinere Unternehmen nicht mehr beliefern und dies als missbräuchliche Ausnutzung ihrer Marktmacht erscheint, kann eine Lieferpflicht angeordnet werden. „Die kartellrechtlichen Beurteilungsmaßstäbe für den Fall der Lieferverweigerung lassen sich auch auf den Fall der Lizenzverweigerung übertragen.“[216] Aber auch im Zusammenhang mit Immaterialgüterrechten gilt, dass aufgrund von Marktmacht allein noch keine Lizenzierungspflicht zu Lasten des Schutzrechtsinhabers erfolgt. Auch und gerade gegenüber Wettbewerbern ist der Schutzrechtsinhaber nicht generell zur Erteilung von Lizenzen verpflichtet. Zu einem gegenteiligen Ergebnis kommt man nur dann, wenn der Tatbestand von Section 2 Sherman Act erfüllt ist. Hier wird gewöhnlich im Rahmen der *rule of*

---

212 Vgl. Heinemann, (Fn. 78), S. 87 f; Siehe auch die Klageschrift der Antitrust Division im Microsoft-Browser-Verfahren, unter: http://www.usdoj.gov/atr/cases/f1700/1763.html.

213 Vgl. Heinemann, (Fn. 78), S. 86.

214 "Monopoly in the concrete", *Standard Oil Co. v. United States*, 221 U.S. 1, 62 (1911).

215 The antitrust laws most often impose negative duties, requiring firms to refrain from anticompetitive conduct. Nonetheless, this Court and others have recognized some circumstances in which the Sherman Act imposes an affirmative to assist rivals. - Statement in: In the Supreme Court of the United States - Brief for the United States and the Federal Trade Commission as *Amici Curiae*, in der Rechtssache No. 02-682 - Verizon Communications Inc. v. Law Officers of Curtis v. Trinko, S. 16 – 18.

216 Heinemann, (Fn. 78), S. 91; So auch Coolley, Unilateral Refusal to License, in: D. Bender (Hrsg.), Intellectual Property Antitrust, Volume Two (1996), S. 379 (390 ff.).

reason der Zweck bewertet, den der Schutzrechtsinhaber mit der Lizenz- oder Lieferverweigerung verfolgt hat.

a) Abbruch bestehender Geschäftsbeziehungen – Aspen Skiing

In der Rechtsprechung stehen Fälle im Vordergrund, in denen eine langjährige Geschäftsbeziehung bestand, die plötzlich abgebrochen wurde. Im Fall *Aspen Skiing*[217] war die Aspen Skiing Co. Eigentümerin dreier von vier benachbarten Skigebieten. Zwischen ihr und der Aspen Highlands Skiing, die das vierte Skigebiet betrieb, bestand eine langjährige Kooperation beim Verkauf von gemeinsamen Skipässen. Das marktbeherrschende Unternehmen Aspen Skiing Co. beendete diese Kooperation, obwohl der Betreiber des kleineren Skigebiets bereit war, höhere als die Verbraucherpreise zu zahlen, um so das aus seiner Sicht „notwendige" Gemeinschaftsticket weiter anbieten zu können.

Unter Effizienzgesichtspunkten konnte dieses Verhalten nicht erklärt werden, vielmehr steckte nach Ansicht des Supreme Court allein die Absicht des marktstarken Unternehmens dahinter, den Mitbewerber durch wettbewerbswidriges Verhalten zu schädigen.

Es kommt darauf an, ob es für den Abbruch einen überzeugenden wirtschaftlichen Grund gab, wie etwa die Steigerung der Effizienz.[218] Dient der Abbruch der Lieferbeziehungen bzw. Lizenzbeziehungen dagegen dazu, die Marktbeherrschung aufrecht zu erhalten oder zu steigern, ist eine Rechtfertigung nicht möglich.

In dem Fall *Aspen Skiing* war es also ohne weiteres möglich, die wettbewerbswidrige Absicht des marktstarken Unternehmens nachzuweisen. Zwar stützte sich der Konkurrent auch darauf, dass es sich bei dem Gemeinschafts-Ticket um eine wesentliche Einrichtung handle. Dem kann wohl mit Recht widersprochen werden, weil das Gemeinschafts-Ticket für das Unternehmen Aspen Highlands nicht unerlässlich für die Aufrechterhaltung des Wettbewerbs war. Zwar verlor Highlands in der Folge Kunden, es blieb aber als vitaler Wettbewerber bestehen.

- Kritik an Aspen Skiing -

---

217 Aspen Skiing Co. v. Aspen Highlands Skiing Corp., 472 U.S. 585 (1985).

218 Vgl. auch *Eastman Kodak Co. v. Image Technical Services, Inc.*, 504 U.S. 451, 483 (1992).

Areeda wirft dem Supreme Court vor, dass eine missbräuchliche Absicht aus der schlichten Ausübung der Vertragsfreiheit nicht abzuleiten sei.[219] Der Monopolist, sei er Patentinhaber oder Skigebietbesitzer, habe das Recht, andere von der Nutzung auszuschließen. Der Einwand des *exclusionary conduct* (wettbewerbswidrigen Verhaltens) könne auch nicht zu einem anderen Ergebnis führen.[220] Diese Argumentation berücksichtigt allerdings nicht, dass auch der Supreme Court die Lieferverweigerung an sich nicht für rechtswidrig hält, sondern die Gesamtschau der Umstände, vor allem die Ablehnung eines auch für die Aspen Skiing Co. profitablen Verkaufs des Gemeinschaftstickets auf die Verdrängungsabsicht schließen lässt.[221] Diese Sichtweise stellt den Marktbeherrscher von allen Beschränkungen frei und erinnert damit an die *Chicago School*.

b) Verweigerung der erstmaligen Aufnahme von Geschäftsbeziehungen

In den *refusal to deal*-Fällen besteht die kartellrechtliche Sanktion in dem Kontrahierungszwang. Wird nun aber keine langjährige Geschäftsbeziehung „gurndlos" abgebrochen, sondern wird erstmals eine Geschäftsaufnahme begehrt, so bleibt es in den USA in aller Regel nach Abwägung aller Umstände bei der Abschlussfreiheit.[222] Vor allem in seiner jüngeren Entscheidung *Trinko*[223] wies der Supreme Court in diesem Zusammenhang auf die wettbewerbsfördernden Wirkungen hin, die dem „Traum vom Monopol" und dem Streben nach Monopolisierung innewohne. Ob wirklich ein Unterschied besteht, ist aber eher zu verneinen, denn in beiden Konstellationen besteht die gleiche Gefahr für den Wettbewerb.

Ein unerwünschter Nebeneffekt wäre jedenfalls, dass Unternehmen von Kooperationen deshalb absehen könnten, weil sie anschließend eine Geschäftsbeziehung nicht mehr abbrechen dürften.[224] Allerdings hat der Abbruch ebenso wie die erstmalige Verweigerung einer Geschäftsbeziehung die gleiche Folge, der Wettbewerb wird in beiden Fällen gleichermaßen beeinträchtigt. Es ist daher unerheblich, ob eine Geschäftsbeziehung abgebrochen wird oder erstmalig verweigert wird. Maßstab kann allein die Wirkung auf den Wettbewerb sein. Wann eine Ablehnung erfolgt, spielt für den Wettbewerb an sich aber überhaupt keine Rolle, entscheidend ist, dass der Wettbewerb in beiden Fällen gleichermaßen

---

219 Areeda, Essential Facilities: An Epithet in Need of Limiting Principles, in: 58 Antitrust LJ (1989/90), S. 841 (849).

220 Areeda, 58 Antitrust LJ (1989/90), S. 841 (849).

221 Vgl. Stapper, (Fn. 125), S. 31.

222 Siehe Heinemann, (Fn. 78), S. 93.

223 *Verizon Communications Inc. v. Law Offices of Curtis V. Trinko*, 540 U.S. 682 (2004).

224 Areeda, 58 Antitrust LJ (1989/90), 841 (850).

geschwächt wird. Aus nahe liegenden Gründen kommt jedoch, wenn es ein Unternehmen in beherrschender Stellung von vornherein ablehnt, mit einem anderen Unternehmen, das auf seine Leistungen angewiesen ist, Geschäftsbeziehungen aufzunehmen, eine Rechtfertigung solchen Verhaltens durch die Wahrnehmung legitimer Interessen des beherrschenden Unternehmens weit eher in Betracht als bei einem „grundlosen Abbruch" schon bestehender Geschäftsbeziehungen.[225] Eine unterschiedliche Behandlung kann aber nicht an der Beweisbarkeit an sich festgemacht werden. Es ist also nicht entscheidend, ob eine bestehende Geschäftsbeziehung beendet wird oder erstmalige Geschäftsaufnahme begehrt wird.[226] Es kommt allein auf den Grund an, weshalb ein marktbeherrschendes Unternehmen keine geschäftlichen Beziehungen unterhalten will.

c) Essential facilities Doktrin als Fallgruppe

Bei der einseitigen Lieferverweigerung besteht jedoch keine Klarheit, unter welchen Voraussetzungen es ausnahmsweise zur Durchbrechung der Vertragsfreiheit kommen soll. Daher wird der Versuch unternommen, durch die Bildung von Fallgruppen für größere Anwendungssicherheit zu sorgen. In diesem Zusammenhang wird immer wieder das Konzept der essential facilities Doktrin herangezogen. Dieses Konzept ist insbesondere dann von herausragender Bedeutung, wenn sich wettbewerbswidrige Absichten des Marktbeherrschers nicht oder nur mit Schwierigkeiten nachweisen lassen.

3. Essential facilities Doktrin in den USA

Die essential facilities Doktrin hat ihren Ursprung im Antitrustrecht der USA. In den Vereinigten Staaten hat der Supreme Court schon 1912 anerkannt, dass ein Marktbeherrscher verpflichtet werden kann, seine wesentliche Einrichtung für Mitbewerber zu öffnen.[227] Damit ist die essential facilities Doktrin ein Unterfall der Geschäftsverweigerung, weil die Zugangsverpflichtung an die Weigerung der Geschäftsaufnahme anknüpft.

---

225 Emmerich, Kartellrecht (2006), § 10, Rn. 32 ff.

226 Immenga/Mestmäcker-(Möschel), Wettbewerbsrecht – Band 1. EG/Teil 1 Kommentar zum Europäischen Kartellrecht[4], Art. 82 EGV, Rn. 241.

227 Immenga/Mestmäcker-(Möschel), (Fn. 226), Art. 82 EGV, Rn. 239.

a) Terminal Railroad Association

1912 kam es mit der *Terminal Railroad*-Entscheidung[228] zum ersten Mal zu einer zwangsweisen Öffnung wesentlicher Einrichtung und damit zu einem zwangsweisen Zugang zu fremdem Eigentum.

Vierzehn Eisenbahngesellschaften hatten sich in einem Gemeinschaftsunternehmen zusammengetan, das den Bahnhof von St. Louis und die dazu gehörigen Streckenanlagen sowie die Fähr- und Brückenverbindungen über den Mississippi besaß. Diese Infrastruktur war aus topographischen Gründen unerlässlich für den Eisenbahnverkehr durch St. Louis und auch für die Verbindungen zwischen den angrenzenden Bundesstaaten.

Das Gemeinschaftsunternehmen nutzte seine Eigentumsrechte dazu, Mitbewerbern auf dem Bahndienstleistungsmarkt die Benutzung der Anlagen zu verweigern, um auf diese Weise den Wettbewerb auf dem Markt für Bahndienstleistungen auszuschließen.

Aufgrund der Eigenart der Umgebung konnten Wettbewerber die nötige Brücke und Gleisanlagen für den Eisenbahnverkehr auch nicht selbst schaffen. Daraus ergab sich für das marktbeherrschende Unternehmen die Möglichkeit, den Konkurrenten den Zugang zum Markt für Bahndienstleistungen zu versperren und ein Monopol auf dieser Strecke zu errichten. Die Bahnanlagen bilden also deshalb eine *essential facility* (wesentliche Einrichtung), weil Konkurrenten durch die Unmöglichkeit der Duplizierung auf die Nutzung der Einrichtung angewiesen waren.

> "It was essential that railroad companies desiring to use it (the Merchants' bridge) should have railway connections with it on each side of the river."[229]

Die Bahnanlagen stellen somit einen *Bottleneck* dar, ohne den die Aufnahme von Wettbewerb auf dem nachgelagerten Markt (dem Markt für Bahndienstleistungen) nicht möglich war. Die Kontrolle des Inputmarktes ermöglicht es also, ohne wettbewerbliche Überlegenheit das vorhandene Monopol auch auf den zweiten Markt auszudehnen, sog. *leveraging* (Hebelmissbrauch).

Die beteiligten Gesellschaften konnten zwar darauf verweisen, dass nur der gemeinschaftliche Betrieb eine effiziente Nutzung der Anlagen erlaubte. Allerdings schafften die topographischen Bedingungen eine Situation, in der die sonst positiv zu bewertende Zusammenarbeit zu einem Wettbewerbshindernis wurde. Der Supreme Court entschied daher, dass Mitbewerber diskriminierungsfreien

---

228 *United States v. Terminal Railroad Association*, 224 U.S. 383 (1912).

229 *United States v. Terminal Railroad Association*, 224 U.S. 383 (392) (1912).

Zugang zu den Bahnanlagen bekommen, um wirksamen Wettbewerb auf dem nachgelagerten Markt für Bahndienstleistungen zu gewähren.

aa) Bedingungen des Zugangs

Problematisch gestaltet sich die Entgeltberechnung bei einem zwangsweisen Zugang. Einen Ansatz zur Überwindung dieses Problems haben hier die bisherigen Verhandlungen der beiden Unternehmen geboten.[230] Ob die Kontrolle über die wesentliche Einrichtung dagegen von mehreren Unternehmen gemeinschaftlich ausgeübt wird oder ein einzelnes Unternehmen ein Monopol an einer solchen Einrichtung besitzt, spielt keine Rolle.[231] Damit kommt es auf wettbewerbswidrige Absprachen, die von Section 1 Sherman Act untersagt werden, in diesem Zusammenhang nicht an.

Auch wenn die Nutzungsbedingungen bei mehreren kontrollierenden Unternehmen die Ermittlung der Bedingungen für einen zwangsweisen Zutritt erleichtern, so spricht nichts dagegen, auch Monopolisten zu einer Öffnung von Einrichtungen zu zwingen. Erstens können sie schon mit anderen Unternehmen in geschäftlichem Kontakt gestanden haben, so dass auch solche Bedingungen als grobe Vorlage für Zugangsbedingungen genutzt werden können. Zweitens können Nutzungsbedingungen aber auch von Gerichten und Behörden festgesetzt werden.

bb) Fehlende Nachweisbarkeit missbräuchlichen Verhaltens

Auf eine wettbewerbsschädliche Absicht konnte in diesem Fall nicht ohne weiteres geschlossen werden, denn der Zusammenschluss der Unternehmen wurde aufgrund der Effizienzsteigerung positiv bewertet und auch die Ausübung von Eigentumsrechten ließ als solche keine wettbewerbsschädlichen Absichten erkennen. Nur die Marktstruktur mit ihrem Bottleneck ließ eine andere Wertung zu.[232] Durch die besonderen topographischen Bedingungen in der Umgebung des Bahnhofes war es für konkurrierende Eisenbahngesellschaften ausgeschlossen, eine andere Brücke zu bauen oder sonst auf andere Weise Transportverbindungen herzustellen. Die Konkurrenten waren somit auf die Nutzung der vorhandenen Anlagen angewiesen, wollten sie auf dem Markt für Bahndienstleistungen von und nach St. Louis den Wettbewerb aufnehmen.

---

230 Vgl. Stapper, (Fn. 125), S. 26 f.
231 Vgl. Stapper, (Fn. 125), S. 26 f.
232 Vgl. Stapper, (Fn. 125), S. 28.

cc) Essential facilities Doktrin als Strukturkontrolle

Der Gedanke hinter dem *Terminal Railroad*-Urteil und der essential facilities Doktrin ist, dass die Ausnutzung eines Engpasses durch einen Monopolisten zu einem Kontrahierungszwang führen muss, wenn auf andere Weise der Wettbewerb auf benachbarten Märkten durch den Monopolisten ohne wettbewerbliche Anstrengungen verhindert werden könnte.[233] Davon zu unterscheiden ist die Absicht eines Wettbewerbers, den eigenen Marktanteil so weit wie möglich – auch bis zur Monopolstellung – auszudehnen. Dies ist eine Ausprägung des Leistungswettbewerbs und als solche nicht missbräuchlich.

Oft ist es problematisch, mit einer Verhaltenskontrolle wettbewerbswidrige Absichten nachzuweisen.[234] So ist der Verweis auf Eigentumsrechte zunächst einmal legitim und deutet nicht auf die Störung des Wettbewerbs hin. Sind solche Verhaltensweisen mit herkömmlichen Methoden nicht nachweisbar, so kann mit der Strukturkontrolle ein Missbrauch nachgewiesen werden, dies gelingt der essential facilities Doktrin in besonderem Maße.

b) Voraussetzungen der essential facilities Doktrin

Bei allen Abweichungen im Detail wird man den essential facilities Gedanken an folgenden drei Hauptmerkmalen festmachen können.

Erstens muss es sich bei dem Gegenstand, zu dem Zugang verlangt wird, um eine wesentliche Einrichtung handeln. Wesentlich ist eine Einrichtung dann, wenn ihre Nutzung für den Eintritt in einen benachbarten Markt notwendig ist. Dies kann wiederum in drei Punkte aufgegliedert werden:

Ein Marktbeherrscher verfügt also über einen Gegenstand (die Einrichtung), der ihm die Möglichkeit gibt, über Öffnung oder Schließung eines vor- oder nachgelagerten Marktes für den Wettbewerb zu bestimmen. Die Einrichtung wird damit zum Bottleneck. Sie ist dann wesentlich, wenn der Zugang zum Inputmarkt unerlässlich für das Auftreten auf dem benachbarten Markt ist.

Der Monopolist beherrscht also durch die Kontrolle der wesentlichen Einrichtung gleichzeitig einen benachbarten, abhängigen Markt.[235] Die Einrichtung muss unerlässlich für den Eintritt in einen abgeleiteten Markt sein. Durch diese Unmöglichkeit der Duplizierung wird es dem Marktbeherrscher möglich, sein Monopol auf den abgeleiteten Markt auszudehnen, sog. *leveraging* (Hebelwirkung).

233 Vgl. Stapper, (Fn. 125), S. 21.

234 Siehe Stapper, (Fn. 125), S. 25.

235 Vgl. Hovenkamp, Federal Antitrust Policy - The Law of Competition and its Practice (1994), S. 274.

Das wettbewerbswidrige Verhalten äußert sich dann allein in der Verweigerung des Zugangs. Im Übrigen dürfen keine Rechtfertigungsgründe wie mangelnde Kapazitäten oder dergleichen für die Zugangsverweigerung bestehen.

c) Marktstrukturkontrolle als Verzicht auf den Nachweis der Monopolisierungsabsicht

Die essential facilities Doktrin ist unabhägig von schwer zu ermittelnden Absichten und Verhaltensweisen, da es sich um eine Marktstrukturkontrolle handelt. Anders als Art. 102 AEUV verlangt Section 2 Sherman Act eine subjektive Monopolisierungsabsicht. Ohne auf konkrete Begleitumstände und verfolgten Zweck abzustellen, vermag die essential facilities Doktrin den Nachweis der Monopolisierungsabsicht zu erbingen.[236] Der *Terminal Railroad*-Fall wäre mit den Kriterien einer Verhaltenskontrolle nicht zu lösen gewesen, da der Zusammenschluss der Eisenbahngesellschaften durch Effizienzkriterien motiviert war und die anschließende Ausübung der Ausschließlichkeitsrechte an sich keinen Hinweis auf eine missbräuchliche Verdrängungsabsicht geben konnte. Der Missbrauch ergab sich aus der besonderen Marktstruktur, dem Bottleneck.

Die Marktsstrukturkontrolle der essential facilities Doktrin und der verhaltensbezogene Missbrauch schließen sich also nicht gegenseitig aus, vielmehr können sie „als Unterfälle des *refusal to deal* mit unterschiedlicher Schwerpunktsetzung betrachtet werden“.[237]

4. Abkehr von der essential facilities Doktrin im Fall Trinko?

Die Gültigkeit der essential facilities Doktrin ist in einer jüngeren Entscheidung des Supreme Court angezweifelt worden.[238] Die US-Rechtsprechung unterscheidet zwei Arten von Fallgestaltungen.[239] Die erste Fallgruppe kann als die Anwendung der allgemeinen essential facilities Doktrin bezeichnet werden.[240]

Davon zu unterscheiden ist das *Trinko*-Urteil,[241] in dem der Supreme Court einer schrankenlosen Anwendung der Missbrauchsvorschriften des Sherman Act

236 Siehe Stapper, (Fn. 125), S. 25.

237 Stapper, (Fn. 125), S. 33; Vgl. Ahern, Refusal to Deal After Aspen, in: 63 Antitrust Law Journal 1994, 153 (163).

238 Vgl. Conde Gallego, GRUR Int. 2006, 16 (19).

239 Drexl, Research handbook on intellectual property and competition law, Cheltenham (2008), S. 216f.

240 Siehe dazu im Einzelnen Drexl, (Fn. 239), S. 216, der als Beispiel *Kodak* nennt (Eastman Kodak v. Image Technical Servs., 504 U.S. 451 (1992)). Die Entscheidung wird in anderem Zusammenhang an späterer Stelle behandelt.

241 *Verizon Communications Inc. v. Law Offices of Curtis V. Trinko*, 540 U.S. 682 (2004).

auf die Inhaber von Monopolen Einhalt gebot und auf mögliche Gefahren für den Wettbewerb durch eine zu rigide Verhaltenskontrolle marktbeherrschender Unternehmen hinwies.[242] Auch in *Trinko* ging es um die Frage, ob ein Monopolist gegen das Kartellrecht verstößt, wenn er sich weigert, mit Konkurrenten in Geschäftsbeziehungen zu treten.

Telekommunikationsanbietern wurde der Zugang zum lokalen Telefonnetz durch den lokalen Monopolisten Verizon nur unzureichend gewährt. Daraufhin klagte der Kunde eines Konkurrenten – die Anwaltskanzlei Curtis V. Trinko – gegen Verizon auf Schadensersatz und Unterlassung mit der Behauptung, Verizon wolle so Wettbewerber vom Eintritt in den Markt abhalten.[243]

a) Wesentliche Kriterien der Beurteilung

Der Supreme Court wies die Klage ab.[244] Der Anwendungsbereich von Section 2 Sherman Act wurde vor allem im Hinblick auf zwei wesentliche Gesichtspunkte verkleinert. Marktstarke Unternehmen hätten das Recht, ihr Eigentum nach Belieben zu nutzen, weil es sie zu Investition und Innovation antreibt. Außerdem seien Gerichte grundsätzlich nicht dazu geeignet, über Vertragsbedingungen zu entscheiden.

Der Supreme Court wies im Zusammenhang mit dem ersten Argument auf die wettbewerbsfördernde Wirkung hin, die dem Traum vom Monopol innewohne:

> "The mere possession of monopoly power, and the concomitant charging of monopoly prices, is not only not unlawful; it is an element of the free market system. The opportunity to charge monopoly prices – at least for a short period – is what attracts business acumen in the first place; it induces risk taking that produces innovation and economic growth. To safeguard the incentive to innovate, the possession of mo-

242 Graf v. Merveldt, Anm. zu U.S. Supreme Court vom 13.1.2004 – (Verizon Communications Inc. v. Trinko) (GRUR Int. 2004, 674): GRUR Int. 2004, 678.

243 Der Fall wurde vor allem deshalb unter Heranziehung von Section 2 Sherman Act verhandelt, weil nur die Verletzung von Kartellrecht zu einem Ersatz von privaten Schäden und einem Unterlassungsanspruch führen konnte. Dagegen wird durch die Anwendung des Regulierungsgesetzes nur der Marktzugang für Mitbewerber ermöglicht (Drexl, IIC 2004, 788 (795).

244 Eine Minderheit hielt die Klage schon für unzulässig, da Trinko als Kunde eines Wettbewerbers durch das angeblich wettbewerbsbeschränkende Verhalten Verizons allenfalls mittelbar geschädigt worden sei. Ein eigener Schadensersatzanspruch der Kunden eines geschädigten Wettbewerbers berge die Gefahr doppelter Ersatzpflicht in sich und könne vor Gericht kaum zuverlässig ermittelt werden.

nopoly power will not be found unlawful unless it is accompanied by an element of anticompetitive conduct."[245]

Die Ansicht wurde von Justice Scalia vorgetragen – einem Repräsentanten der *Chicago School* im Supreme Court.[246] Danach besitze auch ein Monopolist einen Handlungsspielraum und könne diesen ausschöpfen, ohne zugleich automatisch seine beherrschende Stellung zu missbrauchen. Der Anreiz zu Innovation werde nach Ansicht des Supreme Court gemindert, wenn Wettbewerbern Zugang zu den Infrastruktureinrichtungen gewährt werde, auf die sich die marktbeherrschende oder monopolistische Stellung ihres Inhabers gründe.

b) Rückschritt hin zur Immunisierung subjektiver Rechte

Das Urteil stellt zu einseitig auf die Beziehung zwischen Marktmacht und Innovation ab und verweigert sich einem Blick auf die Seite der Wettbewerber. Außerdem geht der Supreme Court von der Annahme aus, Monopole würden Innovationen begünstigen. Grundsätzlich ist eine gewisse Marktstärke natürlich wünschenswert, damit Investitionen amortisiert und neue Innovationen geschaffen werden können, allerdings ist das Verhalten eines Monopolunternehmens in der Regel ineffizient. Daher ist es generell problematisch, wenn der Supreme Court Monopolpreise "*at least for a short period*" befürwortet. Wie könnte ein anderer Telefonanbieter auf dem Markt für Telefondienstleistungen mit Verizon in Wettbewerb treten, wenn Verizon nicht gehalten ist, sein Leitungsnetz zur Verfügung zu stellen. Die essential facilities Doktrin mit ihrer Voraussetzung - der Unmöglichkeit, ein solches Netz zu duplizieren - ist gerade dafür geschaffen um Wettbewerb und damit Innovation in monopolisierten Märkten durchzusetzen, letztendlich kommt dies dem Verbraucher zugute. Wie die Erfahrung gezeigt hat, war die Qualität im Telekommunikationssektor in allen Ländern, die über monopolistische Märkte verfügten, eher schlecht. Je besser das Monopol geschützt war, desto weniger konnten die Verbraucher erwarten.[247] Innovative Technologien und Produkte – auch der vormaligen Monopolisten – kamen erst nach einer Marktöffnung dem Verbraucher zugute. Die Theorie des Supreme Court, dass Monopole Innovationen fördern, ist daher nicht nachvollziehbar.

Im Ergebnis kehrt die Rechtsprechung im *Trinko*-Fall damit zurück zu einer kartellrechtlichen Immunisierung subjektiver Rechte.

In Europa wird die gegenteilige Auffassung vertreten. In einer Situation, in der ein Unternehmen über Marktmacht verfügt, wird es nicht den Druck des

245 *Verizon Communications Inc. v. Law Offices of Curtis V. Trinko*, 540 U.S. 682 (2004).
246 Drexl, IIC 2004, 788 (795).
247 Drexl, IIC 2004, 788 (797).

Wettbewerbs zu Innovationen verspüren.[248] Ein Unternehmen wird versucht sein, Markteintrittsschranken für potentielle Wettbewerber zu errichten, und sodann keinen wettbewerblichen Anreiz mehr haben, innovative Produkte auf den Markt bringen.[249] Dem gilt es mit den Instrumenten des Kartellrechts entgegenzuwirken.

Der Supreme Court merkt im *Trinko*-Urteil im Übrigen an, dass das in *Aspen Skiing* festgestellte wettbewerbswidrige Verhalten die äußerste Grenze dessen darstelle, was auf der Grundlage von Section 2 Sherman Act an Eingriffen in die Vertragsfreiheit möglich sei.

Danach könne ein Missbrauch nur begangen werden, wenn der Marktbeherrscher Lieferungen bzw. Geschäftsbeziehungen mit einem Wettbewerber abbreche, mit dem er zuvor schon in geschäftlichem Kontakt stand. Da aber Verizon nicht in vertraglichen Beziehungen mit seinen Konkurrenten stand, konnte eine solche wettbewerbsschädliche Absicht auch nicht angenommen werden.[250]

In Europa genügt es dagegen nach ständiger Rechtsprechung, wenn ein potentieller oder auch nur hypothetischer Markt bestimmt werden kann. Nach der *IMS-Health*-Rechtsprechung ist dies der Fall, sobald die Erzeugnisse oder Dienstleistungen für eine bestimmte Tätigkeit unerlässlich sind und nach ihnen eine tatsächliche Nachfrage seitens der Unternehmen besteht, für deren Tätigkeit sie unerlässlich sind.[251] Eine vorherige Geschäftsbeziehung muss nicht bestanden haben. Der Fall kann daher nicht unbesehen auf das europäische Recht übertragen werden.

Ferner weist der Supreme Court im *Trinko*-Urteil ausdrücklich darauf hin, dass die essential facilities Doktrin nur von einigen Instanzgerichten angewendet werden würde. Diese Aussage ist allerdings vor dem Hintergrund zu sehen, dass der *Telecommunications Act* eine ausdrückliche Regelung des Netzzugangs enthält. Angesichts des bestehenden Regulierungsrahmens sei der verbleibende Anwendungsbereich des Missbrauchsrechts auf dem Telekommunikationsmarkt und anderen regulierten Märkten nach Ansicht des Supreme Court darüber hinaus gering, da Wettbewerbsbeschränkungen in aller Regel in zufrieden stellendem Maße durch regulatorische Maßnahmen begegnet werden könnten.

---

248 So ausdrücklich Kommission, Bekanntmachung vom 27.4.2004, Leitlinien zur Anwendung von Art. 81 EG-Vertrag auf Technologietransfer-Vereinbarungen, ABl. 2004, C 101/2.

249 Drexl, IIC 2004, 788 (796), m.w.N.

250 Drexl, IIC 2004, 788 (795).

251 EuGH Urteil vom 29.4.2004, Rs. C-418/01, Slg. 2004, I-5039, (I-5084), Rn. 44 – IMS-Health.

Die *Trinko*-Entscheidung ist im Ergebnis sehr rückwärtsgewandt und stellt einen späten Erfolg der *Chicago School* dar,[252] obwohl auch in den USA die Entwicklung weiter zu *Post Chicago* geschritten ist.[253] Das Urteil als „Aus" für die essential facilities Doktrin zu bezeichnen, wäre aber wohl verfrüht, auch wenn die Kritik an einer Öffnung der Märkte in diesem Urteil deutlich wird.

III. Monopoly leveraging

Eine andere Theorie zur Verhinderung von Monopolausdehungen als die essential facilities Doktrin ist die sog. *monopoly leveraging* Theorie. Ein Monopolist nutzt dabei seine Marktmacht, um ein zweites Monopol auf einem anderen Martk zu erlangen.[254] Aber anders als im Fall der essential facilities Doktrin wird beim *monopoly leveraging* nicht das beschränkende Element des Engpasses berücksichtigt. Dadurch unterscheiden sich beide Konzepte klar von einander, auch wenn im Zusammenhang mit der essential facilities Doktrin ebenfalls vom *leveraging* (Hebelmissbrauch) die Rede ist, so ist damit dennoch eine andere Fallkonstellation verbunden. Der Engpass als Voraussetzung für die Missbräuchlichkeit der Hebelwirkung verlangt, dass ein Zutritt zu dem benachbarten Markt nur über diesen einen besonderen Inputmarkt der wesentlichen Einrichtung bedient werden kann.

Wird auf dieses Kriterium verzichtet, führt das dazu, dass der Zutritt auf den benachbarten Markt auch über andere Inputmärkte erreichbar ist. Damit entfällt das wesentliche Kriterium der essential facilities Doktrin.

Soviel sei vorweg gesagt, das *monopoly leveraging* ist eine der umstrittensten Theorien im Kartellrecht, sowohl in der US-Rechtsprechung[255] als auch in der Literatur.[256]

Ein Monopolist nutzt also seine Marktmacht auf einem Markt, um sein Monopol auf einen anderen Markt auszudehnen. Als *stand alone theory*, also für sich genommen, scheint dies allerdings keinen wirtschaftlichen Sinn zu machen,

---

252 Vgl. Drexl, IIC 2004, 788 (797).

253 Als Beispiel dafür wird vor allem der Fall *Kodak* (*Eastman Kodak Co. v. Image Technical Services, Inc.*, 504 U.S. 451, (1992)) herangezogen, auf den unten ausführlich eingegangen wird.

254 Siehe Heinemann, (Fn. 78), S. 102; Hierzu auch Kaplow, Extension of Monopoly Power Through Leveraging, 85 Columbia Law Review 1985, 515 ff.; Sullivan, Section 2 of the Sherman Act and Vertical Strategies by Dominant Firms, 21 Southwestern University Law Review 1992, 1227.

255 Siehe dazu sogleich den Fall: *Schor v. Abbott Labs.*, 457 F.3d 608 (7th Cir.2006).

256 IP and Antitrust An Analysis of Antitrust Principles Applied to Intellectual Property Law-(*Hovenkamp*), (Losebls. 2004) Part B, Chapter 10.3b4.

da es für gewöhnlich nicht möglich ist, zwei Monopole für den Preis von einem zu erlangen.[257] Meist haben *monopoly leveraging* Fälle einen Bezug zu verbotenen Kopplungen, die ein wettbewerbswidriges Verhalten begründen. Die Monopolausdehnung im Sinne der *monopoly leveraging* Theorie kann daher auch nicht als selbstständiger kartellrechtlicher Verbotstatbestand verstanden werden.

1. Die *monopoly leveraging* Theorie – Verhalten ohne Missbrauch

Das *Griffith*-Urteil[258] gilt als Ausgangspunkt für die *monopoly leveraging* Theorie.[259] Dem Fall lag zugrunde, dass vier Tochtergesellschaften Kinos in mehreren Städten der USA betrieben. In einigen Städten hatten die Beklagten sogar Monopolstellungen auf dem Kinomarkt, in anderen Städten herrschte dagegen Wettbewerb. Sie nutzten ihre Marktmacht, um Sonderkonditionen bei Filmverleihern durchzusetzen, die Mitbewerber auf den verbliebenen Märkten nicht erhielten. Ansonsten drohten sie, ihre Kinos in monopolisierten Städten für die Filmverleiher zu sperren.

Das verbotene Verhalten bestand darin, dass ein Unternehmen, das auf mehreren Märkten vertreten war, aber nur in einigen Märkten eine Monopolstellung hatte, diese ausnutzte, um weitere Märkte zu monopolisieren.

Der Supreme Court hielt im *Griffith*-Urteil Monopolmacht, gleichgültig ob gesetzmäßig oder gesetzwidrig erworben, für ein Übel an sich und nach Section 2 verboten, selbst wenn sie nicht ausgeübt werde. Daraus folgerte das Gericht, dass die Nutzung von Monopolmacht schon wettbewerbswidrig sei, wenn dies zum Ausschluss von Wettbewerb, zu Wettbewerbsvorteilen oder zum Ausschluss eines Wettbewerbers führe:

> "...monopoly power, whether lawfully or unlawfully acquired, may itself constitute an evil and stand condemned under § 2 even though it remains unexercised (...) The use of monopoly power, however lawfully acquired, to foreclose competition, to gain a competitive advantage, or to destroy a competitor is unlawful."[260]

Das Griffith-Urteil bildete damit die Grundlage für eine erweiterte Auslegung des Verstoßes gegen das Verbot der Monopolisierung i.S.d. Section 2 Sherman Act. Diese Entscheidung formulierte Regeln, die beherrschende Unternehmen bis heute als lästig empfinden und die einem Verbot einer verschuldensunab-

---

257 IP and Antitrust An Analysis of Antitrust Principles Applied to Intellectual Property Law-(*Hovenkamp*), (Losebls. 2004) Part B, Chapter 10.3b4.

258 *United States v. Griffith*, 334 U.S. 100 (1948).

259 Vgl. Heinemann, (Fn. 78) S. 102.

260 *United States v. Griffith*, 334 U.S. 100 (107), (1948).

hängigen Kartellrechtshaftung für Inhaber von Monopolmacht nahe kommen.[261] Hoverkamp stellt dazu fest, dass die Bedeutung des *Griffith*-Urteil nie klare Konturen erlangt habe.[262]

Ob das Verhalten der Kinobetreiber überhaupt wettbewerbswidrig war, bleibt fraglich. Dass Konkurrenten im Wettbewerb unterliegen können, führt für sich genommen jedenfalls nicht zu einem Kartellverstoß. Erfolgreicher Wettbewerb bedeutet auch Ausschluss. Eine bessere Mausefalle zu bauen, effektiver zu reagieren als die Konkurrenz, eine höhere Qualität oder besseren Service anzubieten – all diese Vorstöße im Wettbewerb führen gleichzeitig zu Nachteilen bei der Konkurrenz. Dies gehört notwendigerweise zum wünschenswerten Marktverhalten.[263] „Unfaire" Vorteile auf den Märkten, in denen die Kinos noch in Wettbewerb standen, mögen zwar zu Verlusten bei der Konkurrenz führen, sind aber im Prinzip nur Vorteile aus einer effektiveren Verhandlung mit den Filmverleihern, diese waren schließlich frei in ihrer Entscheidung, solche Konditionen zu gewähren. Allein der Umstand, dass effektivere Konditionen von einem Monopolisten erzielt werden, führte im *Griffith*-Fall zu einem Verstoß gegen Section 2 Sherman Act, obwohl es sich doch eher um eine Verhaltensweise gehandelt hat, die als freie Entscheidung der Geschäftspolitik angesehen werden kann.

Auch wenn die Wettbewerbssituation verschärft wurde, so lag es letztendlich an den Filmverleihern, welche Konditionen sie gewähren. Zu berücksichtigen ist auch, dass der Markt der Filmverleiher ebenfalls dem Wettbewerb unterlag.

2. Ablehnung der *monopoly leveraging* Theorie in der Rechtsprechung

Auch die jüngere Rechtsprechung lehnt die *monopoly leveraging* Theorie ab, wie der Fall *Schor*[264] aus dem Jahr 2006 zeigte. Danach stellt die Benutzung von Monopolmacht in einem Markt zur Erlangung eines Vorteils in einem anderen benachbarten Markt für sich genommen keinen Verstoß gegen Section 2 Sherman Act dar.

Im *Schor*-Urteil stellte das Unternehmen Abbott das patentierte Aids-Medikament Norvir her und wurde beschuldigt, diese Monopolmacht auf einen zweiten Markt, nämlich den Markt für andere mit dem patentierten Aids-Medikament kombinierbare Aids-Medikamente, auszudehnen.

261 Timberg, Urheberrecht und Kartellrecht, in: GRUR 1980, 463 (465).

262 Hovenkamp, Federal Antitrust Policy, S. 283 ff.

263 Areeda/Turner, Antitrust Law - An Analysis of Antitrust Principles and Their Application, Vol. III, § 608, 21.

264 *Schor v. Abbott Labs.,* 457 F.3d 608 (7th Cir.2006).

Wurde Norvir zur Behandlung von Aids allein eingesetzt, musste es hoch dosiert werden und verursachte starke Nebenwirkungen. Um eine effektivere Wirkung zu erzielen, konnte Norvir mit anderen Aids-Medikamenten kombiniert werden. Unter anderem stellte Abbott auch ein solches kombinierbares Medikament unter dem Namen Kaletra her.

Der Vorwurf bestand darin, dass Abott für das patentierte Norvir einen unangemessen hohen Preis verlange, während das im Wettbewerb stehende Kaletra für einen sehr geringen Preis verkauft werde. Auf diese Weise sollten Wettbewerber vom Markt für kombinierbare Medikamente verdrängt werden, um danach den Preis für Kaletra erhöhen zu können.

Eine wettbewerbswidrige Kopplung lag aber nicht vor, weil Abbott beide Medikamente getrennt anbot. Kaletra wurde auch nicht unter Herstellerkosten angeboten, Konkurrenten waren in der Lage, kombinierbare Aids-Medikamente mit Gewinn zu verkaufen.

Das Gericht musste sich daher mit der Frage auseinandersetzen, ob das Verhalten aufgrund der *monopoly leveraging* Theorie verboten war.

Zweifelhaft ist schon, ob das patentierte Norvir überhaupt ein Monopol begründete. Selbst wenn man dies annehmen würde, verstoße eine solche Preispolitik – so der Seventh Circuit – nicht gegen das Kartellrecht, weil die Preispolitik nicht zur Erhöhung des Monopolgewinnes geeignet sei:

> "A monopolist can take its monopoly profit just once; an effort to do more makes it worse off and is self-deterring."[265]

Der Monopolprofit kann also auch nicht durch eine Monopolausdehnung erhöht werden. Denn der Verbraucher interessiert sich nur für den „Paketpreis“, also den Preis, den er für die Kombination beider Produkte bezahlen muss:

Angenommen Norvir hatte einen Wettbewerbspreis von $2 pro 100mg und einen Monopolpreis von $7, weiter betrug der Preis von Konkurrenz-Medikamenten $3 pro 400mg. Ohne Norvir müsste der Patient 3.600mg des Konkurrenz-Medikamentes zum Preis von $27 nehmen. Nahm er 200mg Norvir mit 1600mg des Konkurrenz-Medikamentes, senkten sich die Kosten auf $26, dies sogar mit dem Monopolpreis von Norvir. Würde Abbott seine kombinieren Medikamente für $24 anbieten, wären Konkurrenz-Medikamente vom Markt verdrängt. Würde dann der Preis auf $28 erhöht, käme das Konkurrenz-Medikament zurück auf den Markt.[266]

---

265 *Schor v. Abbott Labs.,* 457 F.3d 608 (7th Cir.2006).

266 IP and Antitrust, An Analysis of Antitrust Principles Applied to Intellectual Property Law-(*Hovenkamp*), (Losebls. 2007) Part B, Chapter 21.5.

Besitzt ein Unternehmen also eine Monopolstellung bezüglich einer Komponente eines Produkts, kann es den ganzen Monopolgewinn durch einen angemessenen Preis für die Komponente erzielen. Wenn der Monopolist auch die Kontrolle über andere Komponenten erlangt und versucht dafür diesen Preis zu erhöhen, ist der Effekt derselbe, als hätte das Unternehmen gleich einen extensiven Monopolpreis für die erste Komponente verlangt.[267] Denn die Abnehmer sind nur bereit, einen bestimmten Preis für ein Produkt zu bezahlen, ab einer bestimmten Schwelle sind auch für Monopolisten selbst in Ermangelung von Substituten weitere Preiserhöhungen unprofitabel.

Außerdem bemerkte das Gericht, dass es im Interesse des Monopolisten an einer Profitmaximierung sei, den Wettbewerb auf dem Markt für kombinierbare Medikamente zu fördern, um durch sinkende Preise höhere Gewinne durch das eigene Monopolprodukt zu erzielen, da der Verbraucher nur auf den *Paketpreis*, also den Preis für alle notwendigen Produkte zusammen schaue. So ist es besispielsweise Microsofts Strategie, den Wettbewerb zwischen Hardwareherstellern zu fördern. Denn Wettbewerb vergünstigt Hardware und fördert so auch den Verkauf von Software und umso größer sind die Gewinne von Microsoft.

Die *Schor*-Entscheidung lehnt im Ergebnis die *monopoly leveraging* Theorie als alleinige Voraussetzung für einen Verstoß gegen Section 2 Sherman Act ab. Es reicht also nicht aus, einen zweiten benachbarten Markt zu monopolisieren. Nötig ist immer ein zusätzliches Element, um zu einem Verstoß gegen Section 2 Sherman Act zu gelangen.

C. Europäisches Kartellrecht

I. Grundzüge im Zusammenhang mit Art. 102 AEUV

1. Wettbewerb und Missbrauchsverbot

Artikel 102 AEUV untersagt die missbräuchliche Ausnutzung einer marktbeherrschenden Stellung. Die Innehabung einer marktbeherrschenden Stellung an sich ist dagegen erlaubt. Art. 102 AEUV betrifft das Verhalten eines oder mehrerer Wirtschaftsteilnehmer,[268] das in der missbräuchlichen Ausnutzung einer

267 IP and Antitrust, An Analysis of Antitrust Principles Applied to Intellectual Property Law-(*Hovenkamp*), (Losebls. 2007) Part B, Chapter 21.5.

268 Kommission, Mitteilung vom 9.2.2009 – Rs. (2009/C 45/02) - Erläuterungen zu den Prioritäten der Kommission bei der Anwendung von Artikel 82 des EG-Vertrags auf Fälle von Behinderungsmissbrauch durch marktbeherrschende Unternehmen, ABl. EG 2009, C 45/7, Rn. 4.

wirtschaftlichen Machtstellung besteht, die es dem betreffenden Wirtschaftsteilnehmer erlaubt, die Aufrechterhaltung eines wirksamen Wettbewerbs auf dem relevanten Markt zu verhindern, indem die beherrschende Stellung dem Unternehmen die Möglichkeit verschafft, sich seinen Konkurrenten, seinen Abnehmern und letztlich den Verbrauchern gegenüber in nennenswertem Umfang unabhängig zu verhalten.[269] Das Vorliegen einer beherrschenden Stellung bedeutet zwar für sich genommen keinen Vorwurf gegenüber dem betreffenden Unternehmen, gleichwohl trägt es unabhängig von den Ursachen für eine solche Stellung eine besondere Verantwortung dafür, dass es durch sein Verhalten einen wirksamen und unverfälschten Wettbewerb im gemeinsamen Markt nicht beeinträchtigt.[270]

a) Wettbewerb als Entdeckungsverfahren

Der Wettbewerb bietet einen höchst wirkungsvollen Ansporn zur Höchstleistung. Er bietet einen Anreiz, mehr als der jeweilige Zweitbeste zu leisten, aber wenn der Zweitbeste weit zurückliegt, kann der Bereich, innerhalb dessen der Beste frei ist zu entscheiden, wie viel er sich abverlangt, sehr weit sein. Nur wenn ihm der Nächstbeste auf den Fersen ist und er selbst nicht weiß, um wie viel besser er wirklich ist, findet er es nötig, sich das Äußerste abzuverlangen. Wenn jeder Wettbewerber darauf bedacht ist, einen möglichst guten Platz zu erreichen, bleibt jeder erwartungsvoll und schaut über seine Schulter zurück, um zu sehen, ob ihn der zweitbeste einholt. Wettbewerb ist also zuerst und vor allem ein Entdeckungsverfahren.[271]

b) Normzweck

Das Regelungsziel von Art. 102 AEUV ist es, in Märkten, in denen kein funktionierender Wettbewerb mehr besteht, ein Unternehmen an der missbräuchlichen Ausnutzung seiner Marktmacht zu hindern, indem missbräuchliche Verhaltensweisen verboten werden.

---

269 EuGH vom 14.2.1987 – Rs. 27/76, Slg. 1978, 207, Rn. 63/66 – *United Brands/Kommission*; EuGH vom 13.2.1979 – Rs 85/76, Slg 1979, 461, Rn. 38 – *Hoffmann – LaRoche/Kommission.*

270 EuG vom 17.09.2007 – Rs. T-201/04, Slg. 2007, II-3601, Rn. 94 f. – Microsoft; Vgl. auch Kommission, Mitteilung vom 9.2.2009 – Rs. (2009/C 45/02) - Erläuterungen zu den Prioritäten der Kommission bei der Anwendung von Artikel 82 des EG-Vertrags auf Fälle von Behinderungsmissbrauch durch marktbeherrschende Unternehmen, ABl. EG 2009, C 45/7, Rn. 1.

271 von Hayek, (Fn. 89), S. 100.

Im Missbrauchsfall wird ein Eingriff in den Markt vorgenommen, der durch die fehlende natürliche Konkurrenz unumgänglich ist, um auch in einem beherrschten Markt einen funktionierenden Wettbewerb zu gewährleisten. Ohne den Konkurrenzdruck des Wettbewerbs könnte sich der Marktbeherrscher andernfalls in weitem Maße unabhängig von Verbrauchern und Wettbewerbern zu deren Nachteil verhalten. Die Folge wäre, dass Innovationen, die auf den Wettebewerbsdruck zurückzuführen sind, ausblieben und sich das Monopolunternehmen letztendlich auf Kosten der Verbraucher und der Gesellschaft mit niedrigen Innovationsraten begnügte, und dies zu Monopolpreisen, denn die Gewinne wären dem Unternehmen auf Grund seiner marktbeherrschenden Stellung und der fehlenden Ausweichmöglichkeit der Verbraucher sicher.

Die Erlangung einer Monopolstellung durch wettbewerblich überlegene Leistung ist von Art. 102 AEUV generell nicht verboten. Nach Auffassung des Gerichtshofs liegt ein missbräuchliches Verhalten dann vor, „wenn ein Unternehmen in beherrschender Stellung diese dergestalt verstärkt, dass der erreichte Beherrschungsgrad den Wettbewerb wesentlich behindert, dass also nur noch Unternehmen auf dem Markt bleiben, die in ihrem Marktverhalten von dem beherrschenden Unternehmen abhängen.“[272]

Generell lässt sich aber sagen, dass nicht die beherrschende Stellung, sondern erst deren Missbrauch vom Verbot des Art. 102 AEUV erfasst wird. Da aber Ziel der europäischen Wirtschaftspolitik vor allem das Wachstum ist, ist auch das leistungsgerechte, interne Wachstum bis hin zu einem Monopol erlaubt. Externes Unternehmenswachstum, etwa durch Unternehmenszukäufe, wird dagegen anhand der Fusionskontrolle beurteilt. Durch das Wettbewerbsrecht und insbesondere Art. 102 AEUV soll gerade der Wettbewerbsprozess geschützt werden. Dafür muss sichergestellt werden, dass Unternehmen in marktbeherrschender Stellung ihre Wettbewerber nicht durch andere Mittel als die Wettbewerbsfähigkeit ihrer Produkte bzw. Dienstleistungen vom Markt ausschließen. Dabei geht es in erster Linie darum, den Wettbewerbsprozess und nicht die Wettbewerber zu schützen. Dies kann durchaus bedeuten, dass Wettbewerber, die den Verbrauchern in Bezug auf Preis, Auswahl, Qualität und Innovation weniger zu bieten haben, aus dem Markt ausscheiden.[273]

---

272 EuGH vom 21.02.1973 – Rs. 6/72, Slg. 1973, I-215 (I-246), Rn. 26 – Europemballage und Continental Can/Kommission (*Continental Can*).

273 Kommission, Mitteilung vom 9.2.2009 – Rs. (2009/C 45/02) - Erläuterungen zu den Prioritäten der Kommission bei der Anwendung von Artikel 82 des EG-Vertrags auf Fälle von Behinderungsmissbrauch durch marktbeherrschende Unternehmen, ABl. EG 2009, C 45/7, Rn. 6.

2. Missbräuchliches Verhalten im Allgemeinen

Nicht die marktbeherrschende Stellung, sondern deren missbräuchliche Ausnutzung wird durch Art. 102 AEUV verboten. Der Vertrag enthält keine Definition des Missbrauchbegriffs. Art. 102 S. 2 AEUV nennt lediglich einige Beispiele missbräuchlichen Verhaltens, enthält jedoch keine allgemeine Umschreibung des Missbrauchs.[274] Die dort aufgezählten Tatbestände betreffen allein Benachteiligungen von Handelspartnern und Verbrauchern, während die Behinderung der Aktionsmöglichkeiten von Konkurrenten –längst als eigene Missbrauchskategorie anerkannt – keine Erwähnung findet.[275] Aber auch der Wettbewerb an sich fällt in den Schutzbereich des Art. 102 AEUV.

Mittelbar ist der Schutz von Verbrauchern und Handelspartnern nämlich am besten durch wirksamen Wettbewerb zu gewährleisten.

Bei der Auslegung von Art. 102 AEUV kommt insbesondere dem Gebot zur Herstellung eines Systems unverfälschten Wettbewerbs gem. Art. 3 Abs. 1 AEUV i.V.m. Protokoll Nr. 27 über den Binnenmarkt und den Wettbewerb besondere Bedeutung zu. Das Missbrauchsverbot stellt höhere Anforderungen an marktbeherrschende Unternehmen als an andere Unternehmen. „Eine bereits bestehende Schwächung des Wettbewerbs soll nicht zu weiteren Einschränkungen des Wettbewerbs ausgenutzt werden können. Im Idealfall soll das Missbrauchsverbot sogar zu einer Verstärkung des Wettbewerbs führen."[276] Ganz allgemein liegt ein missbräuchliches Verhalten nach *Hoffmann-La Roche* in

> „Verhaltensweisen eines Unternehmens in beherrschender Stellung, die die Struktur eines Marktes beeinflussen können, auf dem der Wettbewerb gerade wegen der Anwesenheit des fraglichen Unternehmens bereits geschwächt ist, und die die Aufrechterhaltung des auf dem Markt noch bestehenden Wettbewerbs oder dessen Entwicklung durch die Verwendung von Mitteln behindern, welche von den Mitteln eines normalen Produkt- oder Dienstleistungswettbewerbs auf der Grundlage der Leistungen der Marktbürger abweichen."[277]

---

274 Vgl. EuGH vom 21.02.1973 – Rs. 6/72, Slg. 1973, I-215 (I-246), Rn. 26 – Europemballage und Continental Can/Kommission.

275 Grabitz/Hilf-(Jung), Das Recht der Europäischen Union – Kommentar (Losebl. 1999), Art. 82 EGV, Rn. 103 (37. EL November 2008); Langen/Bunte-(Dirksen), Kommentar zum deutschen und europäischen Kartellrecht, Band II - Europäisches Kartellrecht[10] (2006), Art 82 EG, Rn. 72.

276 Heinemann, (Fn. 78), S. 446.

277 EuGH vom 13.2.1979 – Rs. 85/76, Slg. 1979, I-461 (I-541), Rn. 91 – Hoffmann-La Roche/Kommission.

Danach ist also die Beeinträchtigung des Wettbewerbs in seiner Marktsteuerungsfunktion durch den Einsatz leistungsfremder Mittel nach Art. 102 AEUV verboten.[278] Die zentrale Bedeutung des Leistungswettbewerbs als Koordinations- und Steuerungsmechanismus des gemeinsamen Markts ergibt sich aus Art. 3 Abs. 1 AEUV i.V.m. Protokoll Nr. 27 über den Binnenmarkt und den Wettbewerb.

Verboten, weil missbräuchlich, ist daher jede Beeinträchtigung der Wettbewerbsstruktur auf einem Markt, in dem Wettbewerb seine Steuerungsfunktion wegen der Existenz eines beherrschenden Unternehmens ohnehin nur eingeschränkt entfalten kann, sofern dazu systemwidrige, d.h. leistungsfremde Methoden eingesetzt werden.[279] Der Markt, auf dem die beherrschende Stellung besteht, wird nun häufig auch der Markt sein, auf dem der Missbrauch begangen wird, dies ist aber keineswegs zwingend, da der Missbrauch aufgrund der Marktmacht sich auch auf andere Märkte erstrecken kann.[280]

3. Zusammenhang von Marktbeherrschung und Missbrauch

Nur die Marktbeherrschung und der Missbrauch gemeinsam sind verboten. Kann aber ein Missbrauch nur auf dem beherrschten Markt stattfinden oder kann sich eine missbräuchliche Handlung auch auf andere Märkte auswirken? Fraglich ist also, in welchem Zusammenhang die Kriterien der Marktbeherrschung und des Missbrauchs stehen.

a) Kausaler Zusammenhang

Die frühere herrschende Meinung in der Literatur[281] setzte einen kausalen Zusammenhang zwischen Marktbeherrschung und Missbrauch voraus.[282] In Normalfällen spielt dieser Streit ohnehin keine Rolle, anders verhält es sich, wenn beherrschter Markt und Missbrauch auseinander fallen. Nach der allgemeine Missbrauchsdefinition des EuGH scheint zwischen Marktbeherrschung und Missbrauch ein Zusammenhang erforderlich zu sein.[283] Dann würden aber

278 Vgl. Grabitz/Hilf-(Jung), (Fn. 275), Art. 82 EGV Rn. 104 (37. EL November 2008).

279 Grabitz/Hilf-(Jung), (Fn. 275), Art. 82 EGV Rn. 105 (37. EL November 2008).; Langen/Bunte-(Dirksen), (Fn. 275), Art. 82 EG, Rn. 82.

280 Dazu sogleich ausführlich.

281 Vgl. etwa Deringer, Das Wettbewerbsrecht der Europäischen Wirtschaftsgemeinschaft (1962), Art. 86, Rn. 130.

282 Grabitz/Hilf-(Jung), (Fn. 275), Art. 82 EGV, Rn. 117 (37. EL November 2008); Langen/Bunte-(Dirksen), (Fn. 275), Art. 82 EG, Rn. 85.

283 Siehe oben, Definition in EuGH vom 13.2.1979 – Rs. 85/76, Slg. 1979, I-461 (I-541), Rn. 91 – *Hoffmann-La Roche*.

Handlungen vom Missbrauchsverbot nicht erfasst, die sich lediglich auf Drittmärkte auswirken.[284] Eine solche Betrachtungsweise greift nach einhelliger Meinung zu kurz.

b) Missbrauch trotz fehlenden Zusammenhangs

Die Missbrauchsdefinition, die dem Fall *Hoffmann-La Roche* zugrunde lag, wurde allerdings für den Normalfall entwickelt, in dem der Missbrauch auf dem beherrschten Markt stattfand.

Findet nun ein Missbrauch eines Marktbeherrschers auf nicht beherrschten Drittmärkten statt, muss nach dem Telos des Missbrauchsverbots abgestellt werden.[285] Dieser besteht darin, dass bei ungenügender oder gar fehlender Konkurrenz durch Mitbewerber dem Marktbeherrscher wettbewerbschädliche Verhaltensweisen vom Missbrauchsverbot untersagt werden.[286] Denn der Wettbewerb kann nicht nur dann beeinträchtigt werden, wenn Marktmacht auf dem beherrschten Markt ausgeübt wird, sondern auch, wenn durch die Marktmacht der Wettbewerb auf einem anderen Markt beeinträchtigt wird.[287] Auch nach Auffassung der Kommission[288] und des EuGH[289] könne ein Missbrauch i.S.v. Art. 102 AEUV durch Auswirkungen auf einen nicht beherrschten Markt begründet werden. Einschränkende Voraussetzung sei, dass zwischen beiden Märkten eine „enge Verbindung" bestünde.[290] Die dadurch eröffnete Unabhängigkeit des Verhaltens sei ausreichend, um die in Art. 102 AEUV angeordnete besondere Verantwortung auszulösen.

Art. 102 AEUV verlangt im Ergebnis also keinen Kausalzusammenhang zwischen marktbeherrschender Stellung und Missbrauch.[291] Daher kann sich der

---

284 Vgl. Heinemann, (Fn. 78), S. 448.

285 Vgl. Heinemann, (Fn. 78), S. 449.

286 Welche Folgen sich auf den Drittmarkt ergeben müssen, wird unter Punkt c) erörtert.

287 Siehe Heinemann, (Fn. 78), S. 449; So auch Immenga/Mestmäcker-(Möschel), (Fn. 226), Art. 82 EG, Rn. 101 ff.

288 Kommission vom 24. 7. 1991, ABl. 1992, Nr. L 72, 1 (21 f.), Rn. 104 – *Tetra Pak II.*

289 EuGH vom 14.11.1996, Slg. 1996, I-5951, Rn. 25 ff. – *Tetra Pak II.*

290 EuG vom 6.10.1994 – Rs. T-83/91, Slg. 1994, II-755 (II-816 f.), Rn. 122 – *Tetrapak II;* Gegen eine solche Einschränkung wendet sich Möschel, da z.B. durch Kopplungen völlig unterschiedliche Märkte betroffen sein könnten. Daher sollte es ausreichen, dass der Marktbeherrscher seine Stellung ausnutzt, um den Wettbewerb auf irgendeinem Markt zu verfälschen (Immenga/Mestmäcker-(Möschel), (Fn. 226), Art. 82 EGV, Rn. 103).

291 Heute h.M., siehe Grabitz/Hilf-(Jung), (Fn. 275), Art. 82 EGV, Rn. 117 (37. EL November 2008), m.w.N.

Missbrauch auch auf einen nicht beherrschten Markt auswirken, wenn die beherrschende Stellung des Unternehmens diesen Missbrauch ermöglicht.

c) Strukturmissbrauch und Auswirkungen auf den Drittmarkt

Die Feststellung, dass tatbestandsmäßige Missbräuche nicht notwendigerweise an beherrschte Märkte gebunden sind, ist unabdingbar für die Erfassung von Strukturmissbräuchen im Rahmen von Art. 102 AEUV. Strukturmissbräuche im Sinne der essential facilities Doktrin setzen geradezu voraus, dass ein anderer als der beherrschte Markt geschwächt wird.

Die Anerkennung einer eigenen Fallgruppe des Strukturmissbrauchs neben den anerkannten Formen des Ausbeutungs- und Behinderungsmissbrauchs unterstreicht also das Ergebnis der Entbehrlichkeit einer Kongruenz von Marktbeherrschung und Missbrauch. Beim Strukturmissbrauch ist es zwar denkbar, dass der Missbrauch auch in einer Verschlechterung der Struktur des beherrschten Marktes liegt, in der Regel, insbesondere in den Fällen der essential facilities Doktrin, aber auch in allen anderen Fällen der Marktmachtausdehnung, verhält es sich aber so, dass der Missbrauch in der Schwächung eines Drittmarktes liegt.

Im Gegensatz zu den Fallgruppen des Behinderungs- und Ausbeutungsmissbrauchs zeichnet sich der Strukturmissbrauch dadurch aus, dass allein die Veränderung der Marktstruktur unter den Missbrauchsbegriff des Art. 102 AEUV gefasst wird, ohne dass es zu weiteren konkreten Missbrauchshandlungen kommen muss. Das Verbot des Strukturmissbrauchs soll verhindern, dass die beherrschende Stellung auf einem Ausgangsmarkt dazu eingesetzt wird, sich Verhaltensspielräume auf einem Drittmarkt zu verschaffen. Welche Auswirkung der Missbrauch auf den abgeleiteten Markt haben muss, ist zu erörtern. Eine ganz allgemeine Schwächung des Drittmarktes wird wohl nicht ausreichen, dagegen ist eine Monopolisierung des Drittmarktes aber wohl zu weitgehend.[292] Von Art. 102 AEUV wird die beherrschende Stellung als Auslöser für das Missbrauchsverbot herangezogen.[293] Daher setzt ein Marktstrukturmissbrauch „voraus, dass die beherrschende Stellung auf dem Ausgangsmarkt dazu missbraucht wird, sich auf einem anderen Markt ebenfalls eine beherrschende Stellung zu

292 In *Télémarketing* forderte der EuGH allerdings, dass jeglicher Wettbewerb auf dem Drittmarkt ausgeschlossen wird (EuGH vom 3.10.1985 – Rs. 311/84, Slg. 1985, II-3261 – *Télémarketing)*.

293 Vgl. GA Walter van Gerven, Schlussanträge in der Verb. Rs. C-48/90 und C-66/90 vom 16.10.1991, Slg. 1992, I-565, Rn. 43, 47 – Niederländische Eil-Kurierdienste; Der GA führt aus, dass die niederländische Post, die auch auf dem Markt für Eil-Kurierdienste tätig ist, auf diesem zweiten Markt keine beherrschende Stellung erlangt, so dass ein Missbrauch nicht vorliegt.

verschaffen.“[294] Zu einer Monopolisierung des Drittmarktes muss es nicht notwendigerweise kommen. So war es im Fall *Microsoft*[295] dem Unternehmen Sun zwar noch möglich, in einer Marktnische zu überleben, ein wirksamer Wettbewerb war auf dem betreffenden Markt aber nicht mehr vorhanden. Dennoch wird oft – vor allem in den meisten Konstellationen der essential facilities Doktrin – eine Monopolisierung des abgeleiteten Marktes erfolgen.

II. Begründung des Missbrauchs einer marktbeherrschenden Stellung durch die essential facilities Doktrin

An dieser Stelle wird ganz allgemein noch einmal auf die Merkmale und vor allem die Begründung für den Missbrauch durch die essential facilities Doktrin eingegangen, bevor im Teil 2 der Arbeit die Entstehungsgeschichte zunächst der Lieferverweigerung und sodann der europäischen essential facilities Doktrin im Hinblick auf die EuGH-Rechtsprechung beleuchtet wird.

1. Doktrin der wesentlichen Einrichtung in Europa

Das Problem des Zugangs eines Unternehmens zu Infrastruktureinrichtungen eines anderen Unternehmens wird auch in Europa unter dem aus dem US-Antitrustrecht stammendem Stichwort „essential facilities Doktrin“ diskutiert.

Im Rahmen der allgemeinen Ziele und Grundsätze des Vertrags und auf der Grundlage von Wortlaut, Sinn und Zweck des Art. 102 AEUV ist in Europa aber eine eigene Problemlösung zu entwickeln, wozu das US-Antitrustrecht allerdings Denkanstöße liefern kann.[296]

Eine unbesehene Übernahme des US-Antitrustrechts ins europäische Kartellrecht findet nicht statt, wie sich am Fall *Trinko*[297] des Supreme Court verdeutlicht.

Die essential facilities Doktrin in Europa gewinnt erst nach und nach an Form und Belastbarkeit. So hat sich etwa durch die EuGH Urteile *Commercial Solvents*[298] und *Télémarketing*[299] schon Mitte der siebziger Jahre in Europa eine

294 Heinemann, (Fn. 78), S. 451.

295 EuG vom 17.09.2007 – Rs. T-201/04, Slg. 2007, II-3601 – *Microsoft.*

296 Vgl. von der Groeben/Schwarze-(Schröter), Vertrag über die Europäische Union und Vertrag zur Gründung der Europäischen Gemeinschaft – Kommentar[6] Band 2 (2003), Art. 82 EG, Rn. 262, m.w.N.

297 *Verizon Communications Inc. v. Law Offices of Curtis V. Trinko*, 540 U.S. 682 (2004).

298 EuGH vom 22.2.1974 – Verb. Rs. 6 und 7/73, Slg. 1974, 223 – *Commercial Solvents.*

selbstständige Rechtsprechung zur Lieferverweigerung auf abgeleiteten Märkten etabliert, die den Boden der heutigen Lehre zu den wesentlichen Einrichtungen bildet. Es ist daher die Herausforderung, die Voraussetzungen dieser Doktrin weiter zu präzisieren.[300]

Erst die essential facilities Doktrin bietet aus ihrer Kombination von Bottleneck-Situation, Zugangsverweigerung und Hebelmissbrauch ein Instrument, um auf abgeleiteten Märkten Wettbewerb zu schützen oder zu ermöglichen. Diese Konstellation lag schon 1912 dem US-Fall *Terminal Railroad*[301] zugrunde, der den Anstoß für die weitergehende Entwicklung der essential facilities Doktrin gab bis hin zur Anwendung der essential facilities Doktrin auf Immaterialgüterrechte durch den EuGH etwa in *Magill.*[302] Zwischen den US-amerikanischen Entwicklungen und den in der europäischen Kartellrechtspraxis benutzten Kriterien für die unzulässige Leistungsverweigerung bestehen also in der Tat gewisse Gemeinsamkeiten.[303]

2. Begründung der essential facilities Doktrin

Ökonomisch hat die Doktrin der wesentlichen Einrichtung nur einen Grund und zwar den des Hebelmissbrauchs. Der Marktbeherrscher eines vorgelagerten Marktes hat die Möglichkeit, die existierende Marktmacht durch die Verweigerung des Marktzugangs auf einen davon abgeleiteten zweiten Markt auszudehnen, dies wird auch als *leveraging* bezeichnet. Durch die Zugangsverweigerung kann auf dem abgeleiteten Markt jeglicher Wettbewerb ausgeschlossen werden, denn durch die Marktstruktur ist der Zugang zu dem abgeleiteten Markt nur über den Engpass des Primärmarktes möglich.

a) Marktstruktur

aa) Zwei Märkte

Eine Voraussetzung für die Anwendbarkeit der Rechtsprechungsgrundsätze in Lizenzverweigerungs- bzw. Lieferverweigerungsfällen ist die Existenz zweier

---

299 EuGH vom 3.10.1985 – Rs. 311/84, Slg. 1985, II-3261 – Centre belge d´études de marché - Télémarketing/Compagnie luxembourgeoise de télédiffusion publicité Benelux (*Télémarketing*).

300 So auch Heinemann, (Fn. 78), S. 512.

301 *United States v. Terminal Railroad Association*, 224 U.S. 383 (1912).

302 EuGH 6.4.1995 - Verb. Rs. C-241/91 P und C-242/91 P, Slg. 1995, I-743 – *Magill.*

303 Vgl. von der Groeben/Schwarze-(Schröter), (Fn. 296), Art. 82 EG, Rn. 263 (Welcher der Übernahme der essential facilities Doktrin eher kritisch gegenüber steht).

separater Märkte, nämlich eines primären Inputmarktes und eines sekundären Outputmarktes.

Nach den Schlussanträgen von GA Tizzano in *IMS-Health* müsse es nämlich einen vorgelagerten Markt für Güter oder Dienste geben und einen nachgelagerten Markt, auf dem sie als Vorleistung für andere Güter oder Dienste verwendet werden.[304]

bb) Hypothetischer Inputmarkt

Der *Magill*-Entscheidung[305] folgend macht GA Tizzano deutlich, dass es für die Bestimmung eines vorgelagerten Marktes nicht erforderlich sei, dass von dem Unternehmen, welches diesen Markt kontrolliere, die fraglichen Produkte oder Dienstleistungen gesondert vermarktet würden. Ein hypothetischer Markt reiche danach aus.

Ein solcher Markt könne definitionsgemäß immer dann bestimmt werden, wenn (a) die fragliche Vorleistung unerlässlich sei – da sie weder ersetzt noch nachgemacht werden könne –, um auf einem bestimmten Markt tätig zu werden, und (b) eine tatsächliche Nachfrage der Unternehmen bestünde, die auf dem Markt tätig werden wollten, für den die betreffende Vorleistung unerlässlich sei.[306]

Mit anderen Worten ist eine Einrichtung dann wesentlich, wenn sie unerlässlich für den Wettbewerb auf dem abgeleiteten Markt ist und objektiv nicht dupliziert werden kann.

Eine Engpasseinrichtung entsteht also durch die Unerlässlichkeit der besagten Vorleistung (Inputmarkt) für den Zugang zum Outputmarkt.

Ob eine tatsächliche Nachfrage der Unternehmen besteht oder nicht, ist dagegen kein wesentliches Kriterium, da eine Lieferung bzw. Lizenzierung immer nur dann verlangt werden wird, wenn potentielle Wettbewerber mit Gewinnmöglichkeiten und damit mit einer tatsächlichen Nachfrage rechnen.

cc) Unerlässlichkeit des Inputmarktes

Es ist aber zu berücksichtigen, dass die Erzwingung des Zugangs den Wettbewerb um die Entwicklung einer ähnlichen Einrichtung ausschließen kann, sog.

---

304 GA Antonio Tizzano, Schlussanträge in der Rs. C-418/01 vom 2.10.2003, Slg. 2004, I-5039 (I-5059), Rn. 55 – *IMS-Health*.

305 EuGH 6.4.1995 - Verb. Rs. C-241/91 P und C-242/91 P, Slg. 1995, I-743 (I-824), Rn. 56 – *Magill*.

306 GA Antonio Tizzano, Schlussanträge in der Rs. C-418/01 vom 2.10.2003, Slg. 2004, I-5039 (I-5059), Rn. 59 – *IMS-Health*.

free-riding. Unternehmen, die Zugang zu fremden Einrichtungen bekommen, brauchen die dafür notwendigen Investitionen nämlich nicht mehr vorzunehmen. Der Zugang darf nach der essential facilities Doktrin daher nur dann gewährt werden, wenn dies für den Wettbewerb auf dem Zweitmarkt absolut unerlässlich ist.[307] Entscheidend ist, ob der Markt der Einrichtung ein *contestable market*, d.h. ein bestreitbarer Markt ist oder die Einrichtung für den Zugang zum abgeleiteten Markt tatsächlich unerlässlich ist.[308]

Eine Einrichtung ist dann nicht unerlässlich, wenn auch nur besonders leistungsfähige Wettbewerber zu solchen Investitionen in der Lage sind. Unerlässlich ist eine Einrichtung erst, wenn es auch für wirtschaftlich starke Wettbewerber nicht möglich ist, eine ähnliche Einrichtung zu duplizieren. Besteht diese Möglichkeit und kann lediglich ein wirtschaftlich schwächerer Wettbewerber die Einrichtung nicht duplizieren, ist die Einrichtung nicht wesentlich. Der EuGH entschied in *Bronner*, dass als Vergleichsmaßstab für die wirtschaftliche Zumutbarkeit ein Wettbewerber heranzuziehen sei, dessen Absatz dem des Marktbeherrschers vergleichbar sei.[309] Auch dann kann nämlich wirksamer Wettbewerb entstehen, so dass dem Schutzzweck des Art. 102 AEUV genüge getan ist. Schutzzweck von Art. 102 AEUV ist es nämlich nicht, einzelne Wettbewerber zu schützen, sondern vor allem den Wettbewerb als Institution.

b) Missbrauch

Der Ausschluss der Konkurrenten des Marktbeherrschers von seinem Eigentum scheint auf den ersten Blick gerechtfertigt, denn ein Missbrauch lässt sich oft nur bei genauer Betrachtung erkennen.

Die freie Verfügung über sein Eigentum ermöglicht dem marktbeherrschenden Unternehmen nun aber, Wettbewerb auf dem abgeleiteten Markt auszuschließen. Diese Gefahr für den Wettbewerb besteht in zwei gleich zu behandelnden Fallkonstellationen: Erstens, wenn das Unternehmen den potentiellen, abgeleiteten Markt überhaupt nicht eröffnet, oder zweitens, wenn das beherrschende Unternehmen den Marktzugang (die wesentliche Einrichtung) selbst nutzt, um auf dem abgeleiteten Markt allein tätig zu werden, oder allen Wettbewerb beseitigt.

Die Annahme eines Missbrauchs in solchen Fällen beruht dabei vor allem auf wirtschaftlichen Gesichtspunkten.[310] Denn auch Mitbewerber, die auf dem abgeleiteten Markt effizienter agieren würden, können diesen Markt nicht be-

---

307 Siehe dazu unten die Besprechung zu *Bronner*.

308 Mestmäcker/Schweitzer, Europäisches Wettbewerbsrecht (2004),§ 18, Rn. 32.

309 EuGH vom 26.11.1998 – Rs. C-7/97, Slg. 1998, I-7791 (I-7832), Rn. 46 – *Bronner*.

310 Vgl. Drexl, IIC 2004, 788 (798 f.).

dienen. Verbraucher sind somit von dem Marktbeherrscher abhängig, das Unternehmen verfügt schließlich über ein abgeschirmtes Monopol, so dass ein Innovations- und Preiswettbewerb nicht stattfinden kann.

Die beherrschende Stellung auf dem Primärmarkt stellt dagegen als solche keinen Missbrauch dar, solange ein solcher Missbrauch nicht anhand des Art. 102 AEUV gesondert festgestellt wurde, sondern kann sich vielmehr aus dem Marktgeschehen als solchem ergeben.

Anders verhält es sich dagegen bei der beherrschenden Stellung auf dem Sekundärmarkt, diese resultiert nicht aus der überlegenen Leistung am Markt, sondern allein aus der Möglichkeit, den Marktzugang für Wettbewerber über den Primärmarkt zu versperren. Dies widerspricht dem Ziel des Art. 102 AEUV, den Wettbewerb als Institution zu schützen. Leistungswettbewerb kann auf dem abgeleiteten Markt nur dann wirksam stattfinden, wenn Wettbewerber überhaupt Zugang zu dem versperrten Markt erhalten. In das Eigentum des Marktbeherrschers muss daher soweit eingegriffen werden, dass Wettbewerb auf dem abgeleiteten Markt wieder ermöglicht wird. Dem Hebelmissbrauch kann also nur durch den Eingriff in fremdes Eigentum begegnet werden.

Dabei ist stets zu berücksichtigen, dass der Eingriff in das Eigentumsrecht nur gerechtfertigt ist, wenn ein angemessenes Entgelt für die Nutzung entrichtet wird. Der Nachteil für den Marktbeherrscher, dass dieser nämlich seine eigene Konkurrenz fördert, hindert dagegen den Eingriff nicht, denn die Marktöffnung durch das Wettbewerbsrecht ist ja beabsichtigt. Die Berufung auf Eigentumsrechte kann bei einem unerlässlichen Inputmarkt also nie den Ausschluss von Wettbewerbern rechtfertigen.[311] Setzt sich dagegen ein Unternehmen mit leistungsgerechten Wettbewerbsmitteln durch, die etwa durch höhere Effizienz oder Innovation gekennzeichnet sind, ist dies nicht zu beanstanden.

Zusammenfassend ist festzuhalten, dass die Weigerung, Zugang zu einer wesentlichen Einrichtung zu gewähren, den Anknüpfungspunkt für das missbräuchliche Verhalten darstellt, falls keine Rechtfertigungsgründe greifen sollten. Die essential facilities Doktrin setzt also nur eine Lieferverweigerung in einer Bottleneck-Situation voraus. Für den Nachweis der Wettbewerbswidrigkeit kommt es aber auf ein darüber hinausgehendes Verhalten nicht an. Vielmehr ist der Missbrauch an die Engpasssituation geknüpft. In dieser besonderen Marktstruktur besteht die Gefahr für den Wettbewerb auf dem nachgelagerten

---

311 So noch die Verteidigungsstrategie von Microsoft in (EuG vom 17.09.2007 – Rs. T-201/04, Slg. 2007, II-3601 – *Microsoft).*

Markt.[312] Andere Wettbewerber hätten keinen Marktzugang, ohne dass der Monopolist im Wettbewerb überlegen sein muss.

c) Objektive Rechtfertigung

Nach der essential facilities Doktrin vermag die Verfolgung eigener Geschäftsinteressen eine Lieferverweigerung nicht zu rechtfertigen. Damit unterscheidet sie sich von Diskriminierungsfällen, bei denen eine Verfolgung eigener Geschäftsinteressen durchaus berücksichtigt wird. Hier findet keine Verhältnismäßigkeitsprüfung statt, in der auch die Interessen eines Monopolisten berücksichtigt werden. Liegen die Voraussetzungen der essential facilities Doktrin vor, ist ein Marktzugang zu gewähren.[313]

Die Bedeutung von Geschäftsinteressen wurde im *Magill*-Fall[314] dadurch unterstrichen, dass die Sendeanstalten sich zur Unterstützung ihrer Position auch auf ihr urheberrechtlich geschütztes Eigentum berufen konnten.[315] Wie dargestellt, können im Rahmen der Fallgruppe der Lieferverweigerung allerdings gerade auch die Eigentumsrechte marktbeherrschender Unternehmen zugunsten der Wettbewerbsbedingungen auf einem abgeleiteten Markt beschränkt werden.[316] Dies gilt gleichermaßen auch für geistiges Eigentum.

Als Rechtfertigungsgründe kommen vor allem Kapazitätsgrenzen in Betracht[317] sowie die Sicherung der Funktionsfähigkeit der Einrichtung, die Betriebssicherheit und sonstige Gefahrenabwehr sowie der Schutz von Verbrauchern. Hier hat das marktbeherrschende Unternehmen aber eine nachvollziehbare Abwägung anhand des Verhältnismäßigkeitsprinzips vorzunehmen. Als Faustregel kann dienen, dass Rechtfertigungsgründe umso schwerer wiegen müssen, je weniger Restwettbewerb vorhanden und je größer das Versorgungsdefizit der Verbraucher ist.

---

312 Stapper, (Fn. 125), S. 77; Hovenkamp, Antitrust Remedies for Private Intellectual Property Bottlenecks, in: European Competition Law Annual 1998: Regulating Communications Markets, (Hrsg.) Ehlermann/Gosling, S. 139.

313 Vgl. Stapper, (Fn. 125), S. 78; A.A.: Page, Microsoft: A Case Study in International Competitiveness, High Technoloy, and the Future of Antitrust Law, in: Federal Communications Law Journal 1994, 99 (109).

314 EuGH vom 6.4.1995 - Verb. Rs. C-241/91 P und C-242/91 P, Slg. 1995, I-743 – *Magill.*

315 Vgl. Stapper, (Fn. 125), S. 78.

316 Vgl. Stapper, (Fn. 125), S. 78.

317 Kommission, Mitteilung vom 9.2.2009 – Rs. (2009/C 45/02) - Erläuterungen zu den Prioritäten der Kommission bei der Anwendung von Artikel 82 des EG-Vertrags auf Fälle von Behinderungsmissbrauch durch marktbeherrschende Unternehmen, ABl. EG 2009, C 45/7; Mestmäcker/Schweitzer, Europäisches Wettbewerbsrecht (2004), § 18, Rn. 54.

Im Übrigen ist zu beachten, dass die Nutzung nur zu gewähren ist, wenn ein angemessenes Entgelt auch tatsächlich gezahlt wird. Sollte dies nicht der Fall sein, dürfte eine Zugangsverweigerung gerechtfertigt sein, denn dem Marktbeherrscher steht ein angemessener Ausgleich für die Kosten der Einrichtung sowie ein angemessener Gewinn zu.[318]

Zu erwähnen ist noch, dass es bislang noch keinen Fall in der Rechtsprechung gab, in dem der Zugang zu einem unerlässlichen Inputmarkt gerechtfertigt verweigert werden konnte. Dieses Kriterium lebt daher ein Schattendasein.

d) Folgeprobleme des Kontrahierungszwanges

Wird ein Unternehmen verpflichtet, seine Einrichtung einem anderen Unternehmen zur Mitbenutzung zu überlassen, entstehen aber auch Folgeprobleme, die mit der Komplexität und der wirtschaftlichen Bedeutung der in Anspruch genommenen Einrichtung zunehmen.

aa) Investitionsanreize

Es ist beispielsweise in Rechnung zu stellen, dass Unternehmen unter Umständen nicht mehr in solche Einrichtungen investieren, wenn sie später einem Konkurrenten Zugang zu der selbst geschaffenen Einrichtung gewähren müssen.

Vor allem ist zu klären, welchen Einfluss die kartellrechtliche Beschränkung von Rechten des geistigen Eigentums auf die Innovationsrate hat – bremsen kartellrechtliche Zwangslizenzen die Innovationstätigkeit oder werden Anreizeinschränkungen durch ein Mehr an Wettbewerb ausgeglichen?

Eigentümer wesentlicher Einrichtungen werden immer behaupten, dass eine Öffnung ihre Investitionsbereitschaft schmälert. Ihnen entgeht auf dem abgeleiteten Markt schließlich ein Monopolgewinn, sollten dort Wettbewerber auftreten.

In diesem Zusammenhang ist daran zu erinnern, dass eine Vielzahl von Monopolen durch den Staat begründet wurde, die nun Privaten zugefallen sind, so etwa das Festnetz im Bereich der Telekommunikation. Innovationsanreize für den Marktbeherrscher können also möglicherweise sogar wachsen, wenn er sich zumindest auf benachbarten Märkten noch nennenswertem Wettbewerb ausgesetzt sieht.[319]

---

318 Immenga/Mestmäcker-(Möschel), (Fn. 226), Art. 82 EGV Rn. 242.

319 Heinemann, GRUR 2006, 705 (713); Siehe auch die entsprechenden Überlegungen der Kommission, Entscheidung vom 24.03.2004 in der Sache COMP/C-3/37.792, Rn. 783 – *Microsoft*.

Aber auch in anderen Bereichen schafft eine Marktöffnung mehr Wettbewerb, ohne Anreize zu vernichten. Als Beispiel kann die Hafen-Entscheidung[320] der Kommission herangezogen werden: Eine Öffnung für Fährdienstleistungen nimmt nämlich nicht automatisch Anreize, in Hafenanlagen zu investieren. Vielmehr wäre es für jeden gewöhnlichen Hafenbetreiber erfreulich, wenn Unternehmen seine Dienste in Anspruch nehmen würden.

Gerade die präzise Formulierung der Voraussetzungen, unter denen Zugang zu fremden Leistungen gewährt werden muss, ermöglicht es also, Investitionsanreize zu erhalten und sogar neue Anreize zu schaffen.

bb) Festsetzung eines angemessenen Entgelts in Ausnahmefällen

Zu Problemen kann es kommen, wenn bei einer Zugangsanordnung die Preise für die in Anspruch genommenen Leistungen von Behörden und Gerichten festgesetzt werden müssen. Bei der Berechnung muss den Investitionskosten und den Ertragschancen des verpflichteten Unternehmens Rechnung getragen werden. Dies folgt aus der in aller Regel tangierten Eigentumsgarantie.[321] GA Jacobs hat im Fall *Bronner* auf die Konsequenzen einer unbedachten Ausweitung der essential facilities Doktrin hingewiesen. Sie würde dazu führen,

> „dass die Gemeinschafts- und die nationalen Behörden und Gerichte die Gemeinschaftsmärkte umfassend regeln müssten, was in weiten Bereichen der Wirtschaft eine Festsetzung der Lieferpreise und eine Festlegung der Lieferbedingungen mit sich brächte. Ein solches Vorgehen wäre nicht nur undurchführbar, sondern langfristig auch dem Wettbewerb abträglich und wohl kaum mit einer freien Marktwirtschaft zu vereinbaren."[322]

Es müssen also Kriterien festgelegt und herangezogen werden, die einen angemessenen Ausgleich zwischen Eigentum und der Wettbewerbsfreiheit ermöglichen.

Im Übrigen ist der Ansicht von GA Jacobs entgegenzuhalten, dass es sich bei der essential facilities Doktrin um eine Ausnahme von der Regel handelt, nämlich dass ein zwangsweiser Zugang zu einer wesentlichen Einrichtungen nur unter engen Voraussetzungen gestattet wird. Dass von dieser Ausnahme auch Unternehmen profitieren wollen, die nicht notwendigerweise auf die wesentliche

---

320 Kommission, Entscheidung 94/19/EG vom 21.12.1993, ABl. EG 1994 L 15/8 – Sea Containers/Stena Sealink (*Sealink II*).

321 Mestmäcker/Schweitzer, Europäisches Wettbewerbsrecht (2004), § 18, Rn. 31.

322 GA Francis G. Jacobs, Schlussanträge in der Rs. C-7/97 vom 26.11.1998, Slg. 1998, I-7791 (I-7814), Rn. 69 – *Bronner*.

Einrichtung angewiesen sind und die Voraussetzungen für den Zugang damit nicht erfüllen, liegt auf der Hand.

Die Ansicht, dass es sich bei der essential facilities Doktrin um ein Trojanisches Pferd handele, mit dem eine Zwangslizenzierung erschlichen werden könne,[323] ist nicht zu teilen. Generell veranschaulichen diese Vorbehalte vielmehr, wie sehr klare und transparente Kriterien gebraucht werden, um von vornherein Fälle auszuschließen, in denen kein zwangsweiser Zugang in Betracht kommt,[324] so dass *free-riding* auf Kosten anderer nicht möglich ist.

Behandelt man die einschlägigen Fälle also nach dem Regel-Ausnahme Prinzip, so ist zumindest sichergestellt, dass in der Regel kein Zugang zu fremden Einrichtungen möglich ist. Als Ausnahme kommt dennoch der Zugang zu wesentlichen Einrichtungen in Betracht. Für diese Ausnahmen muss dann allerdings eine angemessene Vergütung des Eigentümers von den Behörden und Gerichten festgesetzt werden. Es ist also eine unangemessene Schlussfolgerung, dass Gemeinschaftsmärkte umfassend geregelt werden müssten und dies in weiten Bereichen der Wirtschaft zu einer Festsetzung der Lieferpreise und einer Festlegung der Lieferbedingungen führen würde, denn einer Ausdehnung der essential facilities Doktrin kann durch die Präzisierung ihrer Voraussetzungen entgegengewirkt werden. Sollten außerdem Verträge und Nutzungsbedingungen mit anderen Kunden schon vereinbart worden sein, so können diese Konditionen u.U. leicht übernommen oder angepasst werden.

In Fällen, in denen der Zugang gewährt werden muss, ist eine Festsetzung beispielsweise der Lieferpreise und –bedingungen allerdings unausweichlich. Gerichte dürften unter Zuhilfenahme von Sachverständigen durchaus in der Lage sein, angemessene Preise für die Nutzung von Einrichtungen zu ermitteln und festzusetzen. Ein solches Vorgehen wäre weder undurchführbar noch langfristig dem Wettbewerb abträglich und auch mit einer freien Marktwirtschaft nicht unvereinbar. Zwar stellt sich die Frage nach einem staatlich festgesetzten Entgelt in allen Fällen der essential facilities Doktrin, wenn sich die Parteien nicht selbst über einen angemessenen Zugangspreis einigen können. Allerdings werden marktbeherrschende Unternehmen in Zukunft in Kenntnis der Rechtsprechung und dem Bewusstsein der drohenden zwangsweisen Öffnung ihrer Einrichtungen durch die Gerichte ein Interesse daran haben, selbst Vereinbarungen mit Mitbewerbern zu treffen und so über die Konditionen des Zugangs zu ihren Einrichtungen mitzubestimmen.

Im Übrigen sei darauf hingewiesen, dass die Voraussetzungen einer zwangsweisen Öffnung relativ selten bestehen werden, weil es in den meisten

323 So aber Overd/Bishop, Essential Facilities: The Rising Tide, in: ECLR 1998, 183.

324 Siehe auch Heinemann, (Fn. 78), S. 512.

Fällen substituierbar Produkte oder Dienstleistungen gibt, wie eine OECD-Studie[325] veranschaulicht. Daraus ergab sich, dass in nur 27 Prozent der Fälle keine alternative Lieferquelle bestand, in 34 Prozent der Fälle bestanden aber schon 2 bis 5 alternative Lieferquellen, in 10 Potent der Fälle 5 bis 10, während in 29 Prozent der Fälle sogar 10 oder mehr Substitute zur Verfügung standen. Ferner muss von diesen Produkten oder Dienstleistungen ein abgeleiteter Markt monopolisiert werden, damit ein spezifischer Engpass entsteht. Es ist also die seltene Ausnahme, dass überhaupt eine wesentliche Einrichtung besteht.

Von „weiten Teilen der Wirtschaft" zu sprechen, erscheint daher überzogen, aber wo der Zugang zu wesentlichen Einrichtungen nötig ist, um Wettbewerb auf dem abgeleiteten Markt zu ermöglichen, wie etwa im Bereich der Energie- und Wasserversorgung oder der Telekommunikation, ist eine Festsetzung durch Gerichte und Behörden notwendig, diese Notwendigkeit kommt auch durch die einschlägigen sektorbezogenen Sonderregelungen zum Ausdruck.[326]

Im Ergebnis bleibt es dennoch bei der Regel, dass eine Einrichtung, die nicht wesentlich ist, auch nicht mit Wettbewerbern geteilt werden muss. Sollte es allerdings doch zu der Ausnahme kommen, dass eine Einrichtung zum Engpassfaktor und damit wesentlich für den Wettbewerb auf einem abgeleiteten Markt wird, so ist ein Zugang unter den Voraussetzungen der essential facilities Doktrin die Lösung, um einen angemessenen Ausgleich zwischen dem Kartellrecht und den Eigentumsrechten zu erzielen. In diesen Fällen kann es dann auch notwendig werden, dass Preise und Gebühren von den Behörden und Gerichten festgesetzt werden müssen. Dies kann Schwierigkeiten bereiten, ist aber in den seltenen Fällen für den Wettbewerb unumgänglich und daher hinzunehmen.

III. Anwendbarkeit des europäischen Kartellrechts auf nationale Immaterialgüterrechte

Der Vertrag normiert zwar in den Art. 101 ff. AEUV das europäische Kartellrecht, enthält selbst aber keine Normierung von Immaterialgüterrechten, diese sind immer noch zum größten Teil nationales Recht.

Und nach Art. 345 AEUV lässt der Vertrag die Eigentumsordnung in den verschiedenen Mitgliedstaaten unberührt. Daher stellt sich die Frage, ob die kar-

325 Siehe schon auf S. 11; OECD, Competition Policy and Intellectual Property Rights (1989), S. 15, www.oecd.org/dataoecd/8/44/2376247.pdf.

326 Einschlägig sind hier die Zugangsregeln des Art. 20 RL 2003/54/EG (ABl. 2003 L 176/37) für den Elektrizitätssektor, des Art. 18 RL 2003/55/EG (ABl. 2003 L 176/57) für den Gassektor, sowie des Art. 12 RL 2002/19/EG (ABl. 2002 L 108/7) für den Telekommunikationssektor.

tellrechtliche Vorschrift des Art. 102 AEUV überhaupt national gewährte Eigentumsrechte einschränken kann.

Wäre eine solche Einschränkung nicht möglich, so hätte dies eine weitgehende Zurückdrängung des europäischen Wettbewerbsrechts zur Folge.

1. Kompetenz – Art. 345 AEUV

Die Kompetenz zur Ausgestaltung des Eigentums fällt also nach Art. 345 AEUV in den Zuständigkeitsbereich der nationalen Gesetzgeber. Da die Eigentumsordnung einen wesentlichen Bestandteil der jeweiligen Wirtschaftsverfassung und Sozialstruktur darstellt, ist durch Art. 345 AEUV eine diesbezügliche Einflussnahme durch die Gemeinschaft ausgeschlossen.[327] Art. 345 AEUV bestimmte aber nur einen Kompetenzvorbehalt zugunsten der Mitgliedstaaten.[328]

Weil Immaterialgüterrechte immer noch zum größten Teil nationales Recht sind, würde die Abschirmung dieser Rechtsgebiete nach Art. 345 AEUV zu einer weitgehenden Zurückdrängung von Gemeinschaftsrecht, insbesondere auch des europäischen Wettbewerbsrechts führen.[329] Auf der anderen Seite ist fraglich, ob geistiges Eigentum durch das europäische Kartellrecht eingeschränkt werden kann.

Legt man die Annahme zugrunde, dass die Regeln des europäischen Kartellrechts mit der Vorrangstellung höherrangigen Rechts das national geprägte Immaterialgüterrecht verdrängen, so kommt man zu ebenso unerwünschten Ergebnissen wie bei der Annahme, dass Kartellrecht überhaupt nicht auf immaterialrechtliche Fragestellungen anwendbar sei. Ein Alles oder Nichts-Prinzip ist hier nicht angebracht.

Im Gegensatz zu diesen Extremstandpunkten ist ein Ausgleich zwischen Kartellrecht auf der einen und Immaterialgüterrecht auf der anderen Seite anzustreben. Dieser Ausgleich muss die Grundfunktionen und Ziele der beiden Rechtsgebiete in den Vordergrund stellen und kann sich nicht von Vorrangsgedanken leiten lassen.

Zu beachten ist, dass Art. 345 AEUV keine inhaltliche Frage betrifft, vielmehr handelt es sich um eine Kompetenznorm. Geregelt wird nämlich, dass die mitgliedsstaatlichen Eigentumsordnungen weiterhin bestehen und deren Ausgestaltung auch Sache der einzelnen Mitgliedstaaten bleibt. Um dieses Spannungs-

327 Grabitz/Hilf-(Schweitzer), Das Recht der Europäischen Union, Band III EUV/EGV, (Losebl. 1999-), Art. 295, Rn. 2 (EL 28 Oktober 2005).

328 Grabitz/Hilf-(Schweitzer), (Fn. 327), Art. 295, Rn. 1, 2 (EL 28 Oktober 2005); Heinemann, (Fn. 78), S. 191.

329 Vgl. Heinemann, (Fn. 78), S. 191 f.

verhältnis zu lösen, hat der EuGH die Unterscheidung zwischen Bestand und Ausübung der Eigentumsrechte eingeführt.

2. Lehre von Bestand und Ausübung

Die Spannung zwischen Eigentumsrecht und Kartellrecht wurde vom Europäischen Gerichtshof seit dem Urteil in der Sache *Consten und Grundig*[330] durch die Lehre von dem Bestand und der Ausübung der Immaterialgüterrechte aufgelöst.

Die Kläger argumentierten, die Anwendung des Art. 101 AEUV auf den Gebrauch eines Warenzeichens verstoße gegen Art. 345 AEUV. Dies wurde vom EuGH mit der Begründung zurückgewiesen, die Kommissionsentscheidung betreffe lediglich die Ausübung des Rechts. Der EuGH stellte fest:

> „Die Anwendung von Art. 81 EG (Art. 101 AEUV) auf gewerbliche Schutzrechte lässt den Bestand dieser Rechte unberührt und beschränkt nur ihre Ausübung, soweit dies zur Durchsetzung des Verbots des Art. 81 EG (Art. 101 AEUV) erforderlich ist. Mit dem (...) Grundgedanken dieser Wettbewerbsordnung und mit ihrem Sinn ist es unvereinbar, dass die sich aus Warenzeichenrechten der verschiedenen Staaten ergebenden Ansprüche zu Zwecken missbraucht werden, die dem Kartellrecht der Gemeinschaft zuwider laufen."[331]

Nach Art. 345 AEUV sind die Mitgliedstaaten demnach unverändert ausschließlich für den Bestand der nationalen Schutzrechte zuständig. Nationale Schutzrechte dürfen aber nicht in der Weise ausgeübt werden, die dem europäischen Kartellrecht entgegensteht. Daraus folgt also, dass eine Verletzung von Art. 345 AEUV ausscheidet, wenn das Gemeinschaftsrecht bloß die Ausübung eines nationalen Eigentumsrechts beschränkt. Ein Verstöß gegen Art. 345 AEUV kommt lediglich dann in Betracht, wenn in den Bestand des Eigentumsrechts eingegriffen wird.[332]

Allerdings hat die Trennung von Bestand und Ausübung keinen Wert für die Beilegung konkreter Konflikte, da der Bestand eines Rechts logischerweise immer die Summe seiner Ausübungsbefugnisse umfasst.[333] Die Trennung von Be-

330 EuGH vom 13.7.1966 – Verb. Rs. 56 und 58/64, Slg. 1966, 321 – Consten und Grundig/Kommission.

331 EuGH vom 13.7.1966 – Verb. Rs. 56 und 58/64, Slg. 1966, 321 (394) – Consten und Grundig/Kommission.

332 Vgl. Heinemann, (Fn. 78), S. 195.

333 So auch: Korah, Know-How Licensing Agreements and the EEC Competition Rules Regulation 556/89 (1989), S. 24, der zutreffend darauf hinweist, dass eine Möglichkeit, zwischen Bestand und Ausübung zu unterscheiden, für Juristen nicht bestehe, da diese

stand und Ausübung erfüllte eine andere Funktion: In der frühen Entstehungsgeschichte der Gemeinschaft bot diese Unterscheidung „ein plausibles Differenzierungskriterium, das sowohl den nationalen Rechtsordnungen als auch dem Gemeinschaftsrecht den jeweiligen Geltungsbereich zuwies, nämlich dem Gemeinschaftsrecht die Regelung der Ausübung und dem nationalen Recht die Regelung des Bestands von Eigentumsrechten.“[334] So war es für die Gemeinschaftorgane leicht zu begründen, dass es sich lediglich um die Ausübung eines Eigentumsrechts handele, um das Gemeinschaftsrecht ohne Rücksicht auf Art. 345 AEUV anzuwenden.

a) Verzicht auf die Unterscheidung von Bestand und Ausübung

Die Unterscheidung zwischen Bestand und Ausübung ist zu Recht als undurchführbar und überflüssig kritisiert worden.[335] Vom EuGH war die wenig hilfreiche Unterscheidung daher auch seit der *Hag II*-Entscheidung[336] nicht mehr erwähnt worden.[337]

Aber schon mit der Einführung des Kriteriums der „außergewöhnlichen Umstände“ im *Volvo*-Urteil[338] hatte die Unterscheidung jegliche Bedeutung verloren, denn die Entscheidung des Inhabers eines Ausschließlichkeitsrechts, eine Lizenz nicht zu erteilen, „betrifft den Kern des Ausschließlichkeitsrechtes.“[339] Ob der Inhaber sein Recht ausübt oder nicht, „gehört zum absoluten Kernbereich eines Immaterialgüterrechts, unabhängig davon, ob dieser Bereich als wesentliche Funktion, spezifischer Gegenstand, Bestand oder anders bezeichnet wird.“[340]

---

gewohnt seien, Rechte nach den durch diese gewährten Ausübungsmöglichkeiten zu definieren; So auch Chrocziel, Einführung in den gewerblichen Rechtsschutz und das Urheberrecht (1995), S. 62.

334 Heinemann, (Fn. 78), S. 197.

335 Beier, Gewerblicher Rechtsschutz und freier Warenverkehr im europäischen Binnenmarkt und im Verkehr mit Drittstaaten, in: GRUR Int. 1989, 603 (609 f.); Pilny, Missbräuchliche Marktbeherrschung gem. Art. 86 EWGV durch Immaterialgüterrechte – Die Magill-Entscheidung des EuGH als Schnittstelle zwischen europäischem Wettbewerbsrecht und Urheberrecht, in: GRUR Int. 1995, 954 (958); Montag, EuZW 1997, 71 (73); Forrester, Software Licensing in the Light of Current EC Competition Law, in: 1 ECLR 1992, 5 (15); Mennicke, 160 ZHR 1996, 626 (644).

336 EuGH vom 17.10.1990 – Rs. C-10/89, Slg. 1990, I-3711 – *HAG II.*

337 Ebenroth/Bohne, Gewerbliche Schutzrechte und Art. 86 EG-Vertrag nach der Magill-Entscheidung, in: 12 EWS 1995, 397 (400).

338 EuGH vom 5.10.1988 – Rs. 238/87, Slg. 1988, 6211 – Volvo/Veng.

339 Stapper, (Fn. 125), S. 93; So auch Mennicke, 160 ZHR 1996, 626 (644).

340 Stapper, (Fn. 125), S. 93; Montag, EuZW 1997, 71 (73); Ebenroth/Bohne, 12 EWS 1995, 397 (401).

Es scheint aber, dass der EuGH schon zuvor alle unakzeptablen Nutzungen geistigen Eigentums als Ausübung verboten und als Bestand alle akzeptablen Nutzungen aufrecht erhalten hat.[341]

b) Keine Sperrwirkung von Art. 345 AEUV

Die Lehre von „Ausübung und Bestand" ist heute überholt. Auch ohne sie ist anerkannt, dass Art. 345 AEUV keine Sperrwirkung in Bezug auf die Anwendung des übrigen Primärrechts, insbesondere der Wettbewerbsregeln entfaltet. Etwaige Einschränkungen des Anwendungsbereichs müsste der Vertrag ausdrücklich regeln.[342] Wie der EuGH[343] zutreffend festgestelt hat, räumt Art. 345 AEUV den Mitgliedstaaten nicht die Möglichkeit ein, sich der Geltung des Gemeinschaftsrechts zu entziehen.[344] Der Kompetenzvorbehalt in Art. 345 AEUV zugunsten der Mitgliedstaaten kann die Anwendung der Vertragsvorschriften nicht ausschließen. Im Konfliktfall setzen sie sich gegenüber Art. 345 AEUV durch.[345] Die Eigentumsordnungen der Mitgliedsstaaten werden im Ergebnis also nicht durch die Anwendung des europäischen Kartellrechts verletzt.

Das Eigentum wird auf europäischer Ebene durch Art. 17 der Charta der Grundrechte der Europäischen Union geschützt. Dem Eigentum ist daher schon auf Gemeinschaftsebene der gebührende Stellenwert eingeräumt. Art. 345 AEUV trifft selbst keine Aussage über den Schutz des Eigentums, sondern betrifft vielmehr die nationalstaatliche Kompetenz, den Eigentumsbegriff inhaltlich zu füllen.

Ein Eigentumsschutz erfolgt auf europäischer Ebene nicht über Art. 345 AEUV, da es sich lediglich um eine Kompetenznorm handelt. Diese Norm weist den Mitgliedsstaaten aber kein materielles Recht zu. Der Schutz des Eigentums erfolgt vielmehr einerseits durch Art. 17 der Europäischen Grundrechtecharter und andererseit durch die Berücksichtigung der dem Eigentum zukommenden Bedeutung bei der Auslegung aller gemeinschaftsrechtlichen Normen.[346] Das Eigentumsrecht wird durch die Anwendung des Kartellrechts nicht in seiner Bedeutung ausgehöhlt, vielmehr wird ein angemessener Ausgleich im Konflikt zwischen den Wettbewerbsregeln und dem Eigentum angestrebt.

341 So Stapper, (Fn. 125), S. 93; Forrester, 1 ECLR 1992, 5 (15).

342 Vgl. Heinemann, (Fn. 78), S. 201.

343 EuGH vom 18.2.1992 – Rs. C-235/89, Slg. 1992, I-777 (I-824), Rn. 14 – *Kommission/Italien*.

344 So auch Mestmäcker, Staat und Unternehmen im europäischen Gemeinschaftsrecht – Zur Bedeutung von Art. 90 EWGV, RabelsZ 52 (1988), 526 (535).

345 Vgl. Heinemann, (Fn. 78), S. 202.

346 Heinemann, (Fn. 78), S. 202.

3. Fazit

Eine Präzisierung der gemeinschaftlichen Zuständigkeit nahm der EuGH in der Entscheidung *Sirena/Eda*[347] vor. Die Schutzrechtsausübung ist nach der Entscheidung dann vertragswidrig, wenn sich ergibt, dass die Ausübung Gegenstand, Mittel oder Folge einer Kartellabsprache ist.[348] Die Unterscheidung von „Bestand und Ausübung" stellt klar, dass die Frage nach dem Verhältnis von Eigentum und Kartellrecht auf europäischer Ebene entschieden wird. Art. 345 AEUV hat keine Bedeutung für die Anwendung des europäischen Kartellrechts auf Eigentumsrechte, es handelt sich bei Art. 345 AEUV lediglich um eine Kompetenznorm, der keine Bedeutung für das materielle Recht beigemessen werden kann. Das Eigentum als solches wird durch die grundrechtliche Absicherung in Art. 17 Charta der Grundrechte der Europäischen Union durch das Eigentumsgrundrecht ausreichend geschützt.[349] Es entspricht seit der EuGH-Entscheidung *Consten und Grundig*[350] ständiger Rechtsprechung,[351] dass der EuGH auch die Eigentumsrechte den kartellrechtlichen Regeln des Vertrags unterwirft.

---

347 EuGH vom 18.2.1971 – Rs. 40/70, Slg. 1971, 69 – Sirena/Eda.

348 EuGH vom 18.2.1971 – Rs. 40/70, Slg. 1971, 69 (83), Rn. 9 – Sirena/Eda; Heinemann, (Fn. 78), S. 292.

349 Siehe Heinemann, (Fn. 78), S. 204.

350 EuGH vom 13.7.1966 – Verb. Rs. 56 und 58/64, Slg. 1966, 321 – Consten und Grundig/Kommission.

351 Vgl. etwa EuGH 6.4.1995 - Verb. Rs. C-241/91 P und C-242/91 P, Slg. 1995, I-743 – *Magill*; EuGH vom 29.4. 2004 – Rs. C-418/01, Slg. 2004, I-5039 – *IMS-Health*.

Teil 2. Kartellrechtlicher Zwangszugang im Spiegel der Rechtsprechung

Nachdem im ersten Teil der Arbeit allgemein das Wettbewerbsrecht, das geistige Eigentum und die essential facilities Doktrin besprochen wurden, sollen nun im zweiten Teil der Arbeit die Kriterien der essential facilities Doktrin im Zusammenhang mit Immaterialgüterrechten vornehmlich anhand der europäischen Rechtsprechung erarbeitet werden. Zu erörtern ist vor allem die Linie in der Rechtsprechung des EuGH, vor allem im Zusammenhang mit der Öffnung von Immaterialrechtsgütern. Es stellt sich die Frage, ob es nicht erforderlich wäre, geistiges und Sacheigentum gleich zu behandeln.

Aber zunächst soll der Fall *Commercial Solvents* – der Grundstein der europäischen Rechtsprechung in Sachen Lieferverweigerung – vorgestellt werden.

A. Frühe Lösungsansätze der Rechtsprechung – Verhaltensmissbrauch

I. Lieferverweigerungen - Commercial Solvents

In Fällen der Geschäftsverweigerung lautet der Missbrauchsvorwurf, dass das marktbeherrschende Unternehmen durch den Einsatz seiner Marktmacht den Leistungswettbewerb verfälscht, indem es seine Machtposition in Bezug auf einen bestimmten Markt dazu einsetzt, auch auf einem benachbarten Markt eine dominante Stellung zu erlangen.[352] Dieses Verhalten fällt in die Kategorie des Hebelmissbrauches.

1. Weigerung eines Marktbeherrschers, Rohstoffe an Konkurrenten zu liefern

Das Urteil im Fall *Commercial Solvents*[353] ist eine Leitentscheidung im Bereich der notwendigen Einrichtungen in der europäischen Rechtsprechung.

---

352 Münchener Kommentar zum Europäischen und Deutschen Wettbewerbsrecht (Kartellrecht) – Band 1 Europäisches Wettbewerbsrecht-(Eilmansberger), Art. 82 EG, Rn. 332; Grabitz/Hilf-(Jung), Das Recht der Europäischen Union – Kommentar (Losebl. 1999), Art. 82 EGV, Rn. 208 (37. EL November 2008).

353 EuGH vom 22.2.1974 – Verb. Rs. 6 und 7/73, Slg. 1974, 223 – *Commercial Solvents.*

Das US-amerikanische Unternehmen Commercial Solvents beherrschte den Weltmarkt für Rohstoffe, aus denen das belieferte italienische Unternehmen Zoja seit 1966 Tuberkulose-Arzneimittel herstellte. Im Jahr 1970 beschloss Commercial Solvents, selbst in den Markt für Arzneimittel einzusteigen, und beendete die langjährige Belieferung mit Rohstoffen.

Das Verfahren zur Rohstoffgewinnung war von Commercial Solvents nicht durch ein Patent geschützt. Allerdings war die Durchführung des komplexen Prozesses so schwierig, dass eine Nachahmung wirtschaftlich unmöglich war. Durch die Möglichkeit der Geheimhaltung hatte Commercial Solvents somit ein Monopol an der Herstellung dieser Rohstoffe.[354]

Zoja drohte daher, ohne die Belieferung mit dem unerlässlichen Rohstoff als einer der wichtigsten Wettbewerber vom Markt für Tuberkulosemedikamente zu verschwinden. Verschiedene Hersteller von Farblacken wurden dennoch weiter mit den betreffenden Rohstoffen beliefert, allerdings unter der Bedingung eines Wiederverkaufsverbotes an pharmazeutische Unternehmen.

Commercial Solvents rechtfertigte sein Verhalten damit, dass es Geschäftspolitik sei, Erzeugnisse möglichst weitgehend selbst weiterzuverarbeiten, um das Endprodukt zu verkaufen und dadurch in engeren Kontakt zum Endverbraucher zu kommen und die Gewinnspanne zu vergrößern. Deshalb habe das Unternehmen beschlossen, den Verkauf von Rohstoffen einzuschränken, um selbst über mehr Rohstoffe für die Produktion zu verfügen. Eine Lieferverpflichtung laufe dagegen darauf hinaus, Zoja als wettbewerbsfähiges Unternehmen zu erhalten und zu gewährleisten, dass Zoja seine Herstellungsverfahren nicht zu ändern brauche.

2. Missbräuchliches Verhalten

Der Europäische Gerichtshof sah in dem Abbruch der Geschäftsbeziehungen eine missbräuchliche Lieferverweigerung. Da ein solches Verhalten den in Art. 3 Abs. 1 AEUV i.V.m. Protokoll Nr. 27 über den Binnenmarkt und den Wettbewerb niedergelegten und in Art. 101 und 102 AEUV näher ausgeführten Zielen zuwiderlaufe, missbrauche ein Unternehmen seine beherrschende Stellung im Sinne des Art. 102 AEUV, wenn es eine beherrschende Stellung auf dem Markt für Rohstoffe habe und sich in der Absicht, sich den Rohstoff für die Herstellung seiner eigenen Derivate vorzubehalten, weigere, einen Kunden, der

354 Stapper, Das essential facilities Prinzip und seine Verwendung zur Öffnung immaterialgüterrechtlich geschützter de facto Standards für den Wettbewerb (2003), S. 61; Adams, Antitrust Constrains on Single-Firm Refusals to Deal by Monopolists in the European Economic Community and the United States, 20 Texas International Law Journal, 1985, 1 (10).

seinerseits Hersteller dieser Derivate sei, zu beliefern, auch auf die Gefahr hin, jeglichen Wettbewerb durch diesen Kunden auszuschalten.[355]

3. Lieferverweigerung mit dem Ziel der vertikalen Integration

In der Sache *Commercial Solvents* handelte es sich also um eine Lieferverweigerung mit dem Ziel der vertikalen Integration. Die Entscheidung war wegweisend für den weiteren Gang der Rechtsprechung zur Doktrin der wesentlichen Einrichtung. Daher ist es auch nicht weiter verwunderlich, dass sie als Präzedenzfall für die Kommissionsentscheidung *Sealink II*[356] herangezogen wurde, in der erstmals von wesentlichen Einrichtungen die Rede war.

a) Hebelmissbrauch

Die Lieferverweigerung eines marktbeherrschenden Unternehmens ist selbstverständlich nicht per se missbräuchlich. Die Vertragsfreiheit belässt nämlich auch einem Marktbeherrscher das Recht, Geschäftsbeziehungen einzugehen und zu beenden. Missbräuchlich wird eine Lieferverweigerung daher nur unter zusätzlichen Voraussetzungen.[357]

Hier wurde von dem marktbeherrschenden Unternehmen der Versuch unternommen, ein zweites Monopol zu begründen, indem Wettbewerber durch die schon vorhandene Monopolmacht auf dem Markt für Rohstoffe durch die Lieferverweigerung ausgeschaltet werden sollten. Die Geschäftsverweigerung stellt dabei die Begehungsweise dieses Typs von Marktmachttransfer dar.[358]

Ohne im Leistungswettbewerb seinen Konkurrenten überlegen zu sein, konnte Commercial Solvents seine Marktmacht dazu einsetzten, auch den abgeleiteten Markt zu monopolisieren. Wäre es dem Unternehmen dagegen gelungen, alle anderen Wettbewerber durch überragende Qualität oder besonders

---

355 EuGH vom 22.2.1974 – Verb. Rs. 6 und 7/73, Slg. 1974, 223 (252), Rn. 25 – *Commercial Solvents.*

356 Kommission, Entscheidung 94/19/EG vom 21.12.1993, ABl. EG 1994 L 15/8 – Sea Containers/Stena Sealink (*Sealink II*); Diese Entscheidung stellt die erste ausdrückliche Übernahme der essential facilities Doktrin im europäischen Fallrecht dar. Vgl. auch Immenga/Mestmäcker-(Möschel), Wettbewerbsrecht – Band 1. EG/Teil 1 Kommentar zum Europäischen Kartellrecht^4, Art. 82 EGV, Rn. 239.

357 Vgl. auch Schwintowski, Der Zugang zu wesentlichen Einrichtungen, WuW 1999, 842; Furse, The „Essential Facilities“ Doctrine in Community Law, ECLR 1995, 469 (472); Troy, Unclogging the Bottleneck: A New Essential Facility Doctrine, Columbia Law Review, 1983, 441 (459 ff.).

358 Münchener Kommentar zum Europäischen und Deutschen Wettbewerbsrecht-(Eilmansberger), (Fn. 352), Art. 82, Rn. 332.

günstige Preise vom Markt zu verdrängen – sprich mit leistungsgerechten Mitteln, wäre die Entscheidung des EuGH wohl anders ausgefallen.

b) Beherrschungsgrad auf dem abgeleiteten Markt

Interessant ist vor allem der Vergleich mit dem *Bronner*-Urteil, denn darin setzte der EuGH eine Monopolisierung auch des abgeleiteten Marktes voraus. Der begehrte Zugang zu dem Hauszustellungssystem des führenden österreichischen Zeitungsverlags wurde deshalb abgelehnt, weil der Zugang zum nachgelagerten Markt (für Zeitungsverkäufe) unter anderem über Kioske und die Postzustellung möglich war. Eine Monopolisierung des abgeleiteten Marktes fand daher nicht statt, so dass kein Verstoß gegen Art. 102 AEUV festgestellt wurde.

Ähnlich, wenn auch nicht vergleichbar, liegt der Fall *Commercial Solvents.* Hier unterschied das Gericht zwei Märkte von einander: Zum einen den Markt für Rohstoffe, auf dem Commercial Solvents eine beherrschende Stellung einnahm, und zum anderen den Markt für das Endprodukt (Arzneimittel). Der EuGH kommt dabei zu folgender Feststellung:

> „Ein Missbrauch auf dem Markt für Rohstoffe kann mithin wettbewerbsbeschränkende Wirkungen auf den Endproduktmarkt haben, und diese Wirkungen müssen bei der Beurteilung einer Zuwiderhandlung berücksichtigt werden, selbst wenn der Markt für die Derivate nicht in sich selbst abgeschlossen ist.“[359]

Im Unterschied zu den *Bronner*-Voraussetzungen scheint in der Sache *Commercial Solvents* auf den ersten Blick der abgeleitete Markt nicht vollkommen monopolisiert zu sein. Auf dem Markt für Tuberkulosemedikamente gab es nämlich durchaus andere Methoden, Tuberkulose medikamentös zu behandeln. Allerdings ist zu berücksichtigen, dass im Zusammenhang mit modernen Medikamenten eine Substituierbarkeit nur eingeschränkt möglich war. Tuberkuloseheilmittel waren also nicht für jeden Patienten gleichermaßen substituierbar, unter diesem Aspekt kam es also doch zu einer Monopolisierung für das spezifische Medikament.

Im Ergebnis war die Lieferverweigerung von Commercial Solvents also nicht dazu geeignet, den Wettbewerb auf dem nachgelagerten Markt für Tuberkuloseheilmittel komplett auszuschalten, aber der Wettbewerb in Hinsicht auf das konkrete Medikament wurde von Commercial Solvents beseitigt. Diese Beeinträchtigung reichte aus, um einen kartellrechtlichen Verstoß anzunehmen, da

359 EuGH vom 22.2.1974 – Verb. Rs. 6 und 7/73, Slg. 1974, 223 (251), Rn. 22 – *Commercial Solvents.*

aufgrund der nur eingeschränkten Substituierbarkeit von Medikamenten ein Hebelmissbrauch festgestellt werden konnte.

c) Schutz des Wettbewerbs als Institution oder ein Fall der Diskriminierung

Außerdem unterstrich der Gerichtshof mit seinem Hinweis zum Normzweck der Wettbewerbsregeln, die im Lichte des Art. 3 Abs. 1 AEUV i.V.m. Protokoll Nr. 27 über den Binnenmarkt und den Wettbewerb auszulegen sind, dass das Wettbewerbsrecht den Schutz des Wettbewerbs als Institution und nicht den Schutz einzelner Wettbewerber bezweckt,[360] auch wenn der Fall so gelagert war, dass für die Bewahrung des Wettbewerbs ein einzelner Mitbewerber geschützt werden musste. Wäre Zoja nur ein langjähriger Kunde unter vielen, hätte der EuGH den Missbrauch wohl eher mit einer möglichen Diskriminierung begründet als mit der Ausschaltung des Wettbewerbs.[361]

d) Verhaltensbedingter Missbrauch

Das Gericht betonte die Willkürlichkeit des Verhaltens von Commercial Solvents, weil die Liefereinstellung mit dem einzigen Ziel betrieben wurde, seine Tätigkeit auf dem Arzneimittelmarkt vor Wettbewerb zu schützen, während z.B. Lackhersteller weiter beliefert wurden, allerdings mit dem Verbot des Wiederverkaufs für den pharmazeutischen Gebrauch.[362]

Obwohl der Missbrauch in Europa lediglich objektiv vorliegen muss, hat der EuGH auch auf die Monopolilsierungsabsicht, nämlich den Wettbewerb im Arzneimittelmarkt – bei fortgesetzter Lieferung an Lackhersteller – auszuschalten, geprüft. Damit hat sich der EuGH einerseits die Möglichkeit offengehalten, auch die Motivation des Marktbeherrschers zu berücksichtigen.[363] Andererseits spielen in solchen Situationen auch Absichten als Indizien eine Rolle. Denn der Monopolist kann eine vertikale Integration auch mit dem Ziel der Effizienzsteigerung durchführen. Dies macht bei einem verhaltensbedingten Missbrauch die Prüfung notwendig, ob vertikale Integration zur Schädigung des Wettbewerbs

---

360 Stapper, (Fn. 354), S. 63; Amato, Antitrust and the Bounds of Power, the Dilemma of Liberal Democracy in the History of the Market (1997), S. 111; Treacy, Essential Facilities – Is the Tide Turning? in: ECLR 1998, 501 (502).

361 Siehe Stapper, (Fn. 354), S. 63.

362 EuGH vom 22.2.1974 – Verb. Rs. 6 und 7/73, Slg. 1974, 223 (256), Rn. 40 – *Commercial Solvents*.

363 Stapper, (Fn. 354), S. 63; Vgl. auch Temple Lang, Defining Legitimate Competition: Companies′ Duties to Supply Competitors, and Acces to Essential Facilities, in: Fordham Corporate Law Institut 1994, 245 (248); Adams, 20 Texas International Law Journal 1985, 1 (15).

oder zur Steigerung der eigenen Effizienz vorgenommen wurde.[364] Die bloße Verdrängung eines Konkurrenten verstößt daher nicht zwangsläufig gegen Art. 102 AEUV, wenn diese Verdrängung keine Auswirkungen auf den Wettbewerb hat und durch leistungsgerechte Mittel erfolgt.

e) Lieferverweigerung und essential facilities Doktrin

Der Missbrauch auf dem vorgelagerten Rohstoffmarkt wirkte sich also auf den nachgelagerten Endproduktmarkt aus, da der Rohstoff unerlässlich für die Herstellung des Endproduktes war.

Mit dem Kriterium der Unerlässlichkeit weist der EuGH in seiner Missbrauchsdefinition schon auf den zusätzlich zur marktbeherrschenden Stellung vorliegenden Engpass hin. Zwar nahm der EuGH im Fall *Commercial Solvents* noch eine Interessenabwägung unter Berücksichtigung des in Art. 3 Abs. 1 AEUV i.V.m. Protokoll Nr. 27 über den Binnenmarkt und den Wettbewerb, Art. 101, 102 AEUV niedergelegten Zieles eines freien und unverfälschten Wettbewerbs vor,[365] bei dieser Marktsituation hätte sich allerdings ohne weiteres auch schon das *Commercial Solvents*-Urteil zur Anwendung der essential facilities Doktrin angeboten.

Die Doktrin war allerdings zu diesem Zeitpunkt, Mitte der 70er Jahre, in den USA in Vergessenheit geraten und wurde in Europa noch nicht diskutiert.[366] Vorteilhaft an einer Beurteilung anhand der essential facilities Doktrin ist, dass eine Analyse des Verhaltens der Unternehmen und deren wettbewerbsschädlicher Absichten entbehrlich wird.

Mit der essential facilities Doktrin kann verhaltensunabhängig die Marktstruktur auf eine Bottleneck-Situation hin untersucht werden. Die Bottleneck-Situation lag hier in der Macht und Kontrolle über die Belieferung mit dem unerlässlichen Rohstoff.[367]

Steht das Ergebnis fest, dass eine wesentliche Einrichtung vorliegt, die unerlässlich ist und nicht dupliziert werden kann, beschränkt sich das missbräuchliche Verhalten nur noch auf die Zugangsverweigerung. Auf wettbewerbsschädliche Absichten, die oft schwer zu beweisen sein werden, kommt es nicht mehr an.

364 Siehe auch Stapper, (Fn. 354), S. 63.

365 EuGH vom 22.2.1974 – Verb. Rs. 6 und 7/73, Slg. 1974, 223 (252), Rn. 25 – *Commercial Solvents*; Immenga/Mestmäcker-(Möschel), (Fn. 356), Art. 82 EG, Rn. 220.

366 Siehe Stapper, (Fn. 354), S. 63.

367 Vgl. EuGH vom 22.2.1974 – Verb. Rs. 6 und 7/73, Slg. 1974, 223 (252), Rn. 25 – *Commercial Solvents*.

Wäre nur die wettbewerbswidrige Absicht erheblich, hätte der Fall möglicherweise anders ausgehen können, wenn das Unternehmen seine Geschäftspolitik und damit die Absichten nicht so freigiebig preisgegeben hätte, sondern eine andere Begründung für die Lieferverweigerung angeführt hätte, wie z.B. Engpässe in der Produktion oder dergleichen.

Dennoch konnte der EuGH im *Commercial Solvents*-Fall die wettbewerbswidrige Absicht nachweisen, obwohl das Unternehmen legitime Geschäftsinteressen als Rechtfertigung für sein Verhalten anführte. Dieses Interesse, nämlich selbst auf einem nachgelagerten Markt tätig werden zu wollen und nach Belieben Geschäftsbeziehungen einzugehen und wieder abzubrechen, ist keineswegs vom Kartellrecht verboten. Auch ist die Förderung von Konkurrenten nicht kartellrechtlich vorgeschrieben.

Vielmehr ergibt sich das Verbot in diesem Fall aus der Marktkonstellation, die dadurch gekennzeichnet war, dass Commercial Solvents auf dem vorgelagerten Rohstoffmarkt ein De-facto-Monopol besaß und dieses durch die Lieferverweigerung auf den abgeleiteten Markt für das Endprodukt ausdehnen konnte. Im Gegensatz zur oben besprochenen *US-monopoly leveraging* Theorie[368] bewirkt der Engpassfaktor in einer solchen Situation die besondere Gefahr, dass auch der zweite Markt mit einem zusätzlichen Monopolgewinn integriert wird.

Kartellrechtswidrig ist ein solches Verhalten deshalb, weil selbst effizientere Wettbewerber, die etwa innovativer oder kostengünstiger Rohstoffe zu Arzneimitteln herstellen könnten, keine Gelegenheit mehr hätten, am Wettbewerb teilzunehmen. Im Übrigen hätte der Monopolist auch keinen Anreiz, Effizienzgewinne an die Verbraucher weiterzugeben.

In der Folge würden Mitbewerber durch wettbewerbswidrige Mittel vom Markt verdrängt. Genau darin besteht der Missbrauch einer marktbeherrschenden Stellung im Fall des Hebelmissbrauchs. Unter kartellrechtlichen Gesichtspunkten überwiegt damit das öffentliche Interesse an einem wirksamen Wettbewerb vor dem wirtschaftlichen Interesse des Marktbeherrschers.[369]

aa) Essential facilities Doktrin als Untergruppe der Geschäftsverweigerung

Als Marktstrukturkontrolle, also anlehnend an eine Bottleneck-Situation und einer Zugansverweigerung, bietet die essential facilities Doktrin eine Alternative im Hinblick auf die *refusal to deal*-Fälle. Eine Verhaltenskontrolle des Monopo-

---

368 Siehe zur *monopoly leveraging* Theorie im US-amerikanischen Recht, oben S. 65.

369 Immenga/Mestmäcker-(Möschel), (Fn. 356), Art. 82 EGV, Rn. 227; Vgl. Von der Groeben/Schwarze-(Schröter), Vertrag über die Europäische Union und Vertrag zur Gründung der Europäischen Gemeinschaft – Kommentar[6] Band 2 (2003), Art. 82 EG, Rn. 254.

listen ist nicht länger nötig und Auswirkungen auf den Wettbewerb und auf die Konsumenten müssen nicht mehr anhand von Effizienzgesichtspunkten untersucht werden.[370]

Auf wettbewerbsschädliche Absichten kommt es überhaupt nicht mehr an, wenn eine Engpasseinrichtung dazu genutzt wird, Wettbewerb auf einem abgeleiteten Markt zu verhindern. Vielmehr besteht dann allein in der Zugangsverweigerung das wettbewerbswidrige Verhalten.[371] Dagegen könnte unter Effizienzgesichtspunkten nach der Öffnung des abgeleiteten Marktes ein effektiverer Marktteilnehmer andere Mitbewerber vom Markt verdrängen, ohne dass dies einen Missbrauch darstellen würde.

bb) Diskriminierungsfälle

Von besonderer Schwierigkeit sind die Diskriminierungsfälle, in denen ein Monopolist die Diskriminierung eines Mitbewerbers mit eigenen nachvollziehbaren Geschäftsinteressen rechtfertigt. Denn die Diskriminierung unter Mitbewerbern ist im Wettbewerb eine natürliche Begebenheit.[372] Daher gab sich der EuGH in der Sache *Commercial Solvents* auch nicht mit der bloßen Verdrängung eines Konkurrenten zufrieden, sondern prüfte auch, ob die Wettbewerbsstruktur und mittelbar die Konsumenten von der Lieferverweigerung betroffen waren.[373] Die Argumentation wäre daher erheblich schwerer gewesen, wenn es mehr als ein anderes Unternehmen gegeben hätte und nicht der ganze Wettbewerb an Zoja gehangen hätte. In diesem Fall wäre der EuGH wohl von einem Diskriminierungsfall ausgegangen. Wird dagegen der Wettbewerb auf einem abgeleiteten Markt beseitigt, erübrigt sich die Prüfung einer missbräuchlichen Diskriminierung.

cc) Abbruch oder erstmalige Verweigerung von Geschäftsbeziehungen

Ob eine bestehende Geschäftsbeziehung abgebrochen wird oder die Neuaufnahme einer Geschäftsbeziehung verweigert wird, hat dagegen keine Relevanz für die Fallbeurteilung.[374] Dieser Umstand – und die darin begründete Verlet-

370 Siehe Stapper, (Fn. 354), S. 72.

371 Vgl. Münchener Kommentar zum Europäischen und Deutschen Wettbewerbsrecht-(Eilmansberger), (Fn. 352), Art. 82, Rn. 332.

372 Siehe Stapper, (Fn. 354), S. 73; Vgl. auch: Areeda, 58 Antitrust Law Journal 1990, 841 (849); Dies gilt natürlich nicht für die Diskriminierung von Konsumenten.

373 Siehe Stapper, (Fn. 354), S. 73.

374 Kommission, Mitteilung vom 9.2.2009 – Rs. (2009/C 45/02) - Erläuterungen zu den Prioritäten der Kommission bei der Anwendung von Artikel 82 des EG-Vertrags auf

zung des Vertrauens der Abnehmer auf die Fortsetzung der Belieferung – trat in der Entscheidung nicht als missbrauchskonstitutives Element hervor.[375] Die Geschäftsverweigerung verstößt in beiden Fällen gegen das Missbrauchsverbot, wenn sie nicht sachlich gerechtfertigt ist.[376] Das marktbeherrschende Unternehmen hat mit der Vertragsbeziehung den Mitbewerber zwar in ein Abhängigkeitsverhältnis gebracht, dies mag für die Rechtfertigung von gewisser Bedeutung sein, ändert aber nichts daran, dass auch die erstmalige Ablehnung von Wettbewerbern die gleichen negativen Folgen für den Wettbewerb als Institution hat.[377] Die Wirkung ist identisch, beide Male wird der Wettbewerb auf einem abgeleiteten Markt ausgeschlossen und genau davor will Art. 102 AEUV schützen.

Allerdings lässt sich die Verweigerung einer neuen Geschäftsbeziehung leichter rechtfertigen als der Abbruch einer schon – vielleicht seit Jahren – bestehenden Geschäftsbeziehung, weil möglicherweise Investitionen von den Parteien im Vertrauen auf den Fortbestand vorgenommen wurden, zudem hatte das marktbeherrschende Unternehmen vormals ein wie auch immer geartetes Interesse an dieser Zusammenarbeit.[378] Generell ist aber auf die Wirkungen für den Wettbewerb abzustellen anstatt auf die Dauer der Geschäftsbeziehung.

II. Verweigerung des Zugangs zum abgeleiteten Markt – Télémarketing

Eine weitere wichtige Entscheidung, welche die Weigerung betraf, Mitbewerber auf einem nachgelagerten Markt mit einem für diesen Markt wesentlichen Input zu beliefern, wurde im Fall *Télémarketing*[379] getroffen.

Fälle von Behinderungsmissbrauch durch marktbeherrschende Unternehmen, ABl. EG 2009, C 45/7, Rn. 78. Insoweit macht auch die Kommission keinen Unterschied.

375 Münchener Kommentar zum Europäischen und Deutschen Wettbewerbsrecht-(Eilmansberger), (Fn. 352), Art. 82, Rn. 338.

376 von der Groeben/Schwarze-(Schröter), (Fn. 369), Art. 82 EG, Rn. 251.

377 A.A. Immenga/Mestmäcker-(Möschel), (Fn. 356), Art. 82 EGV, Rn. 224.

378 Vgl. Kommission vom 19.12.2005, Competition discussion paper on the application of article 82 of the treaty to exclusionary abuses, http://ec.europa.eu/competition/antitrust/art82/index.html, Rn. 213; Das Diskussionspapier ist nun in der Mitteilung der Kommission vom 9.2.2009 – Rs. (2009/C 45/02) - Erläuterungen zu den Prioritäten der Kommission bei der Anwendung von Artikel 82 des EG-Vertrags auf Fälle von Behinderungsmissbrauch durch marktbeherrschende Unternehmen, ABl. EG 2009, C 45/7, zusammengefasst.

379 EuGH vom 3.10.1985 – Rs. 311/84, Slg. 1985, II-3261 – *Télémarketing*.

Die Entscheidung betraf ein marktbeherrschendes Unternehmen, das wegen seiner Marktmacht im Bereich der Fernsehwerbung im Stande war, sich den abgeleiteten Markt für Telemarketing-Werbung vorzubehalten, auf den andere Werbekunden angewiesen waren. So wurde das Unternehmen Centre belge d´études de marché SA – Télémarketing vom Markt des Homeshopping-TV ausgeschlossen, den es selbst in Belgien im Wesentlichen mitbegründet hatte.

Das Urteil in der Sache *Télémarketing* bestätigte die *Commercial Solvents*-Rechtsprechung und etabliert damit eine Pflicht für marktbeherrschende Unternehmen, Wettbewerb auf abgeleiteten Märkten zu ermöglichen.[380]

So stellte der EuGH wiederum auf die Auswirkungen für den Wettbewerb auf dem abgeleiteten Markt ab:

> „Wenn die Weigerung nicht durch technische oder kommerzielle Notwendigkeiten gerechtfertigt ist, die sich aus der Eigenart des Fernsehens ergeben, sondern darauf abzielt, dem Tochterunternehmen des marktbeherrschenden Fernsehsenders alle von diesem Fernsehunternehmen ausgestrahlten Telemarketing Maßnahmen vorzubehalten, und zwar auch auf die Gefahr hin, jeglichen Wettbewerb durch ein drittes Unternehmen auszuschalten, so stellt dieses Verhalten einen durch Art. 82 (Art. 102 AEUV) verbotenen Missbrauch dar, sofern die anderen Tatbestandsmerkmale dieser Bestimmung vorliegen."[381]

Auch die Unerlässlichkeit von Dienstleistungen kann also zu einer Engpasseinrichtung führen. So, wenn andere Werbemöglichkeiten aufgrund der tatsächlichen Monopolstellung auf dem Fernsehmarkt nicht verfügbar sind.

B. Wandel der Rechtsprechung zu Art. 102 AEUV durch die essential facilities Doktrin – Sealink II

In den drei Hafen-Entscheidungen[382] zog die Kommission in den Jahren 1993/94 erstmals in Europa ausdrücklich das essential facilities Konzept heran.

Nach allgemeiner Ansicht[383] fand hier die im US-Antitrustrecht entwickelte essential facilities Doktrin Eingang in die Anwendungspraxis zu Art. 102

380 Vgl. EuGH vom 3.10.1985 – Rs. 311/84, Slg. 1985, II-3261 (3278), Rn. 26 – *Télémarketing.*

381 EuGH vom 3.10.1985 – Rs. 311/84, Slg. 1985, II-3261 (3278), Rn. 26 – *Télémarketing.*

382 Kommission, Entscheidung 94/19/EG vom 21.12.1993, ABl. EG 1994 L 15/8 – Seacontainers/Stena Link (*Sealink II)*; Kom. ABl. 1994 L 55/52 – *Port of Rodby*; XXV. EG-Kom.-Wettbewerbsbericht 1995 – *Morlaix.*

383 So z.B. Eilmansberger, EWS 2003, S. 12 (13).

AEUV, indem in *Sealink II*[384] ein Hafen als wesentliche Einrichtung anerkannt wurde. Damit wurde erstmals eindeutig von dem Element des Strukturmissbrauchs Gebrauch gemacht, ohne auf einen verhaltensbedingten Missbrauch in Verdrängungsabsicht eingehen zu müssen, die der älteren Rechtsprechung zur Lieferverweigerung noch zugrunde lag.[385]

Gleichwohl war auch in dem Fall *Commercial Solvents* das Abstellen auf wettbewerbswidrige Absichten nur eine Akzentuierung des missbräuchlichen Verhaltens und wäre damit prinzipiell entbehrlich gewesen, wenn schon damals die Monopolausdehnung als solche, unabhängig von anderen Absichten, als missbräuchlich anerkannt worden wäre.

Bei der Verweigerung des Zugangs zu einer wesentlichen Einrichtung wird auf die Prüfung wettbewerbsschädlicher Absichten verzichtet, da es schon einen Behinderungsmissbrauch begründet, wenn durch Marktmacht ein abgeleiteter Markt erobert wird und dies nicht durch Mittel des Leistungswettbewerbs geschieht.

1. Zugang zu Einrichtungen im Verkehrssektor – Hafeneinrichtungen

In der Sache *Sealink II* wollte das Unternehmen Sea Containers Schnellfährdienste mit einem neuen Hochgeschwindigkeits-Katamaran anbieten und benötigte dafür den Zugang zu bestimmten Hafenanlagen. Holyhead war aus topographischen Gründen der einzige in der Zentralpassage zwischen England und Irland geeignete Hafen.

Eigentümerin und Betreiberin des Hafens war das Unternehmen Stena Sealink. Das Unternehmen gewährte allerdings keinen Zugang zu diesen wesentlichen Hafeneinrichtungen. Zeck der Verweigerung war es, das eigene Fährgeschäft vor Wettbewerb zu schützen.

Betrachtet man das Begehren von Sea Containers aus neutraler Sicht eines Hafenbetreibers, liegt es eigentlich nahe, die Hafeneinrichtung möglichst optimal auszulasten, denn mit jedem Hafennutzer kann ein größerer Gewinn erzielt werden. Stellt man sich einmal vor, dass es mehrere Häfen in der näheren Umgebung gegeben hätte, so wären alle Hafenbetreiber selbstverständlich um die Werbung von Kunden bemüht gewesen.

Hier lag der Fall anders: der Zugang wurde verweigert und damit auf einen entsprechenden Gewinn verzichtet, um einen vermutlich größeren Gewinn auf dem solchermaßen monopolisierten Markt für Fährdienstleistungen zu erwirt-

384 Kommission, Entscheidung 94/19/EG vom 21.12.1993, ABl. EG 1994 L 15/8 – *Sealink II*.

385 So wies die Begründung in *Commercial Solvents* noch auf das willkürliche Verhalten und die wettbewerbswidrigen Absichten des Unternehmens hin.

schaften. Denn anderen Unternehmen war mit der Versperrung der Engpasseinrichtung Hafen die Erbringung von Fährdiensten nicht möglich. Verbraucher hatten also keine Wahl, so dass es dem einzigen Anbieter von Schiffsverbindungen möglich war, einen Monopolpreis zu verlangen. Die Kommission entschied daher, dass:

> „ein Unternehmen mit marktbeherrschender Stellung auf einem verbundenen Markt nicht zugunsten der eigenen Tätigkeiten diskriminierende Handlungen vornehmen darf. Der Eigentümer einer wesentlichen Einrichtung, der seine Macht auf dem Markt dazu nutzt, seine Stellung auf einem anderen, zu diesem in Bezug stehenden Markt zu stärken, indem er insbesondere einem Wettbewerber den Zugang verweigert oder den Zugang unter weniger günstigen Bedingungen als für die eigenen Dienste gewährt und damit seinem Wettbewerber einen Wettbewerbsnachteil aufzwingt, verstößt gegen Art. 86 (102 AEUV).“[386]

Zwar werden die Verbraucher nicht bereit sein jeden Preis zu zahlen. Ist beispielsweise ab einer bestimmten Höhe die Reise per Flugzeug günstiger, wird kurz unter dieser Schwelle der maximale Gewinn des Monopolpreises liegen. Auch wenn keine Substitute verfügbar sein sollten, werden Verbraucher nicht bereit sein, jeden Preis zu zahlen.

Der von der Kommission geforderte „Bezug“ zwischen den beiden Märkten bestand im Fall *Sealink II* darin, dass die Hafeneinrichtung notwendiger Inputmarkt für den Auftritt auf dem Outputmarkt für Fährdienstleistungen war und so die Erzielung von Monopolpreisen ermöglichten.

2. Schlussfolgerung

In dieser Entscheidung wird - nachdem schon 1912 in den USA mit dem Fall *Terminal Railroad* das Konzept der wesentlichen Einrichtungen etabliert worden war - nun achtzig Jahre später auch in Europa zum ersten Mal offiziell von wesentlichen Einrichtungen gesprochen.

Eine wesentliche Einrichtung wird in der Entscheidung definiert als eine Einrichtung oder Infrastruktur, ohne deren Nutzung ein Wettbewerber seinen Kunden keine Dienste anbieten kann.[387]

Der EuGH hat die Kommissionspraxis in seinen Entscheidungen *Magill*,[388] *Bronner*[389] und *IMS-Health*[390] im Grundsatz bestätigt.

---

386 Kommission, Entscheidung 94/19/EG vom 21.12.1993, ABl. EG 1994 L 15/8 (16), Rn. 66 – Seacontainers/Stena Link (*Sealink II)*; Kom. ABl. 1994 L 55/52, Rn. 12 – *Port of Rodby*; XXV. EG-Kom.-Wettbewerbsbericht 1995, Rn. 43 – *Morlaix*.

387 Kommission, Entscheidung 94/19/EG vom 21.12.1993, ABl. EG 1994 L 15/8 (16), Rn. 66 – *Sealink II*.

a) Strukturmissbrauch im Gegensatz zum Verhaltensmissbrauch

Im Fall *Sealink II* kam es dabei – anders als noch im Fall *Commercial Solvents* – nicht auf eine missbräuchliche Verdrängungsabsicht an. Der Missbrauch musste nur noch anhand der Marktstruktur begründet werden. Die Engpasseinrichtung ermöglichte dem Monopolunternehmen die Monopolisierung eines abgeleiteten Marktes durch die Ausnutzung bereits bestehender Marktzutrittsschranken, die Gefahr für den Wettbewerb ist in diesen Märkten darum besonders groß, denn das zweite Monopol könnte auch durch effizientere Wettbewerber auf dem abgeleiteten Markt nicht gefährdet werden und der Monopolist hätte keinen Anreiz, seine Effizienzgewinne an die Verbraucher weiter zu geben oder sich um Innovationen zu bemühen, da es im abgeleiteten Markt an dem natürlichen Wettbewerbsdruck mangeln würde.

Auf der anderen Seite hat der Hafenbetreiber grundsätzlich das Recht, aufgrund seines Eigentums seinen Konkurrenten den Zugang zu seinen Anlagen zum eigenen Vorteil zu verweigern. Grundsätzlich können private Eigentümer andere Marktteilnehmer von der Nutzung ihres Eigentums ausschließen, ohne dass dies diskriminierend ist. Die Zugangsverweigerung ist in den Fällen der essential facilities Doktrin allein deshalb missbräuchlich, weil der Wettbewerb auf dem abgeleiteten Markt beeinträchtigt wird.[391]

Eine Untersuchung anhand einer missbräuchlichen Diskriminierung i.S.v. Art. 102 S. 2 lit. c) AEUV hilft in diesen Fällen nicht weiter, da ein Monopolunternehmen sein Verhalten gegenüber direkten Konkurrenten mit legitimen eigenen Geschäftsinteressen – gestützt auf sein Eigentum – verteidigen kann.[392]

Da Stena Sealink auf dem Markt für Hafenleistungen aber ein Monopol besaß, war es missbräuchlich, diese Marktmacht auf den davon abgeleiteten Markt für Fährdienste auszudehnen. Die Parallelen zum Fall *Terminal Railroad* sind offensichtlich. Es war insbesondere die Hebelwirkung, das sog. *leveraging*, welches den Missbrauch völlig unabhängig vom Beweis wettbewerbschädlicher Absichten begründete.

Die Bottleneck-Situation ist mithin charakteristisch für wesentliche Einrichtungen, sie macht es anderen Marktteilnehmern unmöglich, ohne Mitbenutzung auf dem nachgelagerten Markt in Wettbewerb zu treten, und sie erlaubt es dem

388 EuGH vom 6.4.1995 - Verb. Rs. C-241/91 P und C-242/91 P, Slg. 1995, I-743 – *Magill.*

389 EuGH vom 26.11.1998 – Rs. C-7/97, Slg. 1998, I-7791 – *Bronner.*

390 EuGH vom 29.4. 2004 – Rs. C-418/01, Slg. 2004, I-5039 – *IMS-Health.*

391 Siehe Stapper, (Fn. 354), S. 75.

392 Vgl. Stapper, (Fn. 354), S. 73; Siehe auch Areeda, 58 Antitrust Law Journal 1990, 841 (849 f.).

Monopolisten, diesen zweiten Markt völlig zu beherrschen, ohne mit Mitteln des Leistungswettbewerbs agieren zu müssen.

Liegen diese Voraussetzungen allerdings nicht vor, ist ein Marktbeherrscher grundsätzlich nicht verpflichtet, seine Einrichtungen für Mitbewerber zu öffnen, wenn er sie mit leistungsgerechten Mittel geschaffen hat.[393] Ein *free-riding* soll nicht ermöglicht werden. Auf der anderen Seite darf der Wettbewerber aber auch nicht durch die Hebelwirkung, die durch das Monopol auf dem einen Markt ermöglicht wird, einen zweiten Markt ungerechtfertigt monopolisieren.

Weil die essential facilities Doktrin einen Missbrauch anhand der Marktstruktur nachweist, ist es möglich, einen abgeleiteten Markt auch für neu auftretende Wettbewerber zu öffnen. Dies ist ein besonderer Vorteil gegenüber einer Prüfung unter Diskriminierungsaspekten, bei der nur die berechtigten Erwartungen langjähriger Kunden des Monopolisten geschützt werden.[394] Märkte können daher mit der essential facilities Doktrin auf für neuauftretende Mitbewerber geöffnet werden. Dies ist eine wesentliche Neuerung zu den bisherigen *refusal to deal*-Fällen.[395]

b) Die essential facilities Doktrin als neues Rechtsinstitut?

Zu Beginn der neunziger Jahre stellte sich mit den Hafenfällen die Frage, ob nicht die bisherige Handhabung der *refusal to deal*-Fälle ausreichend sei, um solche Fälle angemessen zu lösen.

Um es vorwegzunehmen, die essential facilities Doktrin ist ein neues Rechtsinstitut. Denn Art. 102 AEUV setzt allein einen objektiv festzustellenden Missbrauch von Marktmacht voraus. Auf subjektive Absichten kommt es dagegen nicht an. Damit würde sich eine Prüfung der Absicht des Monopolisten auch in *refusal to deal*-Fällen erübrigen.[396]

Subjektive Elemente der Zuwiderhandlung haben zwar indikative, aber keinesfalls konstitutive Bedeutung für das Vorliegen eines Missbrauchs.[397]

---

393 Immenga/Mestmäcker-(Möschel), (Fn. 356), Art. 82 EGV, Rn. 239.

394 Reindl, The Magic of Magill, TV Program Guides as a Limit of Copyright Law? In: IIC 1993, 60 (77); Ridyard, Essential Facilities and the Obligation to Supply Competitors under UK and EC Competition Law, ECLR 1996, 438 (443); Sullivan, Southwestern University Law Review, 1992, 1227 (1241); Troy, Columbia Law Review, 1983, 441 (466); Mennicke, ZHR 1996, 626 (652).

395 Stapper, (Fn. 354), S. 76; Nikolinakos, Access Agreements in the Telecommunications Sector – Refusal to Supply and the Essential Facilities Doctrine under E.C. Competition Law, in: ECLR 1999, 399 (407).

396 Vgl. Stapper, (Fn. 354), S. 58.

397 Schröter/Jakob/Mederer-(Schröter), Kommentar zum Europäischen Wettbewerbsrecht[1], Art. 82 EG, Rn. 162.

Wie aber anhand des Falles *Commercial Solvents* beispielhaft dargestellt wurde,[398] können wettbewerbsschädliche Absichten von enormer Bedeutung sein, um eine Handlung als legitim oder missbräuchlich beurteilen zu können, so dass die Bedeutung von Absichten nicht unterschätzt werden darf und eine Lösung ohne das Abstellen auf wettbewerbsschädliche Absichten oft nicht möglich wäre.

Eine Alternative zu diesem Lösungsweg bietet die essential facilities Doktrin, indem sie auf die Marktstruktur abstellt und ohne Berücksichtigung von Absichten oder Verhaltensweisen auskommt. Dafür ist zu untersuchen, ob eine Bottleneck-Situation vorliegt, die eine Monopolausdehnung auf den abgeleiteten Markt ermöglicht. Die Zugangsverweigerung bildet sodann das einzige Verhaltenselement, welches nur noch objektiv gerechtfertigt werden kann.

c) Das neue Produkt

Ausgangspunkt bei der Fallgruppe des *refusal to deal* ist immer, dass die bloße Lieferverweigerung an sich nicht missbräuchlich sein kann. Dies hat seinen Grund einerseits in der Privatnützigkeit des Eigentums, andererseits in dem Grundsatz der Vertragsfreiheit. Zur Lieferverweigerung i.w.S. muss also immer noch ein außergewöhnlicher Umstand hinzutreten, der den Missbrauch begründet.[399] Dies ist in essential facilities Fällen immer die Engpasseinrichtung.

Ob auch die Verhinderung eines neuen Produkts i.S.v. Art. 102 S. 2 lit. b) AEUV hier einen Missbrauch begründet hat, ist fraglich. Im Angebot des neuen Hochgeschwindigkeits-Katamarans wäre wohl eine neue Dienstleistung zu erblicken, die verhindert wurde.

Die Kommission konnte aber im Fall *Sealink II* die außergewöhnlichen Umstände der Generalklausel des Art. 102 AEUV entnehmen. Daneben kam aber sicherlich auch ein Verbot i.S.v. Art. 102 S. 2 lit. b) AEUV durch die Verhinderung eines neuen Produkts in Betracht.

Es sind durchaus Fälle denkbar, in denen eine Lieferverweigerung zusätzlich dadurch missbräuchlich wird, dass sie im Sinne von Art. 102 S. 2 lit. b) AEUV das Auftreten eines neuen Produkts verhindert, allerdings wird der Missbrauch dann durch zwei Verbotsnormen begründet, was an sich nicht notwendig wäre, andererseits ist eine weitergehende Begründung desselben Ergebnisses nur selbstverständlich und trägt zur Absicherung etwaiger Verbote bei.

---

398 Siehe schon oben S. 108.

399 So auch GA Jean Mischo, Schlussanträge in der Rs. 238/87, vom 21.7.1988, Slg. 1988, 6211 (6228), Rn. 28 – *Volvo/Veng*, der allerdings auf das Beispiel der überhöhten Preise zurückgriff.

Natürlich hatte Stena Sealink den neuen Schnellfährdienst von Sea Containers durch die Zugangsverweigerung verzögert und zurückgehalten und somit eine neue Dienstleistung oder wenigstens deren wesentliche Verbesserung für die Verbraucher verhindert, was im Rahmen des Art. 102 S. 2 lit. b) AEUV verboten ist. Für die Verbraucher wäre ein neuer Hochgeschwindigkeits-Katamaran sicherlich eine Neuerung in diesem Sinne gewesen.

Der von der Kommission genannte Umstand der Verhinderung einer neuen Dienstleistung hätte die Missbräuchlichkeit der Lieferverweigerung also unabhängig von der besonderen Marktstruktur begründen können.

Fraglich ist, ob das Kriterium des neuen Produkts allein die Öffnung eines Marktes rechtfertigen kann. Unter der Prämissse, dass auf dem Fährmarkt wirksamer Wettbewerb bestand, konnte das Interesse der Verbraucher an dem von Sea Containers geplanten neuen Hochgeschwindigkeits-Katamaran allein betrachtet wohl nicht ausreichen, um einen Zwangszugang zum Hafen der Stena Gruppe zu rechtfertigen.[400] Die Kommission war sich dessen anscheinend bewusst und wies daher nur kurz auf die Verhinderung des neuen Produkts hin.

Im Übrigen bleibt die Frage bestehen, wie neu dieser Fährdienst tatsächlich gewesen wäre, denn im Grunde genommen ist die Geschwindigkeit bei zwei Fährdiensten keine wirkliche Neuerung, sondern nur eine Variation derselben Dienstleistung. Außerdem hatte Stena Sealink nun selbst einen Schnellfährdienst eingerichtet, so dass Sea Containers Produkt nicht mehr *neu* war. Lediglich der *first mover advantage* war damit für Sea Containers verloren.

Im Ergebnis ist festzuhalten, dass die Verhinderung eines neuen Produkts zwar mit der Lieferverweigerung kombiniert werden kann und an sich missbräuchlich ist, die Verhinderung eines neuen Produkts muss aber getrennt von der essential facilities Doktrin betrachtet werden. Es sind gleichermaßen zwei getrennte Verbotsnormen, die zu derselben Rechtsfolge führen, nämlich der Pflicht, einen Zugang zu öffnen. Liegen deren beide Voraussetzungen vor, so sind sie beide gleichermaßen erfüllt. Liegen aber nur die Voraussetzungen einer Verbotsnorm vor, ist die eine auch ohne die andere Verbotsnorm erfüllt. Es wäre gegen jede Methodik, eine Verbotsnorm zu verneinen, nur weil ein andere nicht vorliegt.[401]

---

400 So auch Stapper, (Fn. 354), S. 71.

401 Ob die „Neuheit" des Produkts eine kumulative Voraussetzung für die essential facilities Doktrin ist, wird also schon hier verneint. Entscheidend wirkt sich dieser Streitpunkt aber in den Fällen *Magill* und *IMS-Health* aus, die unten ausführlich erörtert werden.

C. Missbräuchliche Marktmachtausdehnung auf Folgemärkte trotz Wettbewerbs auf dem Hauptmarkt

Bei essential facilities Situationen lautet der Missbrauchsvorwurf also im Kern, dass der Inhaber einer wesentlichen Einrichtung durch die Zugangsverweigerung seine Marktmacht auf einen nachgelagerten Markt transferiert. Dies setzt logischerweise das Bestehen zweier unterschiedlicher Märkte sowie eine entsprechende Verbundenheit im Sinne einer Unentbehrlichkeit des Inputs für den Output voraus.[402] In der Anwendungspraxis wurde dieses Zwei-Markt-Erfordernis, wenn mitunter implizit, auch stets zugrunde gelegt.

Bis zuletzt war jedoch umstritten, ob diese Bedingung auch dann erfüllt ist, wenn das Unternehmen auf dem vorgelagerten Markt die Einrichtung nur für den Eigengebrauch errichtet und ausschließlich selbst nutzen will.[403] Wie Bunte anmerkt, wirke das Vorliegen eines eigenen sachlich relevanten Marktes dann gekünstelt, wenn die Dienstleistung zur Öffnung einer Einrichtung für Dritte nicht auf dem Markt angeboten werde.[404]

Fraglich ist außerdem, ob ein selbst geschaffener Markt einem Unternehmen die Befugnis verleiht, auch Gewinne auf dem so geschaffenen abgeleiteten Markt abzuschöpfen.

Die Beantwortung dieser Frage hat auch für Sachverhalte mit Bezug zum Immaterialgüterrecht Bedeutung. Die Annahme, dass Immaterialgüterrechte ihrem Inhaber abgeleitete Märkte vorbehalten müssten, um Investitionen zu amortisieren, könne nämlich zu einer Unanwendbarkeit des Kartellrechts führen.[405]

Aber ebenso wie der Eigentümer einer Hafenanlage kann sich auch der Inhaber von geistigem Eigentum abgeleitete Märkte vorbehalten und diese monopolisieren. Dabei wird die Frage aufgeworfen, ob Rechte des geistigen Eigentums ihrem Inhaber ohne Einschränkung die Befugnis einräumen, sie zur Erobe-

402 Münchener Kommentar zum Europäischen und Deutschen Wettbewerbsrecht-(Eilmansberger), (Fn. 352), Art. 82, Rn. 361; Grabitz/Hilf-(Jung), Das Recht der Europäischen Union – Kommentar (Losebl. 1999), Art. 82 EGV, Rn. 217 (37. EL November 2008).

403 Oechseler, Netzzugang und Durchleitung auf der Grundlage des kartellrechtlichen Diskriminierungsverbots, in: ZHR 2000, 479 (491-496); Geradin Limiting the Scope of Article 82 EC: What Can the EU Learn From the U.S. Supreme Court´s Judgement in Trinko in the Wake of Microsoft, IMS, and Deutsche Telekom?, in: 41 CMLR 2004, 1519 (1530).

404 Bunte, 6. GWB-Novelle und Missbrauch wegen Verweigerung des Zugangs zu einer „wesentlichen Einrichtung“, in: WuW 1997, 302 (314).

405 So im Ergebnis Montag, EuZW 1997, 71 (75).

rung benachbarter Märkte einzusetzen.[406] Es ist zu beachten, dass die Existenz von Rechten des geistigen Eigentums genauso wenig wie das Sacheigentum Strategien rechtfertigt, die auf eine wettbewerbswidrige Behinderung von Mitbewerbern abzielen. Die Reichweite des betreffenden Immaterialgüterrechts muss zu diesem Zweck bestimmt werden. Die vom Ausschließlichkeitsrecht geschützten Bereiche sind mithin von solchen abzugrenzen, für welche der Schutzrechtsinhaber keine Ausschließlichkeitsstellung erwarten kann.[407]

Auch in diesem Zusammenhang wird die essential facilities Doktrin relevant. Denn der Markt für das Schutzrecht kann einen unerlässlichen Inputmarkt darstellen, ohne den das Auftreten auf einem abgeleiteten Outputmarkt nicht möglich ist.

Stellt sich das betreffende Immaterialgüterrecht danach als unerlässlich dar, darf ein Unternehmen seine Marktmacht nicht dazu einsetzen, andere Märkte zu erobern, wenn die hierbei eingesetzten Methoden nicht als Leistungswettbewerb eingestuft werden können.[408]

Diesem Konzept wird im Zusammenhang mit Immaterialgüterrechten allerdings vorgeworfen, dass es für ein marktbeherrschendes Unternehmen notwendig sein kann, seine Marktmacht auf benachbarte Märkte auszuweiten, um die Investitionskosten für seine erfolgreiche Innovation zu decken.[409] Erst wenn also feststeht, in welchem Umfang der Marktmachttransfer in abhängige Märkte grundsätzlich zulässig sein kann und somit vom Anwendungsbereich des Kartellrechts im Allgemeinen und der essential facilities Doktrin im Besonderen freigestellt ist, kann beurteilt werden, ob diese Doktrin geeignet ist, die Kontrollmöglichkeiten zu beschränken, die De-facto-Standards oder andere Formen der Monopolisierung über abhängige Märkte verleihen.

Auch wenn es keinen Fall der Schutzrechtsausübung betrifft, stellt das *Kodak*-Urteil[410] des Supreme Court aus dem Jahr 1992 für diese Frage, die das allgemeine Kartellrechtsverständnis vertikaler Wettbewerbsbeschränkungen betrifft, einen Meilenstein dar.[411] Die *Kodak*-Entscheidung des Supreme Court und der europäische Fall *Hugin* liefern maßgebliche Erkenntnisse. Beide Entschei-

---

406 Bejahend, Montag, EuZW 1997, 71 (75). Es gehöre gerade zur Substanz dieser Rechte, sich verschiedene Vermarktungsstufen vorzubehalten.

407 Heinemann, GRUR Int. 2006, 705 (713); Eilmansberger, EWS 2003, 12 (17 ff.).

408 Heinemann, GRUR Int. 2006, 705 (713); Eilmansberger, How to distinguish good from bad competition under Article 82 EC: In search of clearer and more coherent standards for anti-competitive abuses, in: CMLR 2005, 129 (148).

409 Eilmansberger, The essential facilities doctrine under Art. 82: What is the state of affairs after IMS Health and Microsoft?, in: 16 KCLJ 2005, 329 (341 f.), m.w.N.

410 *Eastman Kodak Company v. Image Technical Services, Inc.*, 504 U.S. 451 (1992).

411 Siehe Stapper, (Fn. 354), S. 113.

dungen gehen von eigenständigen kartellrechtsrelevanten Folgemärkten aus, obwohl diese Märkte von den Unternehmen selbst geschaffen wurden und nicht für den Zugang Dritter bestimmt waren.

I. Marktmacht auf dem selbst geschaffenen Markt für Ersatzteile – Kodak

Im *Kodak*-Fall[412] ging es vor allem um Marktmacht in produktabhängigen Märkten. Denn auch wenn auf dem Hauptmarkt wirksamer Wettbewerb herrscht, so kann unter Umständen auf produktabhängigen Märkten eine marktbeherrschende Stellung bestehen, damit können diese Märkte ebenfalls der Missbrauchskontrolle unterworfen sein.[413] Gibt es andererseits nur einen Markt (den Hauptmarkt) und herrscht auf diesem Markt Wettbewerb, so gibt es selbstverständlich keine Engpasseinrichtung und die Anwendung der essential facilities Doktrin scheidet aus.

Kann dagegen ein Unternehmen trotz Wettbewerbs auf dem Hauptmarkt Wettbewerb auf nachgelagerten Märkten ausschließen, stellt sich die Situation schon anders dar. Die Frage ist nun, ob es einen Engpass trotz wirksamen Wettbewerbs auf dem Hauptmarkt geben kann.

Dem Urteil lag folgender Sachverhalt zugrunde: Das Unternehmen Kodak stellte Fotokopierer her, die nicht mit den Geräten der Konkurrenten kompatibel waren. Auf dem Markt für Fotokopierer bestand aber wirksamer Wettbewerb zwischen mehreren Anbietern von Fotokopierern. Außerdem versorgte Kodak seine Kunden mit Service und Ersatzteilen.

Unabhängige Serviceunternehmen begannen zu erheblich günstigeren Konditionen als Kodak Serviceleistungen für Kodak Kopierer anzubieten. Kodak änderte daraufhin seine Geschäftspolitik und bot Ersatzteile und Service nur noch selbst an. Die unabhängigen Serviceunternehmen behaupteten, dass Kodak den Service- und Ersatzteilmarkt unter Verstoß gegen § 2 Sherman Act monopolisiert habe bzw. zu monopolisieren versuche.[414]

1. Relevante Märkte

In diesem Fall ging es um drei Märkte, nämlich einmal um den Hauptmarkt für Fotokopierer und die Folgemärkte für Ersatzteile und Service.

---

412 *Eastman Kodak Company v. Image Technical Services, Inc.*, 504 U.S. 451 (1992).

413 Siehe Stapper, (Fn. 354), S. 114 f.

414 Auf einen Koppelungsvorwurf soll hier nicht eingegangen werden.

Da Kodak auf dem Markt für Fotokopierer wirksamem Wettbewerb ausgesetzt war und das Unternehmen über keine marktbeherrschende Stellung verfügte, war fraglich, ob mangels Marktmacht das Kartellrecht überhaupt zur Anwendung kommen konnte. Verfügte Kodak also über Marktmacht auf Folgemärkten für Ersatzteile und Serviceleistungen?

Weil Service und Ersatzteile für Kodakgeräte nicht mit Ersatzteilen und Serviceleistungen anderer Hersteller austauschbar waren, wurde der relevante Markt aus der Sicht der Besitzer von Kodakgeräten allein durch diejenigen Firmen gebildet, die Kodakgeräte warteten.[415] Da es an einer Austauschbarkeit von Kodakersatzteilen mit Ersatzteilen anderer Hersteller mangelte, verfügte Kodak über eine beherrschende Stellung auf dem Markt für Ersatzteile, die es Kodak erlaubte, auch den Markt für Servicearbeiten zu monopolisieren.

2. Engpasseinrichtung

Das Unternehmen beherrschte trotz Wettbewerbs auf dem Primärmarkt den Markt für Ersatzteile und Service für Kodak Kopierer. Diese beherrschende Stellung ermöglichte es dem Unternehmen, den Wettbewerb durch konkurrierende Serviceanbieter auszuschalten. Weil die Belieferung mit Ersatzteilen unerlässlich für das Angebot von Serviceleistungen war, kam ein kartellrechtlicher Zwangszugang für Konkurrenten auf dem von Kodak selbst geschaffenen Markt durch die essential facilities Doktrin in Betracht.

3. Hebelmissbrauch

Die Kontrolle über den Ersatzteilmarkt erlaubte es Kodak, den Wettbewerb bei Serviceleistungen zu unterbinden und durch die unfreiwillige Erzwingung der Inanspruchnahme die Preise in die Höhe zu treiben, obwohl der Service von Kodak teurer und von minderer Qualität als der der unabhängigen Serviceunternehmen war. Dieses Verhalten begründete den Hebelmissbrauch. Verbraucher mussten also zum Kodak-Service wechseln, obwohl sie den Service der unabhängigen Unternehmen bevorzugten.

4. Rechtfertigung durch Wettbewerb auf dem Hauptmarkt

Kodak entgegnete demgegenüber, dass selbst dann, wenn ein monopolistischer Anteil am relevanten Ersatzteilmarkt zugestanden würde, die für die Verletzung

415 Unter Verweis auf *Jefferson Parish Hospital District No. 2 v. Hyde*, 466 U.S. 2 (19) (1984).

des Sherman Act notwendige Marktmacht tatsächlich nicht ausgeübt werden konnte.[416] Dies sei deswegen nicht möglich gewesen, weil auf dem Primärmarkt für Kopierer Wettbewerb herrsche. Kodak hätte keine Möglichkeit, die Preise für Service und Ersatzteile über den Level anzuheben, der auf einem Markt bestände, auf dem Wettbewerb herrsche, da jede durch höhere Preise auf dem Folgemarkt erzielte Gewinnsteigerung zumindest durch entsprechende Gewinneinbußen aufgrund geringerer Verkaufszahlen im Primärgerätebereich wieder kompensiert werden würde, weil die Konsumenten dazu übergingen, Geräte mit günstigeren Servicekosten zu kaufen.

Danach würde Wettbewerb auf dem Primärgerätemarkt das Bestehen einer Monopolmacht auf abhängigen Folgemärkten ausschließen.[417]

Diese Behauptung, dass die Erhöhung der Preise für Ersatzteile und Service nur kurzfristige Gewinne bringe, basiert auf der unrichtigen Annahme, dass es nur zwei Preise gibt, die verlangt werden können: einen wettbewerbsbedingten und einen ruinösen Preis. Man kann sich aber leicht einen mittleren optimalen Preis vorstellen, bei dem die höheren Einnahmen aus dem höherpreisigen Verkauf von Service und Ersatzteilen bei weitem die niedrigeren Einnahmen aus dem Verkauf auf dem Primärmarkt ausgleichen. Die Tatsache allein, dass der Primärgerätemarkt den Preisen auf den Folgemärkten eine Beschränkung auferlegt, widerlegt keineswegs das Bestehen von Marktmacht auf diesen Märkten.

Höhere Servicepreise führen also nicht automatisch zu Einbrüchen bei den Verkäufen auf dem Primärmarkt.

Umgekehrt müsste dann gelten, dass niedrigere Servicepreise zu dramatischen Zuwächsen im Primärgerätegeschäft führen würden. Danach müsste es eigentlich in Kodaks Interesse gelegen haben, die preisgünstigeren Serviceangebote der unabhängigen Unternehmen als Gelegenheit zu nutzen, den Geräteabsatz zu steigern. Stattdessen hatte Kodak den preisgünstigeren Service der unabhängigen Anbieter ausgeschaltet.[418]

a) Informations- und Wechselkosten

Die Servicepreise sind für Kodak Kunden aufgrund der neuen Geschäftsstrategie zwar gestiegen, aber es fandt sich keinerlei Hinweis darauf, dass Kodaks Geräteverkäufe daraufhin zurückgegangen wären. Dies lag vor allem an erheblichen

416 *Eastman Kodak Company v. Image Technical Services, Inc.*, 504 U.S. 451 (465), (1992).

417 *Eastman Kodak Company v. Image Technical Services, Inc.*, 504 U.S. 451 (481), (1992).

418 *Eastman Kodak Company v. Image Technical Services, Inc.*, 504 U.S. 451 (1992) = GRUR Int. 1995, 86 (89).

Informations- und Wechselkosten. Diese Kosten konnten eine weniger intensive Bindung zwischen Service- und Ersatzteilpreisen einerseits und Geräteverkäufen andererseits bewirken.

Damit das Preisniveau des Servicemarktes die Nachfrage nach Primärgeräten überhaupt beeinflussen kann, müssen sich die Konsumenten über die Grenzkosten des *Packages* (Paket) – Gerät, Service und Ersatzteile – zum Zeitpunkt des Kaufes selbst informieren. Das heißt, dass sie sich mit den genauen Preisen für die gesamte Betriebsdauer des Gerätes sog. *lifecycle pricing* beschäftigen müssen. Diese Kostenanalyse ist bei langlebigen, komplexen Geräten schwierig und teuer. Um den genauen Preis zu ermitteln, muss der Verbraucher sich beträchtliches Datenmaterial besorgen. Viele dieser Informationen sind nur schwer erhältlich.[419]

Auch die Bindung, die die Verbraucher mit dem Kauf eines Kopierers eingegangen sind, ermöglicht ein gewisses Maß an Preissteigerungen für den Service, bevor Gerätebesitzer zu einem anderen Produkt wechseln, dies wird als *lock in*-Effekt bezeichnet.

Unter diesen Bedingungen können Gerätehersteller mit Gewinn oberhalb des Wettbewerbsniveaus liegende Preise auf dem Servicemarkt aufrechterhalten, wenn die Kosten für einen Wechsel im Vergleich zu den Verteuerungen im Servicebereich relativ hoch sind und die Anzahl der gebundenen Gerätebesitzer gegenüber der Anzahl neuer Käufer ebenfalls groß ist. Wenn ein Verkäufer dann noch zwischen gebundenen Kunden und potentiellen neuen Kunden preislich diskriminieren kann, ist es noch viel näher liegend, dass sich diese Strategie als profitabel erweist.

b) Zwischenergebnis

Kodak verfügte also über Marktmacht, um Mitbewerber in den Folgemärkten zu verdrängen und die Preise zu erhöhen, obwohl das Unternehmen auf dem Markt für Kopierer nicht über Marktmacht verfügte.

5. Rechtfertigung durch den Ausschluss von free-riding

Kodak versuchte den Ausschluss von Wettbewerb durch den Schutz von Investitionen zu rechfertigen. Das Unternehmen wollte Gewinne aus dem Servicegeschäft selbst abschöpften. Muss der nachgelagerte Markt also in diesem Fall

419 *Eastman Kodak Company v. Image Technical Services, Inc.*, 504 U.S. 451 (1992) = GRUR Int. 1995, 86 (89).

Kodak vorbehalten werden, um zu verhindern, dass andere fremde Investitionen und Innovationen kostenlos ausnutzen, sog. *free-riding*?[420]

Dieses Verständnis von *free-riding* findet keine Stützung in der Kartellrechtsanwendung. Im Gegenteil – so der Court of Appeal – sei einer der Missstände, der von den Antitrust-Gesetzen verhindert werden solle, die Schaffung von Marktzugangshindernissen für potentielle Mitbewerber, die von diesen verlangten, gleichzeitig in zwei Märkte einzusteigen.[421]

6. Ergebnis – Monopolisierung produktabhängiger Märkte und die essential facilities Doktrin

Die Monopolisierung produktabhängiger Märkte ist nach der Auffassung einiger Autoren grundsätzlich nicht kartellrechtsrelevant und wird durch die Schutzrechte geistigen Eigentums nur zusätzlich legitimiert.[422] Der Supreme Court nahm aber trotz eines kompetitiven Primärmarktes Marktmacht auf abgeleiteten Märkten an und stellte abhängige Märkte nicht von der kartellrechtlichen Missbrauchsaufsicht frei.

Es kann daher auch auf *single brand aftermarkets* eine marktbeherrschende Stellung aufgrund der Einzigartigkeit eines Produkts bestehen. Damit ist auch hier die essential facilities Doktrin anwendbar.[423] Es können demnach auch von einem Unternehmen selbst geschaffene Märkte – wie der Markt für Serviceleistung für die eigenen Kopiergeräte – missbräuchlich monopolisiert werden, wenn unabhängige Hersteller von diesem abgeleiteten Markt durch Lieferverweigerungen verdrängt werden. Die Stellung auf dem Primärmarkt darf also nicht unter allen Umständen dazu eingesetzt werden, eine Stellung auf einem Folgemarkt auszunutzen, selbst wenn der Markt ohne den Beherrscher überhaupt nicht bestehen würde. Investitions- und Innovationsanreize werden damit auf

---

420 Das gleiche Argument wird im Übrigen von Immaterialgüterrechtsinhabern vorgebracht.

421 Unter Verweis auf *Jefferson Parish Hospital District No. 2 v. Hyde*, 466 U.S. 2 (14) (1984); *Fortner Enterprises, Inc. v. United States Steel Corp.*, 394 U.S. 495 (509) (1969).

422 Der Käufer bringe in seine Kaufentscheidung über das Primärprodukt auch die in Zukunft anfallenden Kosten für Wartung, Zubehör und Ersatzteile ein (Joliet, Geistiges Eigentum und freier Warenverkehr – Die Entwicklung der Rechtsprechung des Gerichtshofs der Europäischen Gemeinschaften in den Jahren 1987 und 1988, in: GRUR Int. 1989, 177 (185); Williams, Sega, Nintendo and After-market Power: The MMC Report on Video Games, in: ECLR 1995, 310 (313 ff.)).

423 Vgl. Stapper, (Fn. 354), S. 219 f.; Heinemann, Immaterialgüterschutz in der Wettbewerbsordnung – Eine grundlagenorientierte Untersuchung zum Kartellrecht des geistigen Eigentums (2002), S. 81.

jedem eigenständig abgrenzbaren Markt durch das Wettbewerbsrecht geschützt, auch dann, wenn es sich um einen selbstgeschaffenen Markt handelt.[424]

II. Monopolisierung des Ersatzteilmarktes in Europa – Hugin

Parallel zum *Kodak*-Fall stellt nach dem Fall *Hugin* das Vorbehalten eines selbst geschaffenen Marktes auch in Europa den Missbrauch einer marktbeherrschenden Stellung dar.[425]

Die Firma Hugin stellte Registrierkassen her und weigerte sich, notwendige Ersatzteile an Reparaturwerkstätten zu liefern. Der Gerichtshof stellte dazu fest, dass selbst wenn auf dem Markt für Registrierkassen intensiver Wettbewerb herrsche, ein Unternehmen ein Monopol auf dem davon abgeleiteten Ersatzteilmarkt haben könne.

Aus dem Umstand, dass unabhängige Reparaturwerkstätten zur Erbringung ihrer Dienstleistungen auf den Bezug von Ersatzteilen für das betreffende Primärprodukt (Registrierkassen) angewiesen waren, folgert der EuGH ferner, dass diese Ersatzteile auch einen eigenständigen Markt darstellten.[426]

Missbräuchlich handelt danach der Hersteller von technisch komplizierten, reparaturanfälligen Geräten, wenn er sich weigert, einen früheren Vertragshändler weiterhin mit Ersatzteilen zu versorgen. Der Wunsch des Lieferanten, den Kunden- und Reparaturdienst für diese Erzeugnisse den Unternehmen seines eigenen Vertriebsnetzes vorzubehalten, reicht zur Rechtfertigung der Lieferverweigerung jedenfalls dann nicht aus, wenn dies zum Ausscheiden unabhängiger Reparaturbetriebe aus dem Markt führen würde.[427]

Der EuGH sah in dieser Geschäftspraktik ein missbräuchliches Verhalten im Sinne des Art. 102 AEUV.[428] Zu einer Entscheidung i.d.S. kam es allerdings

---

424 Vgl. Stapper, (Fn. 354), S. 220; *Eastman Kodak Co. v. Image Technical Services, Inc.*, 504 U.S. 451 (485) (1992).

425 So zumindest Kommission, Entscheidung vom 8.12.1977 – Rs. 78/68/EWG, ABl. EG 1978, L 22/23 – Hugin/Liptons.

426 EuGH vom 31.5.1979 – Rs. 22/78, Slg. 1979, II-1869, Rn. 7 – *Hugin*.

427 Kommission, Entscheidung vom 8.12.1977 – Rs. 78/68/EWG, ABl. EG 1978, L 22/23 (31) – Hugin/Liptons; von der Groeben/Schwarze-(Schröter), Vertrag über die Europäische Union und Vertrag zur Gründung der Europäischen Gemeinschaft – Kommentar[6] Band 2 (2003), Art. 82 EG, Rn. 253.

428 EuGH vom 31.5.1979 – Rs. 22/78, Slg. 1979, II-1869 (II-1895 ff.), Rn. 3 - 14 – Hugin Kassaregister AB und Hugin Cash Registers Ltd./Kommission (*Hugin*).

nicht, weil das Verhalten keine Auswirkungen auf den Handel zwischen den Mitgliedstaaten hatte.[429]

III. Ergebnis

Obwohl Wettbewerb auf dem Hauptmarkt für Fotokopierer oder Registrierkassen herrschte, war die Marktmacht auf Folgemärkten für die Anwendung des Kartellrechts relevant. Dies ist nicht selbstverständlich, denn unabhängigen Serviceunternehmen würde in beiden Fällen ein Ausweichen auf andere Hersteller des Hauptmarktes möglich sein.

Aber selbst wenn auf dem Primärmarkt Wettbewerb herrscht, sind die jeweiligen Folgemärkte (für Ersatzteile und Service) getrennt zu behandeln, weil die fehlende Kompatibilität der Ersatzteile deren Substituierbarkeit mit Ersatzteilen anderer Hersteller ausschließt.

Ein Unternehmen kann sich daher auch keine selbst geschaffenen Märkte mit der Rechtfertigung vorbehalten, diese seien zum Eigengebrauch notwendig. Der Ausschluss von Wettbewerb auf einem abgeleiteten Markt kann also nicht durch den Schutz von Investitionen und sog. *free-riding* gerechtfertigt werden. Dies gilt auch in Bezug auf Immaterialgüterrechte.

Die Kritik, das Vorliegen eines eigenen, sachlich relevanten Marktes wirke gekünstelt, wenn das Produkt oder die Dienstleistung zur Öffnung einer Einrichtung für Dritte nicht auf dem Markt angeboten werde, ist danach nicht berechtigt.[430]

Die gegenteilige Annahme würde auch nicht nur allgemeinen Grundsätzen der Marktdefinition widersprechen – nach denen es einzig darauf ankommt, ob ein Bedarf nach dem Produkt oder der Leistung besteht[431] – sondern vor allem auch zu dem widersprüchlichen Ergebnis führen, dass es gerade die zu prüfende Verhaltensweise, nämlich die Geschäftsverweigerung, wäre, die die Feststellung eines Missbrauchs nach Art. 102 AEUV mangels Vorliegens einer marktbeherr-

429 Erstens seien die Ersatzteile von ziemlich geringem Wert gewesen und zweitens betreffe der Missbrauch nur den Großraum London bzw. das Vereinigte Königreich. Demnach sei unter Berücksichtigung der wirtschaftlichen und technischen Besonderheiten des untersuchten Sektors nicht davon auszugehen, dass das Verhalten der Firma Hugin zu Verschiebungen des Warenverkehrs geführt habe (EuGH vom 31.5.1979 – Rs. 22/78, Slg. 1979, II-1869 (II-1900), Rn. 19 ff- – *Hugin*).

430 So aber Bunte, 6. GWB-Novelle und Missbrauch wegen Verweigerung des Zugangs zu einer „wesentlichen Einrichtung“, in: WuW 1997, 302 (314). Diese Kritik findet vor allem im Fall *IMS-Health* großen Zuspruch, dass ihr aber auch in *IMS-Health* nicht zugestimmt werden kann, wird bei der Besprechung von IMS-Health unten erläutert.

431 Jacobi, Third Party Access im Europäischen Wettbewerbsrecht, 2002, S. 47– 49.

schenden Stellung bzw. eines Machttransfers von vornherein ausschließen würde.[432]

Die Unternehmen Kodak und Hugin waren also in der Lage, durch die Zurückhaltung ihrer Ersatzteile ihre marktbeherrschende Stellung auf den abgeleiteten Markt für Serviceleistungen auszudehnen.

Eine Einrichtung muss damit nicht freiwillig vermarktet werden, dies spielte auch im den Fällen *IMS-Health* und *Bronner* eine wichtige Rolle.[433] Außerdem verschaffen auch selbst geschaffene Märkte einem Unternehmen nicht die Befugnis, diese Märkte vor Wettbewerb zu schützen. Auch Immaterialgüterrechte sind nicht in der Lage, diese Befugnis auszudehnen. Der Fall *Kodak* wäre nämlich nicht anders zu entscheiden gewesen, wenn die Ersatzteile immaterialgüterrechtlich geschützt wären.

D. Kein Missbrauch bei Zugangsverweigerung zum Hauptmarkt

Immaterialgüter, d.h. geistige Leistungen wie Erfindungen, Know-how, Geschmacksmuster, Gebrauchsmuster, Halbleitertopographien, Software, aber auch einfache Informationen, z.B. über Schnittstellen, sind ein zunehmend wichtiges Einsatzgut für Produkte oder Dienstleistungen. Sie sind ebenso wie Rohstoffe, Ersatzteile, Dienstleistungen oder andere körperliche Einrichtungen geeignet, den Zugang zu bestimmten Produktmärkten zu eröffnen oder zu versperren.

Im ersten einschlägigen Urteil mit Bezug zu Immaterialgüterrechten hat der EuGH allerdings klargestellt, dass die Weigerung, einem anderen Unternehmen eine Lizenz an einem Immaterialgüterrecht zu erteilen, für sich genommen keinen Missbrauch darstellt.

I. Die rechtmäßige Verweigerung von Lizenzen – Volvo

Im Fall *Volvo*[434] begehrte die Firma Erik Veng eine Lizenz an einem Geschmacksmuster zur Herstellung von geschützten Kotflügeln. Volvo als Rechteinhaber verweigerte die Lizenzierung.

---

432 Münchener Kommentar zum Europäischen und Deutschen Wettbewerbsrecht-(Eilmansberger), (Fn. 352), Art. 82 EG, Rn. 362; Vgl. auch Hohmann, Die Essential Facility-Doktrin im Recht der Wettbewerbsbeschränkungen, 2001. 172.

433 Worauf an gegebener Stelle eingegangen wird.

434 EuGH vom 5.10.1988 – Rs. 238/87, Slg. 1988, 6211 – Volvo/Veng *(„Volvo“)*.

Die Firma Veng und die Kommission waren der Auffassung, dass das Unternehmen Volvo eine beherrschende Stellung auf dem Markt einnehme, und es missbräuchlich i.S.d. Art. 102 AEUV sei, eine Lizenzierung gegen eine angemessene Vergütung zu verweigern. Insbesondere aus dem *Commercial Solvents*-Urteil ergebe sich, dass eine Lizenzverweigerung als Missbrauch einer marktbeherrschenden Stellung angesehen werden könne.

Der britische High Court of Justice legte dem EuGH daraufhin zwei Fragen zur Vorabentscheidung vor: Nämlich (1), ob ein bedeutender Kraftfahrzeughersteller, der eingetragene Geschmacksmuster besitze, die ihm das ausschließliche Recht zur Herstellung und Einfuhr verliehen, aufgrund dieser Ausschließlichkeitsrechte im Hinblick auf solche Ersatzteile eine marktbeherrschende Stellung i.S.d. Art. 102 AEUV innehabe?

Und (2), ob es prima facie einen Missbrauch einer marktbeherrschenden Stellung darstelle, wenn ein solcher Hersteller es ablehne, Dritten eine Lizenz für die Lieferung solcher Teile zu erteilen, obwohl diese bereit seien, angemessene Lizenzgebühren zu bezahlen?

1. Relevanter Markt

Ebenso wie Kodak argumentiert Volvo, unter Hinweis auf den kompetitiven Primärmarkt (für Automobile), über keine Marktmacht zu verfügen. Aber ebenso wie der Supreme Court stellte auch Generalanwalt Mischo eine beherrschende Stellung von Volvo auf dem Ersatzteilmarkt fest. Nach dem GA unterliege es zwar keinem Zweifel, dass sich bestimmte Fahrzeugkäufer, bevor sie ihre Wahl träfen, auch nach dem Preis der Ersatzteile erkundigten und dass dies ihre Wahl beeinflussen könne, berücksichtige man den Zeitfaktor, so schließe der Wettbewerb auf dem Neuwagenmarkt also auch ein Wettbewerbsmoment bezüglich der Ersatzteile ein. Es bleibe aber gleichwohl richtig, dass der Eigentümer eines Fahrzeugs, der sich zu einem gegebenen Zeitpunkt entschließe, die Karosserie seines Fahrzeugs zu reparieren und kein neues Fahrzeug zu kaufen, gezwungen sei, ein Karosserieteil mit der gleichen Form wie das Originalteil zu kaufen. Für den Eigentümer eines Fahrzeugs sei der relevante Markt derjenige der vom Fahrzeughersteller verkauften Karosserieteile oder der Teile, die – weil sie Nachbildungen der erstgenannten Teile seien – an deren Stelle treten könnten.[435]

Der EuGH begann seine Prüfung mit der zweiten Frage, nämlich dem Missbrauchsvorwurf, ohne auf den relevanten Markt oder gar dessen Beherrschung einzugehen, dies lässt auf die Eindeutigkeit dieses Falles schließen. Die ge-

435 GA Jean Mischo, Schlussanträge in der Rs. 238/87, vom 21.7.1988, Slg. 1988, 6211 (6225), Rn. 8 f. – *Volvo.*

schützten Teile konnten nämlich nicht durch andere Teile ausgetauscht werden. Obwohl auf dem Markt für Fahrzeuge Wettbewerb herrschte, hatte Volvo auf dem Ersatzteilmarkt ein Monopol auf *must match* Ersatzteile, die durch das Geschmacksmuster geschützt waren.

2. Kein Missbrauch einer marktbeherrschenden Stellung durch Lizenzverweigerung

Allerdings ist die Weigerung eines Schutzrechtsinhabers, einem anderen Unternehmen eine Lizenz an einem Immaterialgüterrecht zu erteilen, für sich gesehen nicht missbräuchlich. Der Gerichtshof stellte bezüglich des Missbrauchs fest,

> „dass die Befugnis des Inhabers eines geschützten Musters, Dritte an der Herstellung und dem Verkauf oder der Einfuhr der das Muster verkörpernden Erzeugnisse ohne seine Zustimmung zu hindern, gerade die Substanz seines ausschließlichen Rechts darstellt. Daraus folgt, dass eine dem Inhaber des geschützten Musters auferlegte Verpflichtung, Dritten eine Lizenz für die Lieferung von Erzeugnissen, die das Muster verkörperten, zu erteilen, diesem Inhaber selbst dann, wenn dies gegen angemessene Vergütung erfolgen würde, die Substanz seines ausschließlichen Rechts nehmen würde und dass die Weigerung, eine solche Lizenz zu erteilen, als solche keinen Missbrauch einer beherrschenden Stellung darstellen kann.“[436]

Im Unterschied zu den Firmen Kodak und Hugin weigerte sich Volvo also nicht, Ersatzteile zu verkaufen, und dehnte damit nicht seine Monopolmacht auf einen nachgelagerten Markt aus. Volvo weigerte sich vielmehr, dritten Unternehmen eine Lizenz zu erteilen, die beabsichtigen, solche Ersatzteile selber herzustellen.

Reparaturwerkstätten wurden also weiterhin von Volvo beliefert. Der Wettbewerbsausschluss betraf damit im Fall *Volvo* nur den Markt für das immaterialgüterrechtlich geschützte Ersatzteil. Dieser Wettbewerbsausschluss wurde, der EuGH war hier eindeutig, durch das Schutzrecht legitimiert.

3. Ausnahmesituationen, in denen ein Kontrahierungszwang bestehen kann

Gegen Art. 102 AEUV wird durch die Lizenzverweigerung nur dann verstoßen, wenn der darin gelegene Ausschluss Dritter von der Nutzung des Rechts das Mittel zur Verwirklichung eines Marktmachtmissbrauchs wäre. Einen Hebelmissbrauch i.S.d. essential facilities Doktrin bzw. der *Commercial Solvents*-Rechtsprechung hat der EuGH im Fall *Volvo* nicht angenommen.

---

436 EuGH vom 5.10.1988 – Rs. 238/87, Slg. 1988, 6211 (6235), Rn. 8 – *Volvo*.

Allerdings stellte der EuGH – in einem obiter dictum – klar, dass die Ausübung des ausschließlichen Rechts durch den Inhaber eines Musters gem. Art. 102 AEUV verboten sein könne, wenn sie bei einem Unternehmen, das eine marktbeherrschende Stellung einnehme, zu bestimmten missbräuchlichen Verhaltensweisen führe.

Der EuGH nannte in diesem Zusammenhang zwei Ausbeutungsmissbräuche, zum einen die Festsetzung unangemessener Ersatzteilpreise und zum anderen die Einstellung der Ersatzteilproduktion, obwohl noch viele Fahrzeuge dieses Modells verkehrten. Der EuGH nannte noch eine dritte Variante, die durchaus auf einen Hebelmissbrauch im Sinne der Fälle *Kodak* und *Commercial Solvents* hindeutet, nämlich die willkürliche Weigerung, unabhängige Reparaturwerkstätten mit Ersatzteilen zu beliefern, sofern diese Verhaltensweisen geeignet seien, den Handel zwischen Mitgliedstaaten zu beeinträchtigen.[437]

4. Resümee

Der Missbrauchsvorwurf bei wesentlichen Einrichtungen begründet sich durch den Marktmachttransfer. Der Missbrauchsvorwurf der essential facilities Doktrin richtet sich gerade nicht gegen die Marktmacht auf einem Hauptmarkt. Daraus ergibt sich auch eine Schranke für die Intervention gegen Abschlussverweigerungen auf der Grundlage von Art. 102 AEUV: Die Anordnung von Kontrahierungszwang darf nicht dazu führen, dass die Marktmacht auf einem Markt beseitigt wird ohne dass die Gefahr des missbräuchlichen Marktmachttransfers besteht.

Nun wird man auch im *Volvo*-Fall zu der Annahme eines vorgelagerten Lizenzmarktes und eines nachgelagerten Produktmarktes kommen können. Dennoch ist die Situation eine andere. Denn das Immaterialgüterrecht gewährt seinem Inhaber gerade die ausschließliche Nutzung sowohl auf einem Lizenzmarkt als auch auf dem Produktmarkt. Damit fehlt es im *Volvo*-Urteil an einem missbräuchlichen Marktmachttransfer, es liegt kein Hebelmissbrauch vor. Gegen die Monopolstellung von Volvo auf dem Lizenzmarkt war also nichts einzuwenden.

Die vom EuGH genannten Beispiele, unter denen dennoch ein Missbrauch vorliegen könne, waren so dann auch nur solche des Ausbeutungsmissbrauchs.

Ein Hebelmissbrauch läge erst dann vor, wenn Volvo, ähnlich wie Kodak, versuchen würde durch eine Lieferverweigerung, abgeschirmt durch sein Geschmacksmuster auch den vom Ersatzteilmarkt abgeleiteten Markt für Reparatur- und Serviceleistungen zu monopolisieren. Dies war im *Volvo*-Urteil nicht der Fall.

---

437 EuGH vom 5.10.1988 – Rs. 238/87, Slg. 1988, 6211 (6235), Rn. 9 – *Volvo*.

Die Formulierung des Gerichtshofs zum vermeintlichen Missbrauch im*Volvo*-Urteil stellt die Grundlage für das Verhältnis von Immaterialgüterrecht und Kartellrecht dar. Der EuGH geht danach grundsätzlich von der negativen Befugnis des Rechteinhabers aus, sein Schutzrecht nicht zu lizenzieren.

Obwohl kein missbräuchliches Verhalten durch Volvo festgestellt wurde, verweist der EuGH auf hypothetische Missbrauchsformen, die sich hauptsächlich auf den Ausbeutungsmissbrauch beschränken. Das Gericht machte damit deutlich, dass es Ausnahmesituationen geben kann, in denen auch ein marktbeherrschender Schutzrechtsinhaber gezwungen werden kann, Lizenzen zu erteilen. In derartigen Fällen kann die Verpflichtung zur Erteilung einer Lizenz ein geeignetes, unter Umständen sogar das einzig wirksame Mittel sein, um eine Zuwiderhandlung abzustellen.[438] Die Entscheidung folgte damit dem üblichen Regel-Ausnahme Schema.

Die Hauptaussage des Urteils ist, dass Schutzrechte des geistigen Eigentums als solche kartellrechtsneutral sind, unter bestimmten Umständen kann ihr Gebrauch aber den Missbrauch einer marktbeherrschenden Stellung im Sinne des Art. 102 AEUV begründen.[439]

aa) Vergleich zwischen den Urteilen *Commercial Solvents* und *Volvo*

Die Firma Veng hatte in ihrem Vorbringen eine Vergleichbarkeit der Lizenzverweigerung seitens des Unternehmens Volvo mit der missbräuchlichen Lieferverweigerung im Fall *Commercial Solvents* nahe gelegt.[440] Und dieser Vergleich zwischen den Fällen der Lieferverweigerung und dem Fall *Volvo*, der die Ausübung eines Immaterialgüterrechts betraf, wurde vom EuGH auch als Beispielsfall für einen möglichen Missbrauch aufgegriffen, indem der Gerichtshof darlegte, dass die willkürliche Weigerung, unabhängige Reparaturwerkstätten mit Ersatzteilen zu beliefern, missbräuchlich sein könne.[441] Damit hatte der EuGH zwischen der Sache *Volvo* und anderen Fällen der Lieferverweigerung

438 GA Jean Mischo, Schlussanträge in der Rs. 238/87, vom 21.7.1988, Slg. 1988, 6211 (6229), Rn. 31 – Volvo/Veng; von der Groeben/Schwarze-(Schröter), Vertrag über die Europäische Union und zur Gründung der Europäischen Gemeinschaft – Kommentar[6], Band 2 (2003), Art. 82 EG, Rn. 260.

439 Vgl. Heinemann, (Fn. 423), S. 473, Fn. 1099.

440 EuGH vom 5.10.1988 – Rs. 238/87, Slg. 1988, 6211 (6219) – Volvo/Veng.

441 EuGH vom 5.10.1988 – Rs. 238/87, Slg. 1988, 6211 (6235), Rn. 9 – Volvo/Veng.

eine Parallele gezogen.[442] Der Gerichtshof folgte also grundsätzlich dem Vorbringen der Firma Veng und wendete die Missbrauchskriterien aus den Fällen der Lieferverweigerung auch in diesem Fall an.[443]

Aber auch wenn das erste Beispiel des obiter dictum den üblichen Fällen der Lieferverweigerung entsprach, so lehnte der EuGH dennoch eine Vergleichbarkeit des konkreten Sachverhalts mit den Fällen der Lieferverweigerung ab. Fälle der Lieferverweigerung gegenüber Konkurrenten betreffen nämlich solche Sachverhalte, in denen das marktbeherrschende Unternehmen den Versuch einer Monopolausdehnung im Wege einer vertikalen Integration unternimmt, der Primärmarkt soll dabei allerdings nicht geöffnet werden.[444] Im Fall *Volvo* war insofern zwischen dem Markt für Herstellung und Vertrieb von Ersatzteilen für Fahrzeuge der Serie 200, auf dem die beherrschende Stellung von Volvo bestand, auf der einen und dem Markt für Service und Reparaturarbeiten auf der anderen Seite zu unterscheiden. Das erste Beispiel des EuGH verdeutlich, dass es sich nicht um einen klassischen Fall der Monopolausdehnung gehandelt hat. Vielmehr versuchte die Firma Veng auf dem Hauptmarkt für Produktion und Verkauf von Ersatzteilen mit Volvo in Wettbewerb zu treten.[445] Hier hatte sich Volvo aber keinen Markt mit nichtleistungsgerechten Mitteln vorbehalten.

Die Möglichkeit, eine Lizenz nicht zu erteilen, stellt die Substanz eines ausschließlichen Rechts dar. Solange dies den Hauptmarkt betrifft, ist eine Verweigerung nicht missbräuchlich, denn es fehlt entweder an einem Element des missbräuchlichen Marktmachttransfers oder an einem Ausbeutungsmissbrauch. Die Weigerung, eine Lizenz zu erteilen, d.h. die bloße Ausübung eines Immaterialgüterrechts, stellt nicht bereits als solche eine missbräuchliche Ausnutzung einer beherrschenden Stellung dar.

bb) Einschränkungsmöglichkeiten von Schutzrechten

Wie der Gerichtshof schon früher ausgeführt hat, besteht die Substanz des Patentrechts im Wesentlichen darin, dem Erfinder das ausschließliche Recht zu verleihen, das fragliche Erzeugnis als erster in den Verkehr zu bringen, um es

442 Vgl. Stapper, (Fn. 354), S. 95; Venit, The „Essential Facilities" Doctrine: Its Role in EC Competition Law, in: European Competition Law Annual 1998: Regulating Communications Markets, (Hrsg.) Ehlermann/Gosling, S. 237 (238).

443 Siehe Stapper, (Fn. 354), S. 96.

444 So sollte die beherrschende Stellung des Unternehmens Commercial Solvents auf dem Rohstoffmarkt auch nicht angegriffen werden, sondern lediglich die Monopolausdehnung in zuvor nicht beherrschte Märkte.

445 Stapper, (Fn. 354), S. 97.

ihm zu ermöglichen, einen Ausgleich für seine Erfindertätigkeit zu erhalten.[446] Das *Volvo*-Urteil unterstreicht, dass der wesentliche Gehalt von Schutzrechten darin liegt, andere von ihrer Nutzung auszuschließen. Dies gilt selbst dann, wenn der Schutzrechtsinhaber marktbeherrschend sein sollte. Die Firma Veng hatte also kein Recht, an der geschützten Leistung von Volvo zu partizipieren. Die Natur des Schutzrechts gewährt es ihrem Inhaber gerade, frei über seine Nutzung zu entscheiden, entweder durch die Vergabe von Lizenzen, etwa wenn andere Unternehmen in der Lage sein sollten, das Schutzrecht effizienter auszubeuten, oder durch die eigene Ausbeutung.

II. Die Sache CICRA und Maxicar gegen Renault

Im Fall *Renault*[447] wehrte sich ein Zusammenschluss mehrerer italienischer Unternehmen gegen die Eintragung von Geschmacksmustern an Karosserieteilen zugunsten von Renault.

Das nationale italienische Gericht war der Auffassung, der Schutz von Einzelteilen der Karosserie von Kraftfahrzeugen als Geschmacksmuster entspreche zwar dem italienischen Recht, die Ausübung der national gewährten Schutzrechte könne im vorliegenden Fall aber gegen die Bestimmungen des EWG-Vertrags verstoßen, insbesondere gegen die Warenverkehrsfreiheit, denn die Belohnung des Rechtsinhabers sei bereits durch das Ausschließlichkeitsrecht an der Gesamtkarosserie sichergestellt und daher sei der Schutz der einzelnen Karosserieteile als solcher nicht gerechtfertigt, er könne nämlich als Mittel zur Diskriminierung oder zu einer verschleierten Beschränkung des mitgliedstaatlichen Ersatzteilhandels führen.

Der EuGH machte allerdings deutlich, dass der Schutz für einzelne Karosserieteile den Bestimmungen über den freien Warenverkehr nicht entgegenstehe und sich des Weiteren mangels Rechtsvereinheitlichung die Schutzrechtsweite nach nationalem Recht bestimmte.[448] Ähnlich wie im *Volvo*-Urteil[449] betonte der Gerichtshof auch,

> „dass der bloße Erwerb eines von der nationalen Rechtsordnung gewährten ausschließlichen Rechts – dessen Substanz in der Befugnis besteht, die Herstellung und

446 EuGH vom 14.7.1981 – Rs. 187/80, Slg. 1981, 2063 – Merck/Stephar; EuGH vom 9.7.1985 – Rs. 19/84, Slg. 1985, 2281 (2298), Rn. 26 – Pharmon/Hoechst.

447 EuGH vom 5.10.1988 – Rs. 52/87, Slg. 1988, 6039 – CICRA und Maxicar/Renault („*Renault*").

448 Vgl. EuGH vom 5.10.1988 – Rs. 52/87, Slg. 1988, 6039 (6071 f.), Rn. 10, 13 –*Renault*.

449 EuGH vom 5.10.1988 – Rs. 238/87, Slg. 1988, 6211 (6235), Rn. 8 – *Volvo*.

> den Verkauf der geschützten Erzeugnisse durch unbefugte Dritte zu untersagen – nicht als ein missbräuchliches Mittel zur Ausschaltung des Wettbewerbs angesehen werden kann."[450]

Wobei wiederum auf die in dem *Volvo*-Urteil formulierten Ausnahmen verwiesen wurde, unter denen ein Missbrauch dennoch möglich sei.[451]

Resümee

Die Entscheidungen *Volvo* und *Renault* sind auch deshalb bemerkenswert, weil der EuGH zugunsten eines wirksamen Immaterialgüterrechtsschutzes bereit war, massive Einschränkungen des Wettbewerbs hinzunehmen, denn auf dem Ersatzteilmarkt können Automobilhersteller durch die Ausübung ihrer Geschmacksmusterrechte den Wettbewerb nicht nur behindern, sondern überhaupt verhindern. Allerdings hatte der nationale Gesetzgeber den Automobilherstellern durch die Einräumung von Geschmacksmusterrechten auf dem wirtschaftlich bedeutenden Ersatzteilmarkt eine besondere Marktstellung verschafft, die diese Unternehmen dann eben konsequent nutzten. Wenn man daher gemeinschaftsrechtlich gegen die Ausschlusspraktiken der Automobilhersteller hätte vorgehen wollen, wäre der einzig sinnvolle Ansatz gewesen, bereits die Schutzrechtsgewährung durch den nationalen Gesetzgeber grundsätzlich in Frage zu stellen. Das hätte jedoch ein Abgehen von dem in der Rechtsprechung des EuGH aufgestellten Grundsatz[452] erfordert, wonach es mangels Rechtsvereinheitlichung oder – angleichung Sache der Mitgliedstaaten sei, die Voraussetzungen und Modalitäten für den Schutz von Mustern und Modellen festzulegen.[453] Der EuGH wies darauf hin, dass die Frage der Schützwürdigkeit allein Sache des nationalen Gesetzgebers sei. Daher setzte sich der EuGH mit der Schützwürdigkeit der Immaterialgüterrechte auch nicht weiter auseinander.[454] In Anbetracht von Art. 345 AEUV ist das einleuchtend. Daher war es nur konsequent, dass die bloße Ausübung dieser Rechte in Form von Verletzungsklagen und Lizenzverweigerung vom EuGH nicht als missbräuchlich qualifiziert wurde.[455] Im Übrigen folgt dar-

---

450 EuGH vom 5.10.1988 – Rs. 52/87, Slg. 1988, 6039 (6072), Rn. 15 – *Renault.*

451 Vgl. EuGH vom 5.10.1988 – Rs. 52/87, Slg. 1988, 6039 (6072), Rn. 16 – *Renault.*

452 EuGH vom 14.9.1982 – Rs. 144/81, Slg. 1982, III-2853 – Keurkoop/Nency Kean Gifts; Ausführlich zu diesem Grundsatz Heinemann, (Fn. 423), S. 273 f.; Siehe zu dem allgemeinen Problem der schutzrechtsinternen Lösungsansätze in den Ersatzteilfragen auch Conde Gallego, GRUR Int. 2006, 16 (17).

453 Eilmansberger, Der Umgang marktbeherrschender Unternehmen mit Immaterialgüterrechten im Licht des Art. 86 EWGV, in: EuZW 1992, 625 (631 f.).

454 Siehe Stapper, (Fn. 354), S. 94.

455 Eilmansberger, EuZW 1992, 625 (631 f.).

aus, dass für den EuGH die Frage der Gerechtigkeit der Schutzrechtsgewährung auch für zukünftige Fälle keine Rolle spielen wird. So wurde von dem EuGH auch die zu dem *Magill*-Urteil geäußerte Ansicht[456] abgelehnt, dass Urheberrechte an Programminformationen wegen des geringen schöpferischen Wertes nicht besonders schutzwürdig seien.

III. Ergebnis

Die Entscheidungen *Volvo* und *Renault* machen deutlich, dass die Weigerung allein, einem anderen Unternehmen eine Lizenz an einem Immaterialgüterrecht zu erteilen, für sich allein nicht missbräuchlich ist.

In der Entscheidung wurde allerdings auch deutlich, dass unter bestimmten Umständen auch Schutzrechte eingeschränkt werden können. Wann solche Umstände tatsächlich zu einem Missbrauch der marktbeherrschenden Stellung führen, wurde im *Volvo*-Urteil anhand der drei Beispiele jedoch nur grob skizziert.

Wie sich anhand der folgenden Rechtsprechung zeigen wird, hat die grundsätzliche Aussage der Einschränkbarkeit von Schutzrechten weit reichende Konsequenzen für das Verhältnis von geistigem Eigentum und Kartellrecht. Dies wurde zum ersten Mal im *Magill*-Urteil[457] deutlich, in dem das Urheberrecht von Fernsehsendern tatsächlich zu Gunsten eines Verlags eingeschränkt wurde, weil dadurch ein umfassendes TV-Magazin verhindert werden sollte. Den Grundstein für nachfolgende Entscheidungen bildet vor allem die *Volvo*-Rechtsprechung.

---

456 Vgl. Greaves, The Herchel Smith Lecture 1998: Article 86 of the E.C. Treaty and Intellectual Property Rights, in: EIPR, 1998, 279 (383); Subotto, The Right to Deal with Whom One Pleases under EEC Competition Law: A Small Contribution to a Necessary Debate, in: ECLR 1992, 234 (238); Ebenroth/Bohne, 12 EWS 1995, 397 (404); Eilmansberger, EuZW 1992, 625 (633).

457 EuGH vom 6.4.1995 - Verb. Rs. C-241/91 P und C-242/91 P, Slg. 1995, I-743 – *Magill*.

E. Essential facilities Doktrin und geistiges Eigentum im Licht der Rechtsprechung

I. Zwangslizenzen an Urheberrechten – Magill TV Guide

Mit *Magill*[458] erging 1995 das erste Urteil des Gerichthofs, in dem es um die Anwendung der essential facilities Doktrin auf immaterielles Eigentum ging.

Daneben spielte für den Gerichtshof auch die Verhinderung eines neuen Produkts i.S.v. Art. 102 S. 2 Buchstabe b) AEUV eine Rolle. Ob diese beiden Anspruchsgrundlagen zusammenhängen oder unabhängig voneinander geprüft wurden, entfachte eine breite Diskussion und erfordert im Folgenden eine eingehende Analyse. Werden beide Missbrauchstatbestände kumulativ vorausgesetzt, würde dies nämlich zu einer restriktiveren Anwendung der essential facilities Doktrin auf geistiges Eigentum im Gegensatz zum Sacheigentum führen.[459]

Im ursprünglichen Anwendungsbereich der essential facilities Doktrin geht es um die Frage, wann die Berufung auf Eigentumsrechte wettbewerbswidrig ist, wenn damit der Zugang zu einer Infrastruktur, die wesentlich für den Wettbewerb auf einem abgeleiteten Markt ist, verhindert wird.[460] Im Fall *Magill* zeigte sich, dass diese Doktrin auch für die Öffnung von Urheberrechten nutzbar gemacht werden kann und „Einrichtung“ weit zu verstehen ist.[461]

Dagegen enthält das deutsche GWB in § 19 IV Nr. 4 eine Normierung der essential facilities Doktrin, die sich allerdings nur auf körperliche Einrichtungen, d.h. Infrastrukturen wie Netz- oder Kommunikationsleitungen, bezieht. Keine wesentlichen Einrichtungen im Sinne dieser Vorschrift stellten gewerbliche Schutzrechte dar, da sie nicht mit Netzen vergleichbar seien.[462]

Entgegen dieser Ansicht des deutschen Gesetzgebers lässt sich die Doktrin der wesentlichen Einrichtungen aber auf alle Immaterialgüterrechte anwenden. Diese geben ihrem Inhaber nämlich in derselben Weise wie das materielle Eigentumsrecht eine Ausschließlichkeitsposition, deren Ausnutzung unter bestimmten Voraussetzungen wettbewerbswidrig sein kann.[463] Eine Ausnahme

---

458 EuGH vom 6.4.1995 - Verb. Rs. C-241/91 P und C-242/91 P, Slg. 1995, I-743 – Radio Telefis Eireann und Independent Television Publications Ltd/Kommission („*Magill*“).

459 Denn neben den Voraussetzungen der essential facilities Doktrin müsste zusätzlich noch die Verhinderung eines neuen Produkts treten. Dazu ausführlich unten.

460 Vgl. *United States v. Terminal Railroad Association*, 224 U.S. 383 (1912).

461 Vgl. Lober, Die IMS-Health-Entscheidung der Europäischen Kommission: Copyright K.O.?, in: GRUR Int. 2002, 7 (10).

462 So ausdrücklich der Ausschussbericht, BT-Dr. 13/10 633, S. 72 (l. Sp. o.).

463 Mennicke, 160 ZHR 1996, 626 (650).

bildet wohl das Markenrecht, da nur schwerlich Umstände vorstellbar sind, unter denen Zugang zu fremden Marken gewährt werden müsste.[464]

1. Einsatz von Urheberrechten zur Monopolausdehnung auf abgeleitete Märkte

Auf dem Markt von Irland und Nordirland gab es, anders als in den übrigen Mitgliedstaaten der Gemeinschaft, keine umfassende Fernsehprogrammzeitschrift. Denn jede Fernsehanstalt ließ ausschließlich ihre eigenen Programmvorschauen veröffentlichen und widersetzte sich ihrer Wiedergabe durch Dritte unter Berufung auf den urheberrechtlichen Schutz. Der Versuch des Unternehmens Magill TV Guide Ltd., einen umfassenden wöchentlichen Fernsehprogrammführer herauszugeben, scheiterte daher an der Weigerung der Fernsehanstalten, die urheberrechtlich geschützten Programminformationen zu lizenzieren.

Magill machte daraufhin geltend, dass die Fernsehanstalten ihre beherrschende Stellung missbrauchten, indem sie es ablehnten, Lizenzen für die Veröffentlichung ihrer wöchentlichen Programmvorschauen zu erteilen.

2. Widerstreitende Interessen zwischen Eigentum und Wettbewerb

Der Gerichtshof musste somit darüber entscheiden, ob es aufgrund der Wettbewerbsvorschriften des Vertrags möglich ist, unter besonderen Umständen in den spezifischen Gegenstand des Urheberrechts einzugreifen. Damit stellte sich die grundlegende Frage nach der Abwägung zweier miteinander in Widerstreit stehender Interessen, nämlich auf der einen Seite dem Interesse an dem Schutz des gewerblichen und kommerziellen Eigentums, das seine Grundlage im nationalen Recht hat, und auf der anderen Seite dem Interesse an einem unverfälschten Wettbewerb, das wahrzunehmen Aufgabe der Gemeinschaft ist.[465]

---

464 Die Hauptfunktion der Marke sieht der EuGH in der Herkunfts- bzw. Garantiefunktion, die gerade zur Unterscheidung von Wettbewerbern beitragen soll. (EuGH vom 17.10.1990 – Rs. C-10/89, Slg. 1990, I-3711 (I-3758), Rn. 14 – „HAG II").

465 GA Claus Gulmann, Schlussanträge in der Verb. Rs. C-241/91 P und C-242/91 P vom 1.6.1994, Slg. 1995, I-743 (748), Rn. 1 – *Magill.*

3. Missbrauch durch Lizenzverweigerung

a) Monopolmacht

Der EuGH machte deutlich, dass die Inhaberschaft eines Immaterialgüterrechts allein zwar keine marktbeherrschende Stellung begründet.[466] Vielmehr waren die Programminformationen der Sendung die notwendige Folge der Programmplanung der Fernsehanstalten, die damit für Unternehmen wie die Firma Magill, die diese Informationen veröffentlichen wollten, die einzige Informationsquelle darstellten. Die Informationen waren auch ohne Urheberrechtsschutz nur den Fernsehgesellschaften bekannt. Daher hatten die Fernsehsender ein faktisches Monopol an diesen Informationen und damit die Möglichkeit, einen wirksamen Wettbewerb auf dem Markt für Fernsehwochenzeitschriften zu verhindern.[467] Das faktische Monopol begründete also mit oder ohne immaterialgüterrechtlichen Schutz eine marktbeherrschende Stellung. Mit den bloßen Informationen hätte Magill nichts anfangen können, da für den Abdruck eine Lizenzierung des Rechteinhabers erforderlich gewesen wäre.

b) Missbrauch

Grundsätzlich stimmte der Gerichtshof der Ansicht[468] der Fernsehanstalten zu, dass nach dem *Volvo*-Urteil eine Lizenzverweigerung als solche nicht missbräuchlich sein könne.[469] Es sei aber eine unrichtige Annahme, dass das Verhalten eines Unternehmens mit beherrschender Stellung jeder Beurteilung anhand des Art. 102 AEUV entzogen sei, sobald es Teil der Ausübung eines Rechts sei, das vom nationalen Recht als „Urheberrecht" qualifiziert werde, so der

466 EuGH vom 6.4.1995 - Verb. Rs. C-241/91 P und C-242/91 P, Slg. 1995, I-743 (I-822), Rn. 46 – *Magill.*

467 EuGH vom 6.4.1995 - Verb. Rs. C-241/91 P und C-242/91 P, Slg. 1995, I-743 (I-822), Rn. 47 – *Magill.*

468 Eines der wesentlichen Vorrechte des Inhabers des Urheberrechts, ohne das dieses Recht bedeutungslos wäre, sei das ausschließliche Recht der Vervielfältigung. Es ermögliche seinem Inhaber, durch den ausschließlichen Verkauf der Erzeugnisse, die das geschützte Werk verkörperten, eine Vergütung zu erzielen und sich dem Wettbewerb eines Dritten im Hinblick auf die gleichen Erzeugnisse zu widersetzen. Ferner sei es üblich, dass die Inhaber von Urheberrechten ihre Rechte ausübten, um Konkurrenz einzuschränken, die ihren eigenen Erzeugnissen mit anderen aus dem geschützten Material hergestellten Erzeugnissen – auch auf einem abgeleiteten Markt – gemacht werde (EuGH vom 6.4.1995 - Verb. Rs. C-241/91 P und C-242/91 P, Slg. 1995, I-743, (819 f.), Rn. 33 bis 35 und 40 – *Magill*).

469 EuGH vom 5.10.1988 – Rs. 238/87, Slg. 1988, 6211 – *Volvo.*

EuGH.[470] Vielmehr sei ein Missbrauch unter „außergewöhnlichen Umständen“ möglich.

aa) „Außergewöhnliche Umstände“, die einen Missbrauch begründen

Das den Fernsehanstalten vorgeworfen Verhalten bestand darin, dass sie sich auf das Urheberrecht stützten, um ein anderes Unternehmen daran zu hindern, wöchentliche Programminformationen zu veröffentlichen. Der Gerichtshof zählte drei Voraussetzungen auf, die im vorliegenden Fall einen Missbrauch begründeten: (1) die Verhinderung eines neuen Produkts, (2) keine objektive Rechtfertigung und (3) die Verhinderung von Wettbewerb auf einem abgeleiteten Markt.

(1) Verhinderung eines neuen Produkts

Die auf das Urheberrecht gestützte Weigerung der Fernsehanstalten, die Grundinformationen der Programmplanung zur Verfügung zu stellen, habe das Auftreten eines neuen Erzeugnisses, nämlich eines umfassenden wöchentlichen Fernsehprogrammführers, den die Fernsehanstalten selbst nicht anböten und nach dem eine potentielle Nachfrage der Verbraucher bestehe, verhindert, was einen Missbrauch gem. Art. 102 S. 2 lit. b) AEUV darstelle.[471]

(2) Keine Rechtfertigung

Zweitens sei diese Weigerung weder durch die Tätigkeit der Ausstrahlung von Fernsehsendungen noch durch die der Herausgabe von Fernsehzeitschriften gerechtfertigt.[472]

(3) Verhinderung von Wettbewerb auf einem abgeleiteten Markt – essential facilities

Schließlich und drittens behielten sich die Fernsehgesellschaften durch ihr Verhalten einen abgeleiteten Markt – den der wöchentlichen Fernsehprogrammführer – vor, indem sie jeden Wettbewerb auf diesem Markt ausschlössen, da sie

470 EuGH vom 6.4.1995 - Verb. Rs. C-241/91 P und C-242/91 P, Slg. 1995, I-743 (I-822), Rn. 48 – *Magill.*

471 EuGH vom 6.4.1995 - Verb. Rs. C-241/91 P und C-242/91 P, Slg. 1995, I-743 (I-823), Rn. 54 – *Magill.*

472 EuGH vom 6.4.1995 - Verb. Rs. C-241/91 P und C-242/91 P, Slg. 1995, I-743 (I-823), Rn. 55 – *Magill.*

den Zugang zu den Grundinformationen – dem unentbehrlichen Ausgangsmaterial für die Herstellung eines solchen Programmführers – verweigerten.[473]

bb) Ergebnis

Unter Berücksichtigung all dieser Umstände sei das Verhalten der Fernsehanstalten als Missbrauch einer marktbeherrschenden Stellung im Sinne des Art. 102 AEUV zu qualifizieren.[474]

4. Schlussfolgerung

Dass die Fernsehanstalten an ihren Programmvorschauen nach irischem und britischem Recht Urheberrechte hatten und dementsprechend die Veröffentlichung durch Dritte verbieten oder nur unter Einschränkungen erlauben konnten, ist im Rechtsstreit nicht in Frage gestellt worden.[475]

Dennoch, so der EuGH, könne die Ausübung eines Ausschließlichkeitsrechts unter „außergewöhnlichen Umständen" einen Missbrauch darstellen.[476] „Dass eine Befugnis, die einem immaterialgüterrechtlichen Text zu entnehmen ist, kartellrechtlich untersagt wird, wurde als Sensation gewertet."[477] Die Anwendung des Kartellrechts im Zusammenhang mit Sacheigentum scheint dagegen selbstverständlich. Dies zeigt einerseits schon die frühe Rechtsprechung seit dem Urteil in der Sache *Commercial Solvents* bis hin zu der Entscheidung im Fall *Sealink II*, aber auch die Einschränkung, die das Sacheigentum durch § 903 BGB erfährt, indem es seine Grenzen im *Gesetz oder Rechten Dritter* findet.

Der EuGH stellte in *Magill*-Urteil vor allem auf zwei Missbrauchstatbestände ab: (1) die Verhinderung eines neuen Produkts[478] und (2) die Monopolisierung eines abgeleiteten Marktes, ohne Rechtfertigung. Der letzte Punkt kann ohne weiteres als die Anwendung der essential facilities Doktrin bezeichnet werden, ohne dass die essential facilities Doktrin vom EuGH explizit erwähnt worden wäre.

---

473 EuGH vom 6.4.1995 - Verb. Rs. C-241/91 P und C-242/91 P, Slg. 1995, I-743 (I-823), Rn. 56 – *Magill.*

474 Vgl. EuGH vom 6.4.1995 - Verb. Rs. C-241/91 P und C-242/91 P, Slg. 1995, I-743 (I-823 f.), Rn. 46 -57 – *Magill.*

475 Brechthold, Anmerkungen zu: EuGH: Missbrauch einer marktbeherrschenden Stellung durch Ausübung des Urheberrechts (Magill), in: EuZW, 1995, 339 (346).

476 EuGH vom 5.10.1988 – Rs. 238/87, Slg. 1988, 6211 (6235), Rn. 9 – Volvo/Veng.

477 Heinemann, (Fn. 423), S. 494.

478 Die Verhinderung eines neuen Produkts fällt ohne weiteres in die Missbrauchskategorie des Art. 82 S. 2 lit. b) EG.

a) Hebelmissbrauch im Zusammenhang mit Urheberrechten

Dass der EuGH diese Doktrin nicht ausdrücklich zur Grundlage seiner Entscheidung gemacht hat, wurde von vielen Stimmen in der Literatur bedauert.[479] Denn die Voraussetzungen der essential facilities Doktrin lagen vor. Die verweigerten Lizenzen für die Programminformationen waren unentbehrlich, um den abgeleiteten Markt (für wöchentliche Programmzeitschriften) zu bedienen.[480]

Die Programminformationen der Fernsehsender bildeten eine Engpasseinrichtung. Sie waren unerlässlich – und stellten damit eine essential facility dar –, weil ohne sie ein Tätigwerden auf einem abgeleiteten Markt (für wöchentliche Programmzeitschriften) nicht möglich war. Auch waren die Programminformationen selbstverständlich nicht duplizierbar.

Die eine Zwangslizenz rechtfertigenden „außergewöhnlichen Umstände" lagen also darin, dass die Fernsehsender über „unentbehrliches Ausgangsmaterial" verfügten, welches wesentlich für den Zugang zu einem abgeleiteten Markt im Sinne der essential facilities Doktrin war.[481] Das Vorhandensein zweier Märkte und eines Engpasses ist allerdings noch nicht ausreichend. So kann bei Immaterialgüterrechten in der Regel ein Lizenz- von einem Produktmarkt unterschieden werden. Wobei der Lizenzmarkt dann einen Engpass für den betreffenden Produktmarkt darstellt. Dies war schon im Fall *Volvo* so, ein Missbrauch wird dadurch aber nicht begründet.

Um einen Missbrauch zu begründen, setzt die essential facilities Doktrin deshalb zusätzlich voraus, dass der Marktmachttransfer auch missbräuchlich ist: Ähnlich wie bei Netzen der Versorgungswirtschaft ermöglichte es das faktische Monopol an den Programminformationen, dieses Monopol auch auf den abgeleiteten Markt für Fernsehzeitschriften auszudehnen und damit Wettbewerb zu verhindern, ohne dass der Grund dafür eine überlegene Leistung am Markt – wie etwa ein besseres Layout, informativere Texte und dergleichen – gewesen wäre. Das allein wäre sicherlich nicht verwerflich, denn der Urheber wird beim Gebrauch seines Rechtes nicht beschränkt und kann beispielsweise ein anspre-

479 So z.B. Pilny, GRUR Int. 1995, 954 (956); Deselaers, EuZW 1995, 563 ff.; Schindler, Wettbewerb in Netzen als Problem der kartellrechtlichen Missbrauchsaufsicht – Die Essential Facility-Doktrin im amerikanischen, europäischen und schweizerischen Kartellrecht (1998), S. 56 f.; Lober, GRUR Int. 2002, 7 (10).

480 Vgl. Stapper, (Fn. 354), S. 86; So auch Deselaers, 16 EuZW 1995, 563, der Magill als teilweise Bestätigung der faktischen Einführung der essential facilities Doktrin in das europäische Kartellrecht sieht.

481 So Lober, GRUR Int. 2002, 7 (9); Crowther, Compulsory Licensing of Intellectual Property Rights, in: ELR 20, 1995, 521 (524 f.); Deselaers, 16 EuZW 1995, 563 ff.; Mennicke, 160 ZHR 1996, 626 (649); Auch Emmerich, Kartellrecht (2006), S. 215, sieht im *Magill*-Urteil zu Recht eine Bestätigung der essential facilities Doktrin.

chendes Layout verwenden oder davon absehen. Nun war aber anders als im Fall *Volvo* nicht nur der Markt des Schutzrechtes selbst betroffen,[482] sondern ein abgeleiteter Markt, so dass es zu einem missbräuchlichen Marktmachttransfer gekommen ist. Denn Inputmarkt war nicht etwa nur der Markt für Programminformationen, diese ergeben sich vielmehr erst aus dem eigentlichen Geschäft von Fernsehanstalten, nämlich aus dem Senden eines Fernsehprogramms. Die Tätigkeit auf dem Fernsehmarkt kann also von dem Verlegen einer Fernsehzeitung unterschieden werden. Die Marktmacht auf dem Fernsehmarkt dazu auszunutzen, den Wettbewerb auf dem Verlagsmarkt auszuschalten, begründete allerdings einen Hebelmissbrauch.

Im Ergebnis bedeutet dies, dass der weitere vom EuGH im *Magill*-Urteil erwähnte Umstand, dass durch die Lizenzverweigerung das Auftreten eines neuen Erzeugnisses, nämlich eines umfassenden wöchentlichen Fernsehprogrammführers, verhindert wurde, lediglich ein zusätzliches, nicht aber ein notwendiges Begründungselement für einen Verstoß gegen Art. 102 AEUV darstellt. Denn auch wenn es sich bei dem umfassenden Programmplaner nicht um ein „neues Erzeugnis" gehandelt hätte, wäre der Ausschluss jeglichen Wettbewerbs auf dem abgeleiteten Markt für Fernsehwochenzeitschriften nach Art. 102 AEUV missbräuchlich gewesen.[483]

Der Focus auf dem Spiegel der Zeit

Unterliegt ein Urheber nach *Magill* also einer generellen Lizenzpflicht?

Interessant ist, wie der Fall zu entscheiden wäre, in dem ein unabhängiger Verleger eine Sammlung mit dem Titel *Der Focus auf dem Spiegel der Zeit* mit den besten Artikeln aus Zeit, Focus und Spiegel wöchentlich veröffentlichen möchte und die Verlage sich weigern, ihre urheberrechtlich geschützten Texte zu lizenzieren. Müssten die beteiligten Zeitschriften der Veröffentlichung durch einen Dritten nach dem *Magill*-Urteil zustimmen?

Auch hier können ohne weiteres zwei eng verbundene Märkte von einander unterschieden werden. Zum einen der Lizenzmarkt, denn die Lizenz an einem urheberrechtlich geschützten Text wäre durch keine andere Lizenz substituierbar, soweit es gerade auf den besonderen Inhalt des Textes für den Leser ankommt. Davon abgeleitet wäre der Markt für den Druck und Verkauf, also der Markt für den Text an sich. Die Lizenz stellt damit eine Engpasseinrichtung dar, ohne die es unmöglich ist, den betreffenden Text zu verlegen.

---

482 Die „Ausdehnung" auf den vom Schutzrecht umfassten Produktmarkt kann nicht missbräuchlich sein, weil der Schutz gerade Zweck dieses Ausschließlichkeitsrechts ist.

483 So auch Deselaers, 16 EuZW 1995, 563 (565).

Eine Zwangslizenzierung kommt nach der essential facilities Doktrin allerdings nicht in Betracht, denn es fehlt an dem missbräuchlichen Marktmachttransfer. Genau wie im *Volvo*-Fall ermöglicht es das Urheberrecht den Verlagen nämlich, ihre Texte ausschließlich zu nutzen. Zwar liegen zwei Märkte vor, im Verhältnis von Lizenz- und Produktmarkt wird der „Machttransfer" jedoch gerade durch das Schutzrecht bewirkt und ist nicht missbräuchlich. Das Urheberrecht gibt seinem Inhaber die Befugnis, den Text selbst zu nutzen, Lizenzen zu erteilen oder zu verweigern.

Das heißt allerdings nicht, dass Schutzrechte generell keinen missbräuchlichen Machttransfer ermöglichen könnten. Wie das *Magill*-Urteil beweist, ist das Gegenteil der Fall: Damit nun ein Marktmachttransfer missbräuchlich wird, muss sich das Monopol aber auf einen anderen Markt ausdehnen. Im *Magill*-Fall resultierte das faktische Monopol an den Programminformationen aus der Planung und Sendung des Fernsehprogramms. Von diesem Markt konnte der Markt für Programmzeitschriften unterschieden werden. Die Nutzung der Marktmacht aus dem Fernsehmarkt zur Monopolisierung des Fernsehzeitschriftenmarktes stellte damit einen missbräuchlichen Marktmachttransfer dar, der durch das Urheberrecht abgeschirmt war. Der Grund dafür, dass die urheberrechtlich geschützten Programminformationen nicht in der Lage waren, den Markt für Fernsehzeitschriften zu monopolisieren – wie es beim *Focus auf dem Spiegel der Zeit* der Fall wäre – liegt in der Marktstruktur. Da das Monopol an den Programminformationen aus dem Markt für Fernsehsendungen herrührte – und nicht ausschließlich aus dem betreffenden Urheberrecht –, fand eine wirkliche Monopolausdehnung auf einen abgeleiteten Produktmarkt statt, die einen Hebelmissbrauch begründete.

b) Das neue Produkt – Innovationsschutzkriterium?

Dass von einem Wettbewerb i.S.d. Art. 3 Abs. 1 AEUV i.V.m. Protokoll Nr. 27 über den Binnenmarkt und den Wettbewerb regelmäßig keine Rede sein kann, wenn den Verbrauchern durch das Verhalten des marktbeherrschenden Unternehmens neue Produkte oder Dienstleistungen vorenthalten werden, liegt auf der Hand und war wohl auch Ausgangspunkt des *Magill*-Urteils.

Der EuGH stellte fest, dass die drei Fernsehanstalten durch ihre Weigerung – der Firma Magill die Programmvorschauen zur Verfügung zu stellen – den Fernsehzuschauern, die sich über die Programmangebote für die kommende Woche informieren wollten, keine andere Möglichkeit ließen, als sich die wöchentlichen Programmführer für jeden Sender zu kaufen und daraus selbst die

Angaben zu entnehmen, die sie benötigten, um Vergleiche anzustellen.[484] Die Weigerung habe

> „somit das Auftreten eines neuen Erzeugnisses, nämlich eines umfassenden wöchentlichen Fernsehprogrammführers, den sie selbst nicht anboten und nach dem eine potentielle Nachfrage der Verbraucher bestand, verhindert, was einen Missbrauch gem. Art. 82 S. 2 lit. b) EG (Art. 102 S. 2 lit. b) AEUV - Beschränkung des Absatzes und der technischen Entwicklung zum Schaden der Verbraucher) darstellt."[485]

Dabei setzt der Begriff der Leistungseinschränkung nicht voraus, dass vom Marktbeherrscher überhaupt keine Leistung erbracht wird. Eine Leistungseinschränkung liegt auch dann vor, wenn zwar eine Leistung erbracht wird, deren Qualität aber berechtigten Ansprüchen nicht genügt.[486] Dass aus Sicht der Verbraucher in Irland und Nordirland eine umfassende Fernsehwochenzeitschrift, die in anderen EG-Mitgliedstaaten zum normalen Standard gehörte, gegenüber einzelnen Programmführern mit Angaben nur über die Programme des jeweiligen Senders ein wesentlich verbessertes Produkt darstellte, leuchtet ein.[487]

aa) Schwierigkeiten bei der Feststellung der „Neuheit" eines Produkts

Zum Schaden der Verbraucher darf der marktbeherrschende Inhaber eines Immaterialgüterrechts durch die Ausübung seines Schutzrechts also nicht die Herstellung und den Vertrieb eines neuen Produkts unterbinden, selbst wenn dieses Produkt in einem gewissen Konkurrenzverhältnis zu den Erzeugnissen des Schutzrechtsinhabers steht.

Man darf dabei jedoch nicht übersehen, dass die Feststellung der „Neuheit" eines Produkts nicht einfach ist. Nicht jede unwesentliche Verbesserung des vom Schutzrechtsinhaber hergestellten Produkts, sei es in qualitativer oder preislicher Hinsicht, reicht zur Annahme eines neuen Produkts aus, da es in diesen Fällen im Hinblick auf die Verbraucherinteressen nicht geboten ist, dem verbesserten Produkt auf Kosten des Schutzrechtsinhabers Zugang zum Markt zu verschaffen. Beispielsweise recht es keinesfalls aus, dass ein sehr ähnliches Produkt zu einem wesentlich günstigeren Preis angeboten wird. Die Verpflichtung zur

484 EuGH vom 6.4.1995 - Verb. Rs. C-241/91 P und C-242/91 P, Slg. 1995, I-743 (I-824), Rn. 53 – *Magill.*

485 EuGH vom 6.4.1995 - Verb. Rs. C-241/91 P und C-242/91 P, Slg. 1995, I-743 (I-824), Rn. 54 – *Magill.*

486 EuGH vom 10.12.1991 – Rs. C-179/90, Slg. 1991, I-5889, Rn. 19 – Merci convenzionali Porto di Genova/Siderurgica Gabrielli.

487 Deselaers, 16 EuZW 1995, 563 (566).

Erteilung einer Zwangslizenz in derartigen Fällen stellt eine unverhältnismäßige Verkürzung des Immaterialgüterrechts dar.[488] Das Kriterium des neuen Produkts weist also bei genauerer Betrachtung erhebliche Tücken auf, die gerade in der schwer abgrenzbaren Definition der Neuheit liegen. Da sich die bisherigen Programmvorschauen der Sendeanstalten aber tatsächlich von der umfassenden wöchentlichen Programmvorschau unterschieden und hierin eine Neuerung lag, konnte das Urteil wohl auch auf Art. 102 S. 2 lit. b) AEUV gestützt werden.

bb) Kein Verstoß gegen Art. 102 S. 2 lit. b) AEUV durch Lizenzverweigerung

Liegt nicht der seltene Fall vor, dass ein Unternehmen von seinem Schutzrecht nicht in vollem Umfang Gebrauch macht, so spricht im Allgemeinen gegen die Notwendigkeit des Neuheitskriteriums vor allem, dass in allen Fällen von Lizenzverweigerung eine Einschränkung der Erzeugung im Sinne von Art. 102 S. 2 lit. b) AEUV leicht zu bejahen sein würde. Auch GA Gulmann erklärte, dass – selbst wenn das neue Produkt ein besseres Produkt sei als die auf dem Markt angebotenen – das Verbraucherinteresse keine Beeinträchtigung der spezifischen Substanz des Schutzrechts rechtfertigen könne.[489] Wenn das neue Produkt im Grundsatz dieselben Verbraucherinteressen befriedigt wie das geschützte Produkt, muss das Interesse des Rechtsinhabers schwerer wiegen. Ansonsten würde fast jede noch so unerhebliche Verbesserung eines Produkts genügen, den Rechtsinhaber um die Früchte seines vielleicht mit erheblichen Investitionen errungenen Ausschließlichkeitsrechts zu bringen. Verbesserungen sind generell dem Schutzrechtsinhaber vorbehalten. Nur extreme Ausnahmen, wie etwa die Nichtanwendung von Immaterialgüterrechten zum Schaden der Verbraucher, können zu einer Lizenzpflicht führen.

Ferner wären die Gerichte wohl kaum in der Lage, darüber zu entscheiden, ob die vom potentiellen Lizenznehmer angestrebte Verbesserung des Produkts des Rechtsinhabers erheblich genug ist.[490]

Im *Magill*-Fall bestand insofern eine Sondersituation, als sämtliche Fernsehanstalten von ihren Urheberrechten selbst Gebrauch gemacht haben. Den einzelnen Unternehmen konnte also eigentlich nicht der Vorwurf gemacht werden, sie hätten die technische Entwicklung behindert. Der EuGH hat das Verhalten der Sendeanstalten aber wohl umfassend bewertet, so dass die Weigerung der Sendeanstalten zusammen genommen zu einer Verhinderung der umfassenden Pro-

---

488 Pilny, GRUR Int. 1995, 954 (957).

489 GA Claus Gulmann, Schlussanträge in der Verb. Rs. C-241/91 P und C-242/91 P vom 1.6.1994, Slg. 1995, I-743 (I-774), Rn. 97 – *Magill.*

490 Vgl. Montag, EuZW 1997, 71 (74).

grammvorschau führte. Diese Sondersituation ist allerdings nicht verallgemeinerungsfähig.[491]

cc) Missbrauch gegenüber Verbrauchern und Wettbewerbern

Gegen eine kumulative Anwendung der Magill-Kriterien spricht also die unterschiedliche Schutzrichtung beider Kartellrechtsverbote.

Die essential facilities Doktrin schützt gerade Mitbewerber vor einem Marktmachtmissbrauch des Marktbeherrschers. Das Vorliegen eines Missbrauchs hängt mithin nicht unmittelbar von der Versorgungslage der Verbraucher ab.

Der Versorgungsmangel nach Art. 102 S. 2 lit. b) AEUV stellt dagegen auf einen unmittelbaren „*Schaden der Verbraucher*" ab und spielt auch deshalb im Zusammenhang mit der essential facilities Doktrin keine Rolle.

Der Fall *Magill* ist insofern untypisch, als er eine Gemengelage zweier verschiedener Missbrauchsvarianten aufweist. Zur Behinderung des konkurrierenden Verlagsunternehmens gesellte sich die Einschränkung der Produktion zum Schaden der Verbraucher i.S.v. Art. 102 S. 2 lit. b) AEUV eher zufällig.[492]

c) Kumulative oder alternative Voraussetzung der Magill-Kriterien

In der Literatur führte die EuGH Entscheidung dennoch zu der lebhaften Diskussion, ob alle im *Magill*-Urteil genannten Kriterien kumulativ vorliegen müssten oder zukünftig auch alternativ zu einer Zwangsöffnung führen könnten.[493] Wie diese Merkmale zueinander stehen, wurde vom Gerichtshof im Urteil selbst nicht erläutert.[494] Dies ist aber von Bedeutung für die Lösung zukünftiger Fälle. Eine kumulative Anwendung der Kriterien würde zu einer unterschiedlichen Behandlung von Sacheigentum und geistigem Eigentum führen.

491 Es wird eine seltene Ausnahmesituation bleiben, dass ein neues Produkt unbedingt auf die Zusammenfassung mehrerer Lizenzen angewiesen ist.

492 Vgl. auch Heinemann, (Fn. 423), S. 509 und 481 ff.

493 Siehe beispielhaft: Mennicke, 160 ZHR 1996, 626 (653), hält ein neues Produkt nicht für erforderlich; A.A.: Fitzgerald, Magill Revisited, in: EIPR 1998, 154 (161); Lugard, ECJ upholds Magill: It Sounds Nice in Theory, But How Does it Work in Practice? In: 6 EBLR 1995, 231 (233). Für die kumulativen *Magill* Kriterien auch Lober, GRUR Int. 2002, 7 (13).

494 Vgl. Lober, GRUR Int. 2002, 7 (13).

aa) Berechtigen Immaterialgüterrechte zur Beherrschung verschiedener Vermarktungsstufen?

Gegen eine alternative Anwendung der Magill-Kriterien wird vorgebracht, es könne nicht gewollt sein, Immaterialgüterrechte durch die essential facilities Doktrin ihrer spezifischen Funktion zu berauben, die gerade darin liege, andere vom Wettbewerb auszuschließen.[495] Es gehöre zur Substanz von Immaterialgüterrechten, ihrem Inhaber die Möglichkeit zu gewähren, sich verschiedene Vermarktungsstufen vorzubehalten.[496] Immaterialgüterrechte würden nicht mit Geltung für einzelne Märkte vergeben, sondern seien beliebig auf jedem Markt einsetzbar.[497] Ließen sich Schutzrechte auf entlegenen Märkten einsetzen, so sei dies Bestandteil der durch das Schutzrecht verliehenen Rechtsmacht. Dies führe zwingend zu dem Schluss, dass die Zugangsverweigerung zu einer wesentlichen Einrichtung durch die Ausübung eines gewerblichen Schutzrechts nur dann einen Missbrauch darstellen könne, wenn weitere missbrauchsbegründende Umstände hinzuträten.[498]

Diese intuitiv richtig scheinende Ansicht verkennt freilich, dass auch durch Immaterialgüterrechte ein missbräuchlicher Marktmachttransfer vorgenommen werden kann und daher nichts für eine restriktive Handhabung der essential facilities Doktrin in Bezug auf Immaterialgüterrechte spricht.[499]

Auch Gegenstände, die durch ein Schutzrecht abgesichert sind, können auf dem Markt durch andere, nicht schutzrechtsverletzende Gegenstände substituierbar sein, dies verdeutlicht, dass eine Monopolisierung kein Bestandteil des geistiges Eigentum sein kann.[500] Immaterialgüterrechte solllen also nicht abgeleitete Märkte monoplisieren, vielmehr kommt ihnen die Funktion der Güterzuordnung zu.[501] Eine pauschale Vorrangregelung geistigen Eigentums gibt es nicht, auch Schutzrechte können missbräuchlich eingesetzt werden. Schon das

495 Auch wird die Ansicht vertreten, die Ausübung gewerblicher Schutzrechte könne nie wettbewerbswidrig sein (Beier, Missbrauch einer beherrschenden Stellung durch Ausübung gewerblicher Schutzrechte?, FS für Karlheinz Quack (1991), S. 15, 31 f.); Vgl. auch Miller, EIPR 1994, 415 (416 ff., 421).

496 Ebenroth/Bohne, 12 EWS 1995, 397 (403); Van Kerckhove, The Advocate General Delivers his Opinion on Magill, in: ECLR 1994, S. 276 (278); GA Claus Gulmann, Schlussanträge in der Verb. Rs. C-241/91 P und C-241/91 P vom 6.4.1995, Slg. 1995, I-743 (I-779), Rn. 112 – *Magill*; Montag, EuZW 1997, 71 (75); Korah, 3 ECLR 1998, 169 (174).

497 Ebenroth/Bohne, 12 EWS 1995, 397 (403).

498 Dieser Ansicht ist zumindest Lober, GRUR Int. 2002, 7 (13).

499 Siehe schon oben, Seite 154.

500 Siehe Stapper, (Fn. 354), S. 104.

501 Fikentscher, GRUR Int. 1995, 529 (533).

Kodak-Urteil hatte aufgezeigt, dass abgeleitete Märkte – auch wenn sie vom Unternehmen selbst geschaffen wurden – nicht vorbehalten und damit für Wettbewerber versperrt werden können.

bb) Zwei getrennt zu prüfende Verbotsnormen – alternative Anwendung der Magill-Kriterien

Das Kriterium des „neuen Produkts" hat vielmehr ganz banal mit der besonderen Sachverhaltskonstellation im Fall *Magill* zu tun, in der eine essential facilities Situation bestand und daneben auch die Entwicklung eines neuen Produkts verhindert wurde. Dabei handelt es sich lediglich um eine zweite, aber getrennt zu prüfende Verbotsnorm.[502] Die Erwähnung von Art. 102 S. 2 lit. b) AEUV weist keineswegs auf eine kumulative Verbindung zwischen den beiden Anspruchsgrundlagen hin. Zu einer anderen Auffassung könnte man nur dann gelangen, wenn sich tatsächlich Unterschiede zwischen geistigem und Sacheigentum aufzeigen, die eine restriktive Behandlung von Immaterialgüterrechten im Vergleich zu Sacheigentum rechtfertigen.

cc) Wird geistiges Eigentum anders als materielles durch eine Zwangslizenz entwertet?

Es stellt sich die Frage, ob bei der Anwendung der essential facilities Doktrin das geistige Eigentum wirtschaftlich entwertet wird.[503] In diesem Zusammenhang wird die Besorgnis geäußert, dass durch die zwangsweise Öffnung des geistigen Eigentums für die Unternehmen jeder Anreiz verloren ginge, in Forschung und Entwicklung zu investieren, damit einhergehend würde eine Gefahr für den Wettbewerb als Institution bestehen.[504] Die Anreizfunktion müsse demnach durch eine zurückhaltende Anwendung des Kartellrechts bewahrt werden.[505]

---

502 So auch Montag, EuZW 1997, 71 (75); Der Gerichtshof hätte also auch dann einen Missbrauch bejahen müssen, wenn die Fernsehanstalten selbst – vielleicht in Form eines Gemeinschaftsunternehmens – eine umfassende Programmzeitschrift herausgegeben hätten; Heinemann, (Fn. 423), S. 509.

503 Siehe Stapper, (Fn. 354), S. 102.

504 Vgl. Doutrelepont, GRUR Int., 1994, 302 (308); Greaves, EIPR, 1998, 279 (383); Jones, Euro-Defences: Magill Distinguished, in: EIPR 1998, 352; Overd/Bishop, ECLR 1998, 183 (185).

505 Siehe Stapper, (Fn. 354), S. 102.

(1) Unterschiede zwischen geistigem und Sacheigentum?

Auch scheint das besonders strenge Innovationsschutzkriterium der Verhinderung eines neuen Produkts nur beim Missbrauch von Immaterialgüterrechten eine Rolle zu spielen. Denn im späteren *Bronner*-Urteil,[506] in dem es um die Aufnahme zu einem Hauszustellungssystem ging, also um den Zugang zu einer Dienstleistung, wird Art. 102 S. 2 lit. b) AEUV nicht erwähnt.

Daraus wird gefolgert, dass das Kriterium des neuen Produkts dem Verhältnis zwischen Immaterialgüterrecht und Wettbewerbsrecht geschuldet sei.[507]

Zur Begründung wird der Umstand angeführt, die Gewährung des Zuganges zu einer durch Immaterialgüterrechte geschützten Einrichtung durch Zwangslizenzen stehe der Ausschließlichkeit dieser Rechte grundsätzlich entgegen.[508] Mit anderen Worten solle das Kriterium des „neuen Produkts" also verhindern, dass der Anspruchsteller nicht nur die gleichen Produkte wie der Marktbeherrscher anbietet. Erforderlich sei vielmehr, dass ein Imitationsschutz insoweit erhalten bleibe, als zumindest neue Produkte angeboten werden müssten. Auch GA Gulmann vertrat diese Auffassung:

> „Für die Anwendung des Art. 86 (102 AEUV) in den vorliegenden Rechtssachen war eindeutig entscheidend, dass RTE und ITP durch ihr Verhalten das Auftreten eines neuen Erzeugnisses verhindert haben. Niemand würde bezweifeln, dass RTE und ITP berechtigt waren, ihr Urheberrecht auszuüben, um die Veröffentlichung von Fernsehprogrammzeitschriften zu verhindern, die ihren eigenen Fernsehprogrammzeitschriften entsprachen."[509]

Für den GA war also der Gesichtspunkt entscheidend, der in Art. 102 S. 2 lit. b) AEUV zum Ausdruck kommt, nämlich die Einschränkung der Produktion. Und auch die Kommission schloss sich in gewisser Weise dieser Argumentation an, wenn sie in essential facilities Situationen einen „Schaden für den Verbraucher" verlangt. Sie geht von einem solchen Schaden aus, wenn die Liefer- oder Lizenzverweigerung des Marktbeherrschers andere Mitbewerber daran hindert,

---

506 EuGH vom 26.11.1998 – Rs. C-7/97, Slg. 1998, I-7791 – *Bronner.*

507 Höppner, Missbräuchliche Verhinderung „neuer" Produkte durch Immaterialgüterrechte - Zur Anwendung von Art. 82 EG auf Lizenzverweigerungen, in: GRUR Int. 2005, 457 f.; Allerdings hat die Kommission in der Entscheidung *Sealink II* auch schon auf die Verhinderung eines neuen Produkts hingewiesen. Wobei auch in diesem Fall zweifelhaft war, ob die Neuheit des besonders schnellen Hochseekatamarans alleine ausreichen würde, um die Eigentumsrechte der Hafenbetreiber einschränken zu können.

508 Geiger, Patents, Trade Marks, Copyrights - a Mission for Article 82 EC, in: ECLR 2004, 311.

509 GA Claus Gulmann, Schlussanträge in der Verb. Rs. C-241/91 P und C-241/91 P vom 6.4.1995, Slg. 1995, I-743 (I-773), Rn. 90 – *Magill.*

innovative Produkte zu vermarkten, oder Anschlussinnovationen unterbindet. Dies könne vor allem der Fall sein, wenn sich der Mitbewerber nicht im Wesentlichen darauf beschränken will, Erzeugnisse zu duplizieren, die vom marktbeherrschenden Unternehmen auf dem nachgelagerten Markt bereits angeboten werden, sondern beabsichtigt, neue oder verbesserte Erzeugnisse anzubieten.[510]

Interessant ist daher die Frage, wie der Gerichtshof wohl entschieden hätte, wenn der Fall keinen Bezug zu Art. 102 S. 2 lit. b) AEUV gehabt hätte, also ein umfassender wöchentlicher Programmführer bereits existiert hätte. Nach Auffassung von GA Gulmann wäre in einem solchen Fall kein Platz für die Annahme von Kontrahierungszwang gewesen. Zieht man den essential facilities Gedanken heran, erscheint diese Auffassung zweifelhaft.

Erstens ist zu berücksichtigen, dass Art. 102 S. 2 lit. b) AEUV im Allgemeinen keine Zwangslizenz gestattet, da i.d.R. jede Lizenzverweigerung eine Einschränkung der Erzeugung im Sinne der Norm darstellt.[511]

Und zweitens bietet ein Konkurrent in allen essential facilities Fällen ähnliche Produkte auf dem abgeleiteten Markt an. Zwingende Voraussetzung ist schon, dass ein abgeleiteter Markt monopolisiert wird, dieser Markt befriedigt zwangsweise gleiche Verbraucherinteressen, weil die Produkte miteinander austauschbar sein müssen. Genau wie die Wettbewerber eines Gasmonopolisten das gleiche Produkt, nämlich Gas, anbieten, so bietet Magill das gleiche Produkt wie die Fernsehanstalten an, nämlich Programmzeitschriften.[512]

Typisch an der essential facilities Situation ist, dass der Marktbeherrscher seine Einrichtung nutzt, um auf einem abgeleiteten Markt ein zweites Monopol zu schaffen. Diese Konstellation setzt gerade voraus, dass der Monopolist auf dem zweiten Markt eine Leistung erbringt.[513] Entscheidend ist allein, dass die auf der wesentlichen Einrichtung beruhende Marktbeherrschung dazu eingesetzt wird, einen abgeleiteten Markt zu beherrschen, denn effizientere Wettbewerber hätten ohne Lizenzierung keinen Marktzutritt.[514]

---

510 Kommission, Mitteilung vom 9.2.2009 – Rs. (2009/C 45/02) - Erläuterungen zu den Prioritäten der Kommission bei der Anwendung von Artikel 82 des EG-Vertrags auf Fälle von Behinderungsmissbrauch durch marktbeherrschende Unternehmen, ABl. EG 2009, C 45/7, Rn. 86 ff.

511 Siehe dazu oben, Seite 158.

512 Vor allem ist darauf hinzuweisen, dass keine Lizenz zum Nachdruck derselben Programmzeitschrift begehrt wird. Vielmehr würden sich die Programmzeitschriften auch dann von einander unterscheiden, wenn es sich beide Male um umfassende wöchentliche Programmzeitschriften handeln würde. Gerade dadurch entsteht wirksamer Wettbewerb und eine Auswahl für die Konsumenten.

513 Siehe Heinemann, (Fn. 423), S. 513.

514 Siehe bereits oben, S. 154 f.

(2) Gleichstellung von materiellem und immateriellem Eigentum

Die Pflicht zur Öffnung derartiger Einrichtungen, so wird argumentiert, könnte Investitionsentscheidungen frustrieren und jeden Anreiz zur Entwicklung neuer Produkte im Keim ersticken.[515] In diesem Punkt unterscheidet sich das geistige Eigentum allerdings nicht wesentlich vom Sacheigentum.[516] Auch dort kann eine uneingeschränkte Zugangspflicht dem Investitionsschutz zuwiderlaufen und das Entstehen eines nachhaltigen Infrastrukturwettbewerbs verhindern.[517] Das für immaterialgüterrechtlich geschützte wesentliche Einrichtungen geforderte strenge Kriterium der Verhinderung eines neuen Produkts scheint also aus einer höheren Schutzwürdigkeit von in geistigem Eigentum liegendem Innovationspotenzial verstanden zu werden.[518] Aus dem Umstand, dass die Rechtsordnung geistigem Eigentum einen besonderen Schutz zukommen lässt, kann aber jedenfalls kein Argument für die Zuerkennung einer vergleichsweise größeren „Bestandskraft" gegenüber wettbewerbspolitisch motivierten Interventionen konstruiert werden, denn dieser besondere rechtliche Schutz ist nicht Ausdruck besonderer Schutzwürdigkeit gegenüber dem Wettbewerbsrecht, sondern bloß besonderer Schutzbedürftigkeit immaterieller Güter im Vergleich zu materiellen Gütern.[519]

Wie Ullrich und Heinemann[520] zutreffend festgestellt haben, „verdecken ethische, naturrechtliche oder einfach wirtschaftspolitische Begründungen für die gesetzliche Schaffung von geistigem Eigentum (...) nur die praktischen Ursachen der Schutzrechtsbegründung für Immaterialgüter, die sich aus deren ökonomischen Eigenschaften ableiten.[521] Die Immaterialgüter des geistigen Eigentums (...) stellen nichts anderes als verschiedene Formen der Information dar und weisen deshalb deren wirtschaftliche Besonderheit auf: Sie (...) entziehen sich der materiellen Aneignung, sind deshalb nicht ohne weiteres übertrag- und verwertbar, und sie unterliegen weder der Abnutzung noch dem Grundsatz der Rivalität der Nutzung. Sie bedürfen des künstlichen rechtlichen Schutzes, um

---

515 Jung, ZWeR 2004, 379; Siehe auch Kommission, Mitteilung vom 9.2.2009 – Rs. (2009/C 45/02) - Erläuterungen zu den Prioritäten der Kommission bei der Anwendung von Artikel 82 des EG-Vertrags auf Fälle von Behinderungsmissbrauch durch marktbeherrschende Unternehmen, ABl. EG 2009, C 45/7, Rn. 83 ff.

516 Vgl. Heinemann, (Fn. 423), S. 494.

517 Thyri, WuW 2005, 386 (394).

518 Thyri, WuW 2005, 386 (395).

519 So schon oben. Siehe auch Eilmansberger, EWS 2003, 12 (15).

520 Immenga/Mestmäcker-(Ullrich/Heinemann), Wettbewerbsrecht – Band 1. EG/Teil 2 Kommentar zum Europäischen Kartellrecht[4] (2007), GRUR B., Rn. 22 f.

521 So für das Patentrecht in der Ansporn- und Belohnungstheorie, Strohm, Wettbewerbsbeschränkungen in Patentlizenzverträgen (1971), S. 3 ff. und 39 ff.

überhaupt als Wirtschaftsgut, das am Markt bewertet werden kann, hervorzutreten."[522]

Damit wird aber nun nicht der Rechtschutz zum Ansporn für die Hervorbringung des Immaterialgutes oder zum Belohnungsmechanismus.[523] Vielmehr ergeben sich solche Wirkungen allein aus dem Wettbewerb, in dem der immaterielle Gestand nur kraft seiner rechtlichen Ausschließlichkeit als Wirtschaftsgut eingesetzt werden kann. Dieser Wettbewerb, nicht das Schutzrecht, entscheidet über die Investitionsanreize,[524] d.h. über die erreichbare Nachfrage, über die unternehmerischen Gewinnmöglichkeiten sowie eben über den Wert des geschützten, immateriell oder in Erzeugnissen verkörpert angebotenen Wissens am Markt.

Das Schutzrecht vermittelt nur diese Anreize oder Chancen, indem es ihre individuelle ausschließliche Wahrnehmung erlaubt.[525] Es setzt Wettbewerb um Produkte und Ideen voraus und stellt ein bloßes Mittel im Wettbewerb dar, eine Handlungsbefugnis, die wettbewerbsgerechtes, d.h. individuell gewinnmaximierendes Verhalten ermöglicht. Der Schutz wird also für den, nicht vor dem Wettbewerb gewährt.

Die Einsicht in die schlichte Mittelfunktion des geistigen Eigentums mindert seine Rolle im Innovationswettbewerb nicht, im Gegenteil. Erst der zum Ausschließlichkeitsrecht ausgebaute Immaterialgüterschutz gewährleistet die für die Selbststeuerung des Marktes notwendige Entscheidungsfreiheit im Wettbewerb. In dieser Funktion unterscheidet er sich aber nicht von sonstigem Eigentum oder von der allgemeinen Handlungsfreiheit. Jeweils geht es um die rechtliche Anerkennung der autonomen Wahrnehmung des unternehmerischen Gewinnmaximierungsinteresses, aber auch um nicht mehr. Wird das Schutzrecht wettbewerbsbeschränkend ausgeübt, unterliegt dies der allgemeinen Kartellrechtsaufsicht.

---

522 Immenga/Mestmäcker-(Ullrich/Heinemann), (Fn. 520), GRUR B., Rn. 22.

523 So aber die Ansporn- und Belohnungstheorie, Vgl. Bowman, Patent and Antitrust Law – A Legal and Economic Appraisal (1973), S. 533 ff.; Koboldt, Property Rights und Urheberschutz, in: Ott/Schäfer (Hrsg.), Ökonomische Analyse der rechtlichen Organisation von Innovationen (1994), S. 74 ff.; Kirchner, Patentrecht und Wettbewerbsbeschränkungen, in Ott/Schäfer (Hrsg.), Ökonomische Analyse der rechtlichen Organisation von Innovationen (1994), S. 157 (166 ff.).

524 Dies erklärt, warum empirische Befragungen nach dem Stellenwert des Patentschutzes in der unternehmerischen Innovationsentscheidung stets niedrige Bewertungen ergeben. Harabi, Determinanten des technischen Fortschritts: eine industrieökonomische Analyse, Sub 3.1.2.

525 Baxter, Legal Restrictions on Exploitation of the Patent Monopoly: An Economic Analysis, 76 Yale Law Journal 1966, 267 (273 ff.).

Durch die Nichtkonkurrenz im Konsum eröffnet das geistige Eigentum wegen der möglichen parallelen Nutzung mehr Gelegenheiten der Gewinnerzielung als das körperliche Eigentum. Daraus kann aber nicht der Schluss gezogen werden, dass mehr vertragliche Wettbewerbsbeschränkungen sind.[526] Der Umstand, ob Eigentum materiell oder immateriell ist, macht für die essential facilities Doktrin keinen Unterschied.[527] Aus dem Umstand, dass die Rechtsordnung geistigem Eigentum einen besonderen Schutz zukommen lässt, kann jedenfalls kein Argument für die Zuerkennung einer vergleichsweise größeren „Bestandskraft" gegenüber wettbewerbspolitisch motivierten Interventionen konstruiert werden, denn dieser besondere rechtliche Schutz ist nicht Ausdruck besonderer Schutzwürdigkeit gegenüber dem Wettbewerbsrecht, sondern bloß besonderer Schutzbedürftigkeit, die sich aus der immateriellen Eigenart von geistigem Eigentum ergibt.[528]

(3) Folgen für die Anwendung der essential facilities Doktrin

Folglich wird durch die Doktrin der wesentlichen Einrichtungen beide Male – beim materiellen sowie beim immateriellen Eigentum – gleichermaßen in das Eigentum eingegriffen, weil die Marktstruktur es ansonsten auch effizienteren Wettbewerbern nicht erlauben würde, Zugang zu einem abgeleiteten Markt zu erhalten. Das Wettbewerbsrecht öffnet also den Zugang und verhindert die Monopolausdehnung auf einen zweiten Markt. Für eine unterschiedliche Behandlung von essential facilities Fällen mit Bezug zum geistigen Eigentum und der Heranziehung weiterer einschränkender Kriterien besteht also kein Grund. Eine Beschränkung des Wettbewerbsrechts erfolgt lediglich durch die *Volvo*-Doktrin.

Ferner macht eine Unterscheidung zwischen geistigem und Sacheigentum nur wenig Sinn, denn im *Magill*-Fall hätten die Sendeanstalten mit der Geheimhaltung der Informationen dasselbe Ergebnis erzielen können wie mit der Lizenzverweigerung. Ob Informationen also zusätzlich durch ein Schutzrecht abgesichert sind, hängt in vielen Fällen vom Zufall ab. Ob ein zwangsweiser Zugang gewährt werden kann oder nicht, darf aber nicht davon abhängen, dass der

---

526 Immenga/Mestmäcker-(Ullrich/Heinemann), (Fn. 520), GRUR B., Rn. 22 f.

527 So auch Ridyard, ECLR 1996, 438 (445); Mennike, 160 ZHR 1996, 626 (646 ff. und 659); Für einen höheren Stellenwert von Immaterialgüterrechten: Subiotto, 6 ECLR 1992, 234 (237).

528 Vgl. Eilmansberger, EWS 2003, 12 (15); Siehe hierzu schon oben ausführlich: A. IV. Unterschied zum Sacheigentum.

„Inhaber seine wesentliche Einrichtung zusätzlich mit Schutzrechten absichern kann oder nicht.[529]

dd) Magill – eine Ausnahmeentscheidung?

Dass Magill als „erster" vom EuGH zu entscheidender Fall der essential facilities Doktrin nun gleich mit den Schwierigkeiten des Immaterialgüterrechts verwoben ist, macht eine Analyse sicherlich nicht überschaubarer.[530] Der EuGH macht aber deutlich, dass national normierte Schutz- und Urheberrechte auch vor dem Vertrag ihre volle Geltung behalten. Gleichzeitig wurde unmissverständlich zum Ausdruck gebracht, dass jedes Immaterialgüterrecht missbraucht werden kann.[531] Dies wurde schon im *Volvo*-Urteil angedeutet,[532] von einer tatsächlichen Anwendung schienen aber doch viele Beobachter, nicht zuletzt die Fernsehanstalten, überrascht worden zu sein.[533]

Wegen des Eingriffs in die Urheberrechte der Sendeanstalten wurde das *Magill*-Urteil heftig kritisiert.[534] Einige Autoren[535] führten die Entscheidung auf

529 Siehe Stapper, (Fn. 354), S. 101; vgl. Temple Lang, The principle of essential facilities and its consequences in European Community competition law (1996), S. 24 f.

530 Im Grunde war das *Volvo*-Urteil schon der erste Fall, der den Weg zu einer Einschränkung des geistigen Eigentums ebnete, mit der Einschränkung, dass die Voraussetzungen für eine Zwangslizenz in Volvo eben nicht vorlagen. Dennoch hat der EuGH in *Volvo* bereits angedeutet, unter welchen Voraussetzungen auch Immaterialgüterrechte eingeschränkt werden würden.

531 EuGH vom 6.4.1995 - Verb. Rs. C-241/91 P und C-242/91 P, Slg. 1995, I-743 (I-822), Rn. 48 – *Magill.*

532 Siehe dazu schon oben zu *Volvo* und *Renault*, S. 135.

533 Vgl. Lober, GRUR Int. 2002, 7 (8); Doutrelepont, Mißbräuchliche Ausübung von Urheberrechten? Bemerkungen zur Magill-Entscheidung des Gerichts 1. Instanz des Europäischen Gerichtshofs, in: GRUR Int., 1994, 302 (304); Auch: Generalanwalt Gulmann, der in seinen Schlussanträgen noch erklärte, der Zweck des Urheberrechts bestehe – wie namentlich ITP ausgeführt habe – gerade darin, dem Inhaber die Möglichkeit zu geben, den Wettbewerb zu beschränken, und diese Möglichkeit müsse auch einem beherrschenden Unternehmen eingeräumt werden (GA Claus Gulmann, Schlussanträge in der Verb. Rs. C-241/91 P und C-242/91 P vom 1.6.1994, Slg. 1995, I-743 (I-676), Rn. 67 – *Magill*).

534 Greaves, EIPR 1998, 279 (383); Subotto, ECLR 1992, 234 (238); Ebenroth/Bohne, 12 EWS 1995, 397 (404); Eilmansberger, EuZW 1992, 625 (633).

535 Greaves, The Herchel Smith Lecture 1998: Article 86 of the E.C. Treaty and Intellectual Property Rights, in: EIPR, 1998, 279 (383); Subotto, The Right to Deal with Whom One Pleases under EEC Competition Law: A Small Contribution to a Necessary Debate, in: ECLR 1992, 234 (238); Ebenroth/Bohne, 12 EWS 1995, 397 (404); Eilmansberger, EuZW 1992, 625 (633); Myrick, Will Intellectual Property on Technology Still be Viable in a Unitary Market?, in: EIPR 1992, S. 298 (304); Münchener Kommentar zum

die geringe Schutzwürdigkeit zurück, die der EuGH den Urheberrechten an den Sendelisten zugemessen habe.[536] Ähnlich sah das auch GA Gulmann in seinen Schlussanträgen zum Fall *Magill*:

> „Es kann mit guten Gründen geltend gemacht werden, dass der Einsatz, der mit der Ausarbeitung von Programmvorschauen verbunden ist, kaum so schutzwürdig ist, dass der Urheber die Herausgabe umfassender wöchentlicher Fernsehprogrammführer verhindern kann. Die Ausarbeitung der Programmvorschauen erfordert keine schöpferische Eingebung, da die Vorschauen nichts anderes und nicht mehr erfordern, als eine Reihe von Informationen zu Papier zu bringen, die für die Ausübung der Fernsehsendetätigkeit ohnehin beschafft und zusammengestellt werden müssen. Berücksichtigt man diesen Umstand, so habe ich (*GA Gulmann*) keine Schwierigkeiten, die Auffassung zu vertreten, dass die vorliegenden Lizenzverweigerungen Ausdruck für eine missbräuchliche Ausübung des Urheberrechts sind."[537]

Daraus zu folgern, dass *Magill*-Urteil sei lediglich eine Ausnahmeentscheidung, die nicht verallgemeinerungsfähig sei, ist allerdings verfehlt. Diese Vermutung findet im Urteil des EuGH keine Stütze.[538] Schon im *Volvo*-Fall[539] hat der EuGH deutlich gemacht, dass er sich nicht mit der Schutzwürdigkeit nationaler Immaterialgüterrechte beschäftigen werde. Vielmehr sei es Sache des jeweiligen nationalen Gesetzgebers, Inhalt und Reichweite von Schutz- und Urheberrechten zu bestimmen.[540] Der Gerichtshof wich im Folgenden auch konsequent von der Ansicht des Generalanwalts ab. Es kommt mithin gerade nicht auf die Schutzwürdigkeit eines Rechts an, solange es nur von einer nationalen Rechtsordnung als Recht verliehen wurde.

5. Fazit

Die essential facilities Doktrin ist ohne Unterschied sowohl auf geistiges als auch auf Sacheigentum anwendbar, da es in diesem Zusammenhang keinen Grund für eine andersartige Behandlung beider Eigentumsarten gibt.

Europäischen und Deutschen Wettbewerbsrecht-(Eilmansberger), (Fn. 352), Art. 82, Rn. 425 f.

536 Siehe dazu Stapper, (Fn. 354), S. 86.

537 GA Claus Gulmann, Schlussanträge in der Verb. Rs. C-241/91 P und C-242/91 P vom 1.6.1994, Slg. 1995, I-743 (I-782), Rn. 123 – *Magill.*

538 Mennicke, 160 ZHR 1996, 626 (639).

539 EuGH vom 6.4.1995 - Verb. Rs. C-241/91 P und C-242/91 P, Slg. 1995, I-743 (I-823), Rn. 49 – *Magill*, mit Verweis auf EuGH vom 5.10.1988 – Rs. 238/87, Slg. 1988, 6211 (6235), Rn. 7 – Volvo/Veng.

540 Vgl. Eilmansberger, EuZW 1992, 625 (631 f.); Stapper, (Fn. 354), S. 94.

Die Doktrin öffnet somit als Instrument des Marktstrukturmissbrauchs unabhängig vom Kriterium des Art. 102 S. 2 lit. b) AEUV den Zugang zu ansonsten monopolisierten Zweitmärkten.[541] Der Sachverhalt im *Magill*-Fall betraf dabei eine Konstellation, die ansonsten recht selten anzutreffen sein dürfte, weil hier zwar Schutzrechte von jedem Unternehmen ausgeübt wurden, ein neues Produkt – der umfassende Fernsehprogrammführer – aber nur in Kombination mit Informationen anderer Gesellschaften entstehen konnte.[542]

Ansonsten wird – wie dies in Bezug auf jede einzelne Fernsehgesellschaft auch geschehen ist – jeder Eigentümer, ob von materiellem oder immateriellem Eigentum, dieses auf allen Marktstufen so weit wie möglich ausbeuten, so dass ein neues Produkt prinzipiell nie entstehen könnte. So war auch im *Microsoft*-Fall die Verteidigungsstrategie von Microsoft unter anderem darauf gerichtet, dass durch die Verweigerung von Schnittstelleninformationen kein neues Produkt verhindert wurde, denn Microsoft wollte gerade selbst Serversoftware anbieten.[543]

Und würde man sich wirklich an den kumulativen Kriterien orientieren, stünde man vor der schwierigen Aufgabe, die Neuheit eines Produkts definieren zu müssen. Wobei zu berücksichtigen wäre, dass völlig neue Produkte heutzutage eher die Ausnahme sind. Meistens wird es sich um graduelle Verbesserungen eines schon vorhandenen Produkts handeln, so dass als nächstes die Frage zu stellen wäre, wie viel Verbesserung oder Innovation denn nötig wäre, um ein hinreichend neues Produkt in diesem Sinn anzunehmen.[544] Eine solche Abwägung, wann und wie lange ein Produkt neu ist, kann aber dahinstehen, da es auf das Vorliegen eines neuen Produkts im Zusammenhang mit der essential facilities Doktrin nicht ankommt.[545]

---

541 Vgl. Deselaers, 16 EuZW 1995, 563 (565); Heinemann, (Fn. 423), S. 514.

542 Nur das gemeinsame Erscheinen aller einzelnen Programmvorschauen in einer einzigen, umfassenden Programmvorschau führt in diesem Fall zu einem neuen Produkt. Keine der beteiligten Fernsehgesellschaften wäre *für sich alleine* in der Lage gewesen, eine umfassende Programmzeitschrift herauszugeben.

543 EuG vom 17.09.2007 – Rs. T-201/04, Slg. 2007, II-3601, Rn. 621 f. – *Microsoft*.

544 Zu dieser Diskussion ausführlich Höppner, GRUR Int. 2005, 457, der dem Kriterium des neuen Produkts in essential facilities Situationen entscheidende Bedeutung beimisst.

545 Anders allerdings Höppner, GRUR Int. 2005, 457 (460): der höhere Rechtfertigungsbedarf für die Anwendung der Doktrin bei Immaterialgütern bestehe erstens darin, dass körperlichen Einrichtungen wie Häfen oder Leitungsnetzen der Charakter eines natürlichen Monopols in aller Regel auf *unbegrenzte Zeit* anhafte. Durch ein Immaterialgüterrecht geschützte Ressourcen seien hingegen regelmäßig nur auf *begrenzte Zeit* unangreifbar. Die Ressource werde von vornherein nur unerlässlich, weil es anderen gesetzlich untersagt sei, sie selbst zu nutzten.

Im *Magill*-Urteil lag es dennoch nahe, auch die Verbotsnorm der Verhinderung eines neuen Produkts zu erwähnen, die ganz offensichtlich vorlag. Dabei handelte es sich allerdings um eine separat zu prüfende Verbotsnorm mit unterschiedlicher Schutzrichtung.

Festzuhalten bleibt, dass die Firma Magill, entgegen der Auffassung des GA Gulmann und einiger Stimmen in der Literatur, auch ohne die Verhinderung eines neuen Produkts und nur aufgrund der essential facilities Doktrin Zugang zu den urheberrechtlich geschützten Programminformationen erhalten hätte.

II. Kein zwangsweiser Zugang zu einer Dienstleistung – Bronner

Eben so wie das *Magill*-Urteil ist das *Bronner*-Urteil[546] eine Leitentscheidung zur missbräuchlichen Verweigerung des Zugangs gemäß der essential facilities Doktrin nach Art. 102 AEUV.[547] Insbesondere weil der Gerichtshof in der Sache *Bronner* das Kriterium der Engpasseinrichtung ausführlich definierte.

In dem Urteil aus dem Jahre 1998 ging es um das Zugangsbegehren eines kleineren Zeitungsverlegers zu dem Hauszustellungssystem des marktbeherrschenden Verlags in Österreich. Inspiriert durch die Liberalisierung der Energie-, Verkehrs- und Telekommunikationsmärkte ging es um die Frage der Öffnung von Vertriebsnetzen.

Anders als im *Magill*-Fall handelte es sich in der Sache *Bronner* um die Anwendung der essential facilities Doktrin auf eine Dienstleistung.[548] Anknüpfend an die Urteile *Commercial Solvents* und *Magill* ging der EuGH im *Bronner*-Urteil davon aus, dass eine wesentliche Einrichtung nicht zwingend physischer Natur sein muss, sondern dass es sich auch um eine Dienstleistung bzw.

Die Ausschließlichkeit von immateriellem und materiellem Eigentum ist aber in beiden Fällen gleich. Dass immaterielles Eigentum nach dem Ablauf der Schutzfrist der Allgemeinheit zur Verfügung steht, hat weniger damit zu tun, als mit der Tatsache, dass Wissen für unsere Gesellschaft ein unverzichtbares Gut ist. Nach einer exklusiven Nutzungsdauer muss es, um weitere Innovationen zu ermöglichen, frei zugänglich sein. Dies ist beim Sacheigentum anders, da es viel leichter reproduziert werden kann als eine Idee, die evtl. nicht durch eine zweite ersetzbar ist.

546 EuGH vom 26.11.1998 – Rs. C-7/97, Slg. 1998, I-7791 – *Bronner*.

547 Münchener Kommentar zum Europäischen und Deutschen Wettbewerbsrecht-(Eilmansberger), (Fn. 352), Art. 82, Rn. 342.

548 Der EuGH lässt allerdings sogar die Übertragbarkeit der in *Magill* zu gewerblichen Schutzrechten entwickelten Kriterien ausdrücklich offen (Ehle, EuZW 1999, 89), was allerdings keine Verneinung dieser Frage bedeutet; EuGH vom 26.11.1998 – Rs. C-7/97, Slg. 1998, I-7791 (I-7831), Rn. 41 – *Bronner*.

um ein aus physischen Bestandteilen und Dienstleistungen bestehendes „System“ (Hauszustellungssystem) handeln kann.[549]

Das Unternehmen Bronner verlegte die Tageszeitung „*Der Standard*“ und hatte einen Marktanteil von 3,6% am österreichischen Zeitungsmarkt. Der Verlag Mediaprint verfügte dagegen mit den Zeitungen „*Neue Krone Zeitung*“ und „*Kurier*“ über einen Marktanteil von 46,8%. Auf Grund dieser Größe war es Mediaprint möglich, ein landesweites Hauszustellungssystem für seine Abonnenten zu betreiben, welches effektiver als die Postzustellung war, die regelmäßig erst am späten Nachmittag erfolgte.

Weil Bronner wirtschaftlich selbst nicht in der Lage war, ein solches System aufzubauen, begehrte das Unternehmen unter Hinweis auf die essential facilities Doktrin Zugang zu dem einzigen landesweiten Hauszustellungssystem, da dies Voraussetzung für einen wirksamen Wettbewerb auf dem Markt für Tageszeitungen sei. Dieses Begehren wurde von Mediaprint mit dem Argument zurückgewiesen, es bestehe keine Pflicht, seine Konkurrenten zu subventionieren.[550]

1. Präzisierung der Ausnahmesituation

Auch in seinem *Bronner*-Urteil erwähnte der EuGH wie zuvor im *Magill*-Urteil die essential facilities Doktrin nicht ausdrücklich, sondern prüfte die Frage, unter welchen Umständen die Verweigerung des Zugangs zu dem einzigen in Österreich bestehenden Hauszustellungssystem eine missbräuchliche Ausnutzung einer beherrschenden Stellung darstellt.

Der Sachverhalt bot vor allem Anlass im Hinblick auf die Unerlässlichkeit der Einrichtung, die Kriterien zur Anwendung der essential facilities Doktrin zu präzisieren. Das Hauszustellungssystem erwies sich allerdings selbst nicht als wesentliche Einrichtung, da es erstens nicht unerlässlich für den Vertrieb von Tageszeitungen war und zweitens wenigstens von einem wirtschaftlich gleichstarken Unternehmen hätte dupliziert werden können, so dass auf weitere Voraussetzungen der Doktrin nicht eingegangen werden musste.

Das Bronner-Urteil wirkt somit auch der in der Praxis empfundenen Gefahr entgegen, dass gegenüber jeder legitimen Verwertung selbst geschaffener Einrichtungen oder Schutzrechte der Missbrauchseinwand, gestützt auf das Argument der wesentlichen Einrichtung, vorgebracht werden könne.[551] Wie Heinemann betont sind solche Ängste sicherlich nicht von der Hand zu weisen. Denn

549 EuGH vom 26.11.1998 – Rs. C-7/97, Slg. 1998, I-7791 (I-7831), Rn 38 ff. – *Bronner*; Scherer, Das Bronner-Urteil des EuGH und die Essential facilities-Doktrin im TK-Sektor, in: MMR 1999, 315 (317).

550 EuGH vom 26.11.1998 – Rs. C-7/97, Slg. 1998, I-7791 (I-7821), Rn. 9 – *Bronner*.

551 Overd/Bishop, ECLR 1998, 183 ff.; Treacy, ECLR 1998, 501 (503).

erfahrungsgemäß führt die Existenz von Ausnahmeregelungen dazu, dass man sich auch dann auf sie beruft, wenn ihre Voraussetzungen nicht vorliegen.[552] Sind aber die Vorussetzungen einer Ausnahmeregelung wie der essential facilities Doktrin klar umrissen, kann damit einer ausufernden Erweiterung und dem befürchteten *free-riding* begegnet werden.

2. Sachverhaltskonstellation und Voraussetzungen der essential facilities Doktrin

a) Monopolmacht

Mediaprint beherrschte den Markt für das Hauszustellungssystem. Dieser stellte aufgrund der geringen Austauschbarkeit mit anderen Arten des Zeitungsvertriebs, z.B. Laden- oder Kioskverkauf oder Postzustellung, einen eigenen Markt dar. Denn unzweifelhaft waren alle alternativen Vertriebswege länger und umständlicher und daher nicht in gleichem Maß austauschbar.

b) Missbrauch

Schließlich hatte der EuGH zu prüfen, ob diese beherrschende Stellung missbräuchlich ausgenutzt wurde, weil Wettbewerber durch die Zugangsverweigerung um einen Vertriebsweg gebracht wurden. Wie der EuGH aber schon in den Fällen *Volvo*[553] und *Magill*[554] entschieden hat, begründet eine marktbeherrschende Stellung allein keinen Missbrauch.

Um einen Missbrauch zu begründen, stellt der EuGH deshalb auf die Unentbehrlichkeit des vorgelagerten Marktes für den Zugang zum abgeleiteten Markt ab.[555]

> Es ließe sich „nur dann auf einen Missbrauch i.S.d. Art. 102 AEUV schließen, wenn die Verweigerung der in der Hauszustellung liegenden Dienstleistung zum einen geeignet wäre, jeglichen Wettbewerb auf dem Tageszeitungsmarkt durch denjenigen, der die Dienstleistung begehrt, auszuschalten und nicht objektiv zu rechtfertigen wäre, und zum anderen die Dienstleistung selbst für die Ausübung der Tätigkeit des

552 Heinemann, (Fn. 423), S. 512.

553 EuGH vom 5.10.1988 – Rs. 238/87, Slg. 1988, 6211 – Volvo/Veng.

554 EuGH vom 6.4.1995 - Verb. Rs. C-241/91 P und C-242/91 P, Slg. 1995, I-743 – *Magill.*

555 EuGH vom 26.11.1998 – Rs. C-7/97, Slg. 1998, I-7791 (I-7830), Rn. 40 – *Bronner*; EuGH vom 6.4.1995 - Verb. Rs. C-241/91 P und C-242/91 P, Slg. 1995, I-743 (I-824), Rn. 53 - 56 – *Magill.*

Wettbewerbers in dem Sinne unentbehrlich wäre, dass kein tatsächlicher oder potentieller Ersatz für das Hauszustellungssystem bestünde."[556]

aa) Keine Wettbewerbsbeschränkung auf dem Zeitungsmarkt

Die Weigerung, anderen Verlagen Zugang zum Hauszustellungssystem zu geben, ist danach allerdings nicht geeignet, jeglichen Wettbewerb auf dem Zeitungsmarkt auszuschalten.[557]

Denn für Tageszeitungen stünden auch andere Vertriebswege, wie die Postzustellung oder der Laden- oder Kioskverkauf zur Verfügung, auch wenn sie für den Vertrieb von Tageszeitungen weniger günstig sein sollten.

bb) Duplizierbarkeit der Einrichtung

Zweitens ist die Zugangsverweigerung nicht missbräuchlich, weil das System potentiell von jedem Wettbewerber dupliziert werden kann.

Der Gerichtshof stellte darauf ab, dass keine technischen, rechtlichen oder auch nur wirtschaftlichen Hindernisse ersichtlich seien, die geeignet wären, jedem anderen Verleger von Tageszeitungen – allein oder in Zusammenarbeit mit anderen Verlegern – die Errichtung eines eigenen landesweiten Hauszustellungssystems unmöglich zu machen oder zumindest unzumutbar zu erschweren.

Dass die Schaffung eines solchen Systems keine realistische Alternative darstelle und daher der Zugang zum bestehenden System unverzichtbar sei, sei nicht schon mit der Behauptung dargetan, dass die Schaffung eines solchen Systems wegen der geringen Auflagenhöhe der zu vertreibenden Zeitung unrentabel sei.

Der Zugang zum bestehenden System könne nur dann als unverzichtbar angesehen werden, wenn zumindest dargetan wäre, dass es auch für einen wirtschaftlich gleich starken Wettbewerber – etwa mit einer vergleichbaren Auflagenhöhe – unrentabel wäre, ein zweites Hauszustellungssystem zu schaffen.[558] Es kommt mithin nicht auf einen konkreten Antragsteller an, sondern ob ein effizienter Wettbewerber in der Lage wäre, das betreffende System zu wirtschaftlich vernünftigen Konditionen zu betreiben.

---

556 Vgl. EuGH vom 26.11.1998 – Rs. C-7/97, Slg. 1998, I-7791 (I-7831), Rn. 41 – *Bronner*.

557 Vgl. EuGH vom 26.11.1998 – Rs. C-7/97, Slg. 1998, I-7791 (I-7831), Rn. 42 – *Bronner*.

558 EuGH vom 26.11.1998 – Rs. C-7/97, Slg. 1998, I-7791 (I-7831 f.), Rn. 43 - 46 – *Bronner*.

cc) Ergebnis

Das Hauszustellungssystem als Inputmarkt war also schon nicht unerlässlich, um auf dem Outputmarkt (Markt für Tageszeitungen) in Wettbewerb zu treten. Damit fehlt es an einem Engpass als Voraussetzung für einen missbräuchlichen Marktmachttransfer. Bei dem Hauszustellungssystem handelte es sich mithin nicht um eine wesentliche Einrichtung.

Aber selbst wenn es sich bei dem Hauszustellungssystem um eine wesentliche Einrichtung handeln würde, wäre die Zugangsverweigerung nicht missbräuchlich, weil – zwar nicht jeder, aber zumindest wirtschaftlich gleich starke – Konkurrenten selbst ein Hauszustellungssystem aufbauen könnten. Das System wäre damit also duplizierbar.

3. Schlussfolgerungen

Das Bronner-Urteil lässt sich dahingehend verstehen, dass für eine Argumentation, die auf eine besondere Bedürftigkeit des jeweiligen Konkurrenten oder auf ein besonderes Vertrauensverhältnis abstellt, bezüglich der Anwendung der essential facilities Doktrin kein Raum besteht.

a) Wirksamer Wettbewerb trotz weniger günstiger Voraussetzungen

Es fehlt schon an der Unentbehrlichkeit der Einrichtung für den Wettbewerb auf dem Zeitungsmarkt, außerdem ist das Hauszustellungssystem duplizierbar. Damit bildete die Einrichtung keinen Engpass und ein kartellrechtlicher Zwangszugang im *Bronner*-Fall scheidet aus.

Es ist nämlich nicht Zweck der essential facilities Doktrin, einen „bequemen" Marktzugang zu ermöglichen oder Effizienzvorteile erfolgreicher Marktteilnehmer auch ineffizienteren Mitbewerbern zur Verfügung zu stellen. Aus Wettbewerbssicht ist vielmehr die Gefahr nötig, dass ein Monopol auf einem Inputmarkt aufgrund seiner Unerlässlichkeit für einen Outputmarkt auf diesen ausgedehnt werden kann. Denn durch die so entstehende Hebelwirkung wäre es auch einem effizienteren Unternehmen nicht möglich, auf den Outputmarkt zu gelangen.

Mit dem *Bronner*-Urteil kommt zum Ausdruck, dass der EuGH hinsichtlich der Unerlässlichkeit und Duplizierbarkeit einer Einrichtung keine vollständige Gleichwertigkeit der Wettbewerbsvoraussetzungen verlangt; vielmehr muss sich der Wettbewerber unter Umständen mit einer für ihn weniger „günstigen" Ersatzmöglichkeit begnügen.[559] Dies ist aber solange ausreichend, wie der Mitbewerber Zugang zum Hauptmarkt hat, denn insoweit erfordert der Schutz des

559 Scherer, MMR 1999, 315 (318).

Wettbewerbs keinen Eingriff durch das Kartellrecht. Der EuGH verweist in der Folge auch auf die neben dem Hauszustellungssystem bestehenden und tatsächlich genutzten alternativen Vertriebswege wie Postzustellung, Laden- und Kioskverkauf, „auch wenn sie für den Vertrieb bestimmter Tageszeitungen weniger günstig sein dürften.“[560]

b) Unterschied zwischen der marktbeherrschenden Stellung und der Unentbehrlichkeit einer Einrichtung

Erst wenn eine marktbeherrschende Stellung festgestellt wurde, kann deren Unentbehrlichkeit für einen Outputmarkt geprüft werden.

In diesem Zusammenhang mag irritieren, dass bei der Unentbehrlichkeitsprüfung jene alternativen Vertriebsmöglichkeiten wieder berücksichtigt werden, die auch bei der vorangegangenen Prüfung des relevanten Marktes eine Rolle gespielt haben. Auf Grund der geringen Austauschbarkeit von Vertriebswegen wurde in diesem Zusammenhang eine Monopolstellung auf dem Markt für landesweite Hauszustellungssysteme festgestellt. Dies lässt sich damit erklären, dass den Vertriebswegen auf beiden Prüfungsebenen eine unterschiedliche Bedeutung beigemessen werden muss.[561]

Bei der Definition des relevanten Marktes sind alternative Vertriebswege nur zu berücksichtigen, wenn sie im Wesentlichen gleichwertig sind. Im Rahmen der Unentbehrlichkeitsprüfung sind alternative Vertriebswege allerdings sehr viel weniger streng zu beurteilen. Selbst wenn diese Alternativen weniger günstig für den Konkurrenten sind, beseitigen sie dennoch den für die essential facilities Doktrin erforderlichen Engpass, da sie einen alternativen Zugang zu dem Outputmarkt (Zeitungsverkauf) ermöglichen.

c) Unentbehrlichkeit und fehlende Duplizierbarkeit als Voraussetzung der Engpasseinrichtung

Voraussetzung einer wesentlichen Einrichtung ist, dass der Wettbewerb durch eine Zugangsverweigerung völlig ausgeschaltet werden kann, die Einrichtung also unentbehrlich ist. Dies bedeutet zwangsläufig, dass auch kein duplizierbarer Ersatz für die Einrichtung besteht. Diese überflüssig anmutende Abgrenzung des EuGH macht dennoch Sinn.

Unentbehrlich war das Hauszustellungssystem für den Zeitungsverkauf zwar nicht, weil aber die Unentbehrlichkeit im erstgenannten Sinn häufig vorliegen

560 EuGH vom 26.11.1998 – Rs. C-7/97, Slg. 1998, I-7791 (I-7831), Rn. 43 – *Bronner*.

561 Münchener Kommentar zum Europäischen und Deutschen Wettbewerbsrecht-(Eilmansberger), (Fn. 352), Art. 82, Rn. 354.

wird, prüft der Gerichtshof im zweiten Schritt dann jenen Unentbehrlichkeitsaspekt (Duplizierbarkeit), auf den sich die Unentbehrlichkeitsprüfung konzentriert, nämlich ob die konkret in Frage stehende Einrichtung duplizierbar wäre, und konkretisiert damit die Anforderungen an eine wesentliche Einrichtung.

aa) Kriterien der Duplizierbarkeit

Da Art. 102 AEUV nicht die Mitbewerber schützt, sondern den Wettbewerb als solchen, kommt es nicht darauf an, dass ein einzelner Wettbewerber nicht in der Lage ist, diese Einrichtung zu duplizieren, sondern nur darauf, dass es an sich möglich wäre, eine solche Einrichtung zu duplizieren. Es spricht gerade für die Effizienz eines Unternehmens, wenn es in der Lage ist, sich von seinen Mitbewerbern durch Innovation abzusetzen. Es läge daher an der Firma Bronner, etwa in Kooperation mit anderen Zeitungsverlagen den Wettbewerb aufzunehmen und ein eigenes Zustellungssystem zu installieren.

Der EuGH stellt demnach hohe Anforderungen an die Frage der Duplizierbarkeit: Nur wenn technische, rechtliche oder wirtschaftliche Hindernisse bestehen, die geeignet sind, jedem Wettbewerbern – allein oder in Zusammenarbeit mit anderen Wettbewerber – die Errichtung einer eigenen Einrichtung unmöglich zu machen oder zumindest unzumutbar zu erschweren, ist die Zugangsverweigerung des Marktbeherrschers missbräuchlich.[562]

Abzustellen ist somit nicht auf die aktuelle Möglichkeit des jeweiligen Konkurrenten oder die Notwendigkeit von Investitionen oder kurzzeitige Verluste, sondern darauf, ob eine Verdoppelung der Einrichtung angesichts des Zwecks, den Wettbewerb gleichberechtigt aufzunehmen, auf Dauer rentabel erscheint[563] bzw. überhaupt möglich ist.[564] Damit legt der Gerichtshof im Fall *Bronner* einen strengen Maßstab an.

---

562 Vgl. EuGH vom 26.11.1998 – Rs. C-7/97, Slg. 1998, I-7791 (I-7831), Rn. 44 – *Bronner*.

563 GA Francis G. Jacobs, Schlussanträge in der Rs. C-7/97 vom 26.11.1998, Slg. 1998, I-7791, (I-7814), Rn. 68 – *Bronner*; Scherer, MMR 1999, 315 (318).

564 Die Kriterien sind erfüllt, wenn zumindest dargetan werden kann, dass es unrentabel wäre, die als wesentlich erachtete Einrichtung zu duplizieren. Dafür „müsste nachgewiesen werden, dass der zur Schaffung eines vergleichbaren Hauszustellungssystems erforderliche Investitionsaufwand so hoch wäre, dass er einen wagemutigen Unternehmer, der davon überzeugt ist, dass für eine weitere Tageszeitung mit weiter Verbreitung ein Markt besteht, davon abhalten würde, auf dem Markt aktiv zu werden“ (EuGH vom 26.11.1998 – Rs. C-7/97, Slg. 1998, I-7791 (I-7832), Rn. 46 – *Bronner*; Mit Verweis auf GA Francis G. Jacobs, Schlussanträge in der Rs. C-7/97 vom 26.11.1998, Slg. 1998, I-7791, (I-7814), Rn. 68 – *Bronner*).

bb) Fälle der Nichtduplizierbarkeit

Eine Nichtduplizierbarkeit von Einrichtungen dürfte nach dem *Bronner*-Urteil also nur in wenigen Fällen vorliegen.

Dazu gehört erstens eine Art natürliches Monopol. Ein solches Monopol besteht, wenn eine so hohe Outputmenge erforderlich ist, dass zwei Anbieter nicht neben einander bestehen können. Die Ausnutzung eines Größenvorteils ist also erforderlich (*economies of scale*).[565] Ein zweiter Grund für eine fehlende Duplizierbarkeit wäre, dass Umweltressourcen nicht ausreichend zur Verfügung stehen oder – wie im Fall *Terminal Railroad* – der Bau einer zweiten Brücke aus topographischen Gründen unmöglich ist. Ist eine Duplizierung zwar technisch und wirtschaftlich möglich, können ihr drittens aber rechtliche Schranken entgegenstehen.[566]

Jene Einrichtungen, bei denen die Nichtduplizierbarkeit wegen eines rechtlichen Hindernisses am einfachsten nachzuweisen ist, sind Immaterialgüterrechte.

So viel sei vorweggenommen, im Fall *IMS-Health* aus dem Jahre 2004 wurde neben der fehlenden Duplizierbarkeit eines Immaterialgüterrechts zusätzlich verlangt, dass durch eine Lizenzverweigerung ein neues Produkt verhindert wird. Dieses Kriterium wurde – anders als im Fall *Magill* – in *Bronner*-Urteil nicht geprüft.

III. De-facto-Standards und Netzwerkeffekte

Die Frage, ob der Inhaber eines Immaterialgüterrechts auf der Grundlage des Art. 102 AEUV verpflichtet sein kann, Dritten eine Lizenz zu erteilen, ist ebenfalls von Bedeutung, wenn es z.B. um die Offenlegung der Schnittstellenarchitektur bei De-facto-Standards geht.[567]

„Der Zusammenhang zum Immaterialgüterrecht ist dort besonders eng, wo Netzwerkeigenschaften schutzrechtlich abgesichert sind."[568] Aber auch ohne die Absicherung von Schutzrechten kann eine zum De-facto-Standard erstarkte Technologie etwa durch Geheimhaltung Mitbewerber vom Zutritt auf abgeleiteten Märkten abhalten. Standards und Immaterialgüterrecht haben also hinsichtlich ihrer Wirkung auf den Wettbewerb ähnliche Effekte.

---

565 Vgl. C.C. v. Weizsäcker, Rechte und Verhältnisse in der modernen Wirtschaftlehre, in: Kyklos, Vol. 34, 1981, 345 (369).

566 Vgl. Münchener Kommentar zum Europäischen und Deutschen Wettbewerbsrecht-(Eilmansberger), (Fn. 352), Art. 82, Rn. 357.

567 Vgl. Montag, EuZW 1997, 71.

568 Heinemann, (Fn. 423), S. 514.

Der Abbau von Marktzutrittsschranken gewinnt insbesondere in Fällen des Systemwettbewerbs an Gewicht, in denen teilweise argumentiert wird, ein marktbeherrschendes Unternehmen könne nicht dazu verpflichtet werden, die Konkurrenten auf „seinen" Märkten zu unterstützen. Die Märkte für Informationsgüter weisen häufig die Tendenz auf, zugunsten eines Produkts zu kippen, das sich zum Standard am Markt entwickelt hat.[569] Auch verliert das Argument an Gewicht, eine gewisse Marktkonzentration sei für den Innovationsprozess notwendig. Vielmehr wird ein Unternehmen allein ohnehin nur selten die kritische Größe erreichen, um ein System aufzubauen, und daher in Kooperation mit unabhängigen Unternehmen treten.[570] Dabei weisen Computerschnittstellen aber auch De-facto-Normen in anderen Bereichen der Wirtschaft Ähnlichkeiten auf, die durchaus gleich zu behandeln sind.

1. Schnittstellen

Unter dem Begriff der „Schnittstellen" sind Informationen zu verstehen, über die eine kompatible Verbindung z.B. zwischen Computersystemen hergestellt werden kann.[571] Die Schnittstellen haben eine herausragende Bedeutung für die Kompatibilität verschiedener Hardware- und Softwareelemente. Die Kenntnis der Schnittstellen-Codes eines Computersystems ist für den Hersteller eines Hard- oder Softwareprodukts existenznotwendig, da nur so die Verwendbarkeit seines Produkts im Rahmen des Gesamtssystems durch Gewährleistung des erforderlichen Informationsaustauschs zwischen den Systemkomponenten sichergestellt werden kann. Diese Problematik wird unter dem Postulat der „Interoperabilität" und der „Kompatibilität" diskutiert.[572] Dabei bezieht sich die Problematik der Schnittstellen und der Kompatibilität keineswegs nur auf die Computerbranche. So müssen beispielsweise auch alle Komponenten in einem Telefonnetz kompatibel miteinander sein, es wird also nötig, Standards zu setzen, ansonsten würden weltweite Telefonverbindungen nicht zustande kommen.

a) Unterschied zwischen Normung und De-facto-Standard für komplementäre Produkte

Um ein Höchstmaß an Interoperabilität der Systemkomponenten zu gewährleisten, wäre eine weitestgehende internationale Normung von Schnittstellen erfor-

569 Siehe hierzu Bekkers/Liotard, European Standards for Mobile Communications: The Tense Relationship between Standards and Intellectual Property Rights, in: EIPR 1999, 110 (113).

570 Shapiro/Varian, Information Rules (1999), S. 228.

571 Siehe hierzu auch Pilny, GRUR Int. 1990, 431.

572 Pilny, GRUR Int. 1995, 954 (960).

derlich. Dies kommt aber aus vielen Gründen nicht in Betracht.[573] Als Vorstufe der Normung gewinnt daher die Standardisierung besondere Bedeutung. Hierbei ist zwischen offiziell festgelegten Standards und De-facto-Standards zu unterscheiden.

De-facto-Standards entstehen unterschiedlich, im *Standard-Spundfass*-Urteil[574] beispielsweise fragten sämtliche Kunden nur eine Fassbauart nach, die sich so zu einem De-facto-Standard entwickelte. Ein De-facto-Standard kann also auf der einen Seite erst Marktmacht begründen. Auf der anderen Seite kann aber auch ein marktmächtiger Herstellers einen De-facto-Standard setzen.[575] Aufgrund einer breiten Akzeptanz am Markt und *lock in*-Effekten – wie etwa im *Kodak*-Fall beschrieben – aber auch Netzwerkeffekten oder anderer Wechselkosten ist die Nachfrage der Konsumenten auf solch standardisierten Märkten sehr unelastisch, so dass ein De-facto-Standard eine ähnliche Wirkung wie ein offizieller Standard haben kann. Während es z.B. für Hersteller eines Hardware- oder Softwareprodukts problemlos möglich ist, die notwendigen Informationen für offiziell festgelegte Standards zu erhalten, ist die Erlangung der Codes für De-facto-Standards schwieriger. Hierbei ist der an den Schnittstellen interessierte Hersteller entweder auf die Mitteilung durch das marktbeherrschende, den De-facto-Standard setzende Unternehmen oder auf das Mittel der Dekompilierung[576] angewiesen. Zwar ist aufgrund der EG-Software-Richtlinie[577] die Dekompilierung von Software zur Erlangung von Schnittstellencodes rechtlich zulässig, dieses Verfahren bringt jedoch nicht immer die erwünschten Codedaten zutage.[578] Zudem können auf dem Weg der Dekompilierung nur Schnittstellendaten aus Computersoftware, nicht jedoch aus Hardware gewonnen werden. Die Mitteilung der Schnittstellencodes durch das De-facto-Standard setzende Unternehmen ist daher die wichtigste Informationsquelle für den Hersteller von Soft- und Hardware.[579] Diese Situation erinnert stark an die Abhängigkeit des rohstoffverarbeitenden Unternehmens von seinem marktbeherrschenden Lieferanten im Fall *Commercial Solvents*. Ohne den Rohstoff, hier die Schnittstellen-

573 Siehe dazu: Pilny, Schnittstellen in Computerprogrammen – Zum Rechtsschutz in Deutschland, den USA und Japan, in: GRUR Int. 1990, 431 (435).

574 BGH vom 13.07.2004, BGHZ 160, 67 – *Standard-Spundfass*.

575 Pilny, GRUR Int. 1990, 431 (435); Pilny, GRUR Int. 1995, 954 (960).

576 Die Dekompilierung funktioniert allerdings nur bei elektronischen Schnittstellen.

577 Richtlinie des Rates vom 14.5.1991 – 91/250/EWG über den Rechtsschutz von Computerprogrammen, ABl. EG 1991, L 122/42.

578 Vgl. Vinje, Magill: Its Impact on the Information Technology Industry, in: EIPR 1992, 397 (401); Vinje, The Final Word on Magill, in: EIPR 1995, 297 (303).

579 Pilny, GRUR Int. 1995, 954 (960).

information, ist eine Teilnahme auf dem Markt für Soft- und Hardware oft nicht möglich.

b) Rechtlicher Schutz von De-facto Standards und deren Öffnung durch die essential facilities Doktrin

Dem marktbeherrschenden Unternehmen wird auf der anderen Seite daran gelegen sein, durch die Kontrolle über den De-facto-Standard sicherzustellen, dass nur eigene Hardware- und Softwareprodukte mit dem eigenen Produkt, das die in Rede stehenden Schnittstellen enthält, verbunden bzw. benutzt werden können – sofern der Markt einmal zu seinen Gunsten gekippt ist, sog. *tipping*.

Die Kontrolle über die Schnittstellencodes kann dabei auch durch die Geltendmachung von Rechten des geistigen Eigentums erfolgen. Je nach Art der in Rede stehenden Schnittstellen können die zugrunde liegenden Daten zum einen urheberrechtlichen Schutz genießen, zum andern können Schnittstellencodes patentrechtlich geschützt werden. In beiden Fällen würde sich die Weigerung der Mitteilung der Codes gegenüber Dritten als Ausübung eines Rechts des geistigen Eigentums darstellen.[580]

Die Überwindung dieser Marktzutrittsschranken für Mitbewerber könnte durch die essential facilities Doktrin erfolgen, soweit deren weitere Voraussetzungen vorliegen. Der Inhaber der Schnittstelleninformationen – die dem De-facto-Standard zugrunde liegen – wäre dann zur Offenlegung der Schnittstelleninformationen verpflichtet, wenn er andernfalls mit Hilfe der Schnittstellencodes auch die Kontrolle über benachbarte Märkte erlangen würde und so auch effizienteren Mitbewerbern den Zugang zu abgeleiteten Märkten versperren würde. Diese Pflicht bestünde dann unabhängig davon, ob die Schnittstellen rechtlich geschützt oder ungeschützt sind.

2. Netzwerkeffekte

Ein Netzwerkeffekt zeichnet sich dadurch aus, dass die Anzahl der Konsumenten, die ein Produkt gebrauchen, wesentlich für den Nutzen des Einzelnen ist.[581] Viele untereinander kompatible Produkte ermöglichen beispielsweise den Austausch von Daten zwischen verschiedenen Teilnehmern. Ein Netzwirk wird sich also dann erfolgreich am Markt durchsetzten, wenn es eine hohe Anzahl an

580 Pilny, GRUR Int. 1995, 954 (960).

581 Siehe Stapper, (Fn. 354), S. 164; Cohen, Competition and Foreclosure in the Context of Installed Base and Compatibility Effects, in: Antitrust Law Journal 1996, 536 (539); Katz/Shapiro, Technology Adoption in the Presence of Network Externalities, in: Journal of Political Economy 1986, 822.

kompatiblen Produkten vorweisen kann. Denn der Konsument wird vor allem darauf achten, dass ein Produkt mit bereits am Markt etablierten Produkten kompatibel ist.[582] So ist etwa bei dem Kauf eines Computers wichtig, dass er mit möglichst vielen Softwareprodukten kompatibel ist. Hat sich ein Produkt am Markt etabliert, beeinflusst dies auch andere Unternehmen. Denn um einen großen Kreis an Konsumenten zu erreichen, ist es für sie wichtig, netzwerkkompatible Produkte herzustellen. Die Entscheidung der Unternehmen hat wiederum Einfluss auf die Kaufentscheidung der Konsumenten und damit auf die Größe und den Erfolg eines Netzwerks. „Die Rückkopplungseffekte, die auf diese Weise im Systemwettbewerb entstehen, führen dazu, dass sich der Erfolg eines Systems nach Erreichen einer kritischen Größe verselbstständigt."[583] Der Markt kippt dann zu Gunsten eines Unternehmens.

Ein Netzwerkeffekt hat damit zur Folge, dass Unternehmen, die inkompatible Produkte anbieten, letztendlich geschwächt werden, während Anbieter von kompatiblen Produkten generell immer größere Marktanteile gewinnen. Diese Auswirkung wird auch als *positive feedback*[584] bezeichnet.[585] Tritt der *positive feedback*-Effekt ein, sinkt die Wettbewerbsfähigkeit eines Unternehmens, das eine kritische Größe nicht rechtzeitig erreicht hat. Auf der anderen Seite kann der *positive feedback*-Effekt einen kleinen Vorteil auf Netzwerkmärkten derart verstärken, dass durch die Rückkopplung der Markt zugunsten eines Unternehmens kippt. Konkurrierende Systeme werden dann verdrängt. Daher lassen viele Netzwerkmärkte nur einen Sieger zu, sog. *winner-takes-all markets*.[586]

Diese Eigenschaft der Märkte, zugunsten eines Systems zu kippen, das einen anfänglichen Vorteil im Wettbewerb erlangt hat, wird als *tipping* bezeichnet.[587] So konnte sich die *Blu-Ray* Technologie von Sony gegenüber der qualitativ gleichwertigen *HD-DVD* von Microsoft und Toshiba durchsetzen. Und auf dem

582 Vgl. Menell, An Analysis of Copyright Protection for Application Programs, in: 41 Stanford Law Reviev 1989, 1045 (1066); Shurmer/Swann, An Analysis of the Process Generating De Facto Standards in the PC Spreadsheet Software Market, in: Journal of Evolutionary Economics 1995, 119 (120); Shapiro/Varian, (Fn. 570), S. 180; Farrell, Arguments for a Weaker Intellectual Property Protection in Network Industries, in: Kahin/Abbate (Hrsg.), Standards Policy for Information Infrastructure (1995), S. 368 ff.; Stapper, (Fn. 354), S. 164.

583 Stapper, (Fn. 354), S. 165.

584 Shapiro/Varian, (Fn. 570), S. 175 ff.

585 Stapper, (Fn. 354), S. 165.

586 Vgl. Stapper, (Fn. 354), S. 165; Shapiro/Varian, (Fn. 570), S. 177, 187 f.; Lemley/McGowan, Could Java Change Everything? The Competitive Property of a Proprietary Standard, in: The Antitrust Bulletin 1998, 715 (721 ff.).

587 Katz/Shapiro, System Competition and Network Effects, 8 Journal of Economic Perspectives 1994, 93, (105 f.).

Markt für Computerbetriebssysteme ist es Microsoft gelungen, einen Marktanteil von über 95% zu erlangen. Apple verfolgte dagegen über lange Zeit eine geschlossene Strategie (*control approach*) und stellte sowohl Hardware als auch Software selbst her, damit führte das Unternehmen in den achtziger und neunziger Jahren ein Nischendasein. In den vergangenen Jahren hat Apple allerdings durch die Herstellung von Kompatibilität vor allem mit Microsofts Office Programm eine Strategieänderung vorgenommen und konnte so Marktanteile gewinnen.[588]

Um nicht mit einem inkompatiblen Produkt zu „stranden", werden die Konsumenten auf einem Netzwerkmarkt das System wählen, welches sich am Ende durchsetzt. Oft ist allein die Größe eines Systems und die damit einhergehende Erwartung der Konsumenten ein kaufentscheidender Faktor. Wie erfolgreich ein Produkt am Markt wird, hängt auf Netzwerkmärkten damit nicht allein von der Qualität ab, sondern auch von den Kundenerwartungen.[589] Stapper verdeutlicht am Beispiel von Microsoft, dass der anfängliche Erfolg von MS-DOS nicht unbedingt auf die herausragende Qualität dieses Betriebssystems zurückzuführen ist, sondern auf die Entscheidung von IBM, dieses Betriebssystem mit seiner Hardware zu verwenden.[590]

Schon die bloße Erwartung der Konsumenten, ein Produkt werde sich am Markt durchsetzen, kann nämlich dazu führen, dass frühe Kunden einen Mitläufereffekt, sog. *bandwagon-effect*[591] auslösen, der den tatsächlichen Durchbruch des Produkts am Markt herbeiführt.[592] Solche Effekte lassen sich allerdings nur auf Netzwerkmärkten erzielen. So kann etwa ein großer Automobilkonzern trotz seiner Größenvorteile nie ein Kippen des ganzen Marktes erreichen. Dagegen konnte Microsoft durch einen anfänglich kleinen Vorsprung auf dem Markt für Betriebssysteme durch Netzwerkeffekt relativ schnell eine marktbeherrschende

---

588 Dass Apple zwischenzeitlich zum wertvollsten Unternehmen der Welt wurde hat dagegen weniger mit dem Erfolg auf dem Computermarkt zutun, als vielmehr mit Innovationen auf anderen Produktmärkten, etwa bei Musikspielern und Mobiltelefonen.

589 Vgl. auch Shurmer/Lea, Telecommunications Standardization and Intellectual Property Rights: A Fundamental Dilemma? in: Kahin/Abbate (Hrsg.), Standards Policy for Information Infrastructure (1995), S. 378 (380); Stapper, (Fn. 354), S. 166.

590 Stapper, (Fn. 354), S. 166; Siehe auch Katz/Shapiro, 8 Journal of Economic Perspectives 1994, 93 (104); Besen/Farrell, Choosing How to Compete: Strategies and Tactics in Standardization, in: 8 Journal of Economic Perspectives 1994, 117 (118).

591 Vgl. David/Greenstein, The Economics of Compatibility Standards: An Introduction to Recent Resaerch, in: Economics of Innovation and New Technology 1990, 3 (9 ff.); Fleischer, Behinderungsmissbrauch durch Produktinnovationen (1997), S. 96.

592 Katz/Shapiro, 8 Journal of Economic Perspectives 1994, 93 (104); Shapiro/Varian, (Fn. 570), S. 196; Cohen, 64 Antitrust Law Journal 1996, 535 (536 ff.).

Stellung erlangen, obwohl es qualitativ vergleichbare Betriebssysteme auch von Konkurrenten gab.[593]

a) Verschiedene Strategien der Marktbeherrschung auf Netzwerkmärkten

Eine marktbeherrschende Stellung auf Netzwerkmärkten kann auf mehreren Wegen erlangt werden. Einerseits kann ein Unternehmen sich für eine offene Strategie (*openness approach*) entscheiden, indem es andere Unternehmen in sein System mit einbezieht und Schnittstellen für Mitbewerber öffnet. Auf diese Weise können unzählige kompatible Produkte entstehen. Das System kann so einen wichtigen Größenvorteil auf dem Netzwerkmarkt erlangen. Es besteht aber auch die Möglichkeit, die Kontrolle über ein System zu behalten (*control approach*).[594] Je nachdem ob ein Unternehmen in der Lage ist, die kritische Masse an Konsumenten selbst zu gewinnen und das *tipping* eines Marktes allein zu erreichen, wird es sich für ein geschlossenes oder offenes System entschließen. Wenn die Konsumenten davon überzeugt werden können, dass sich ein System am Markt durchsetzen wird, kann das Unternehmen die marktbeherrschende Stellung in Zukunft alleine genießen. Ist das nicht der Fall, muss versucht werden ein *tipping* durch Kooperationen zu erreichen.[595]

Außerdem müssen die Unternehmen die Wertsteigerung des Systems als wichtigstes Element berücksichtigen. Die Kontrolle über ein geschlossenes System bringt dann keine Vorteile, wenn mit einem offenen System der wirtschaftliche Wert gesteigert werden kann. Denn die Kontrolle über eine nur wenig verbreitete Technologie verspricht keinen Gewinn. Mit einer offenen Strategie kann also die kritische Masse oft leichter erreicht und der Wert des Systems insgesamt gesteigert werden.[596]

---

593 Siehe Stapper, (Fn. 354), S. 170 f; Shapiro/Varian, (Fn. 570), S. 179 f.

594 Siehe Stapper, (Fn. 354), S. 169; Shapiro/Varian, (Fn. 570), S. 196 ff.

595 Siehe auch Stapper, (Fn. 354), S. 169; Besen/Farrell, 8 Journal of Economic Perspectives 1994, 117 (122 ff., 129); Katz/Shapiro, 8 Journal of Economic Perspectives 1994, 93 (105 ff.).

596 Siehe Stapper, (Fn. 354), S. 169; Auch: Beispielhaft für den Effekt einer offenen Strategie steht der Erfolg der Firmen IBM, Intel und Microsoft, die alle anfänglich die Offenheit und Kompatibilität ihres Systems anpriesen. Alle drei Firmen öffneten ihre Produkte für unabhängige Hersteller von Komplementärprodukten (Microsoft hatte insbesondere anfänglich ein großes Interesse an der Herstellung MS-DOS kompatibler Software durch unabhängige Softwarehersteller (Besen/Farrell, 8 Journal of Economic Perspectives 1994, 117 (123); Fleischer/Doege, Der Fall United States v. Microsoft, in: WuW 2000, 705 (706)). Während der Erfolg von MS-DOS durch *positive feedback* gestützt wurde und sich das System sehr schnell (als Standard) am Markt durchsetzte,

Auch nach einem Kippen eines Marktes zugunsten eines Systems wird dieses durch Rückkopplungseffekte gestützt. Daher sind Netzwerkmärkte besonders durch Marktzutrittsschranken gekennzeichnet. Ein etabliertes System lässt sich deshalb nur relativ schwer verdrängen.[597] Auf Netzwerkmärkten erstarkt das übrig gebliebene System so zu einem De-facto-Standard,[598] da die Nachfrage der Konsumenten aufgrund einer breiten Akzeptanz am Markt und des Netzwerkeffekts sehr unelastisch ist. Ist ein System für andere Anbieter offen, kann Wettbewerb innerhalb des Systems entstehen.[599]

Wie aufgezeigt, kann eine offene Strategie im Systemwettbewerb vorteilhaft sein, denn offene Schnittstellen ermöglichen es anderen Anbietern, kompatible Produkte herzustellen, so dass möglichst schnell eine kritische Masse erlangt wird. Anbieter von kompatiblen Produkten sind allerdings von dem standardsetzenden Unternehmen abhängig, denn sobald der Markt einmal gekippt ist, wird das System durch Rückkopplungseffekte abgesichert. Das standardsetzende Unternehmen kann nun durch die Verweigerung von Lizenzen an Schnittstellen oder deren Geheimhaltung die Kontrolle über das gesamte System erlangen und Mitbewerber vom Markt ausschließen.[600]

b) Öffnung von De-facto Standards

Die Frage, ob der Inhaber eines Immaterialgüterrechts bzw. eines De-facto Standards auf der Grundlage des Art. 102 AEUV verpflichtet sein kann, Dritten eine Lizenz zu erteilen, ist mithin von elementarer Bedeutung, wenn es um die Offenlegung der Schnittstellenarchitektur bei De-facto Industriestandards geht.[601] Dabei ist es jedoch nicht Aufgabe des Kartellrechts, ein – auf Grund der Marktstruktur und Netzwerkeffekte – dominierendes Unternehmen durch ein

---

konnten die qualitativ ebenbürtigen Betriebssysteme von IBM und Digital Research nie die kritische Masse für das *tipping* des Marktes erreichen.

597 Siehe Stapper, (Fn. 354), S. 171; Lemley/McGowan, Legal Implications of Network Economic Effects, in: California Law Review 1998, 479 (503 f.); Shapiro/Varian, (Fn. 570), S. 196.

598 Vgl. Katz/Shapiro, 8 Journal of Economic Perspectives 1994, 93 (105 f.); Lemley/McGowan, The Antitrust Bulletin 1998, 715 (721 f.); Cohen, 64 Antitrust Law Journal 1996, 536 (549).

599 Siehe Stapper, (Fn. 354), S. 172; Shapiro/Varian, (Fn. 570), S. 231 ff.; Auf diese Weise können auch kleinere Unternehmen von einem Standard profitieren. Außerdem gibt es so mehrere Innovatoren, die den Standard atraktiv halten können.

600 Stapper, (Fn. 354), S. 179; Vgl. auch Jones/Turner, Can an Operating System Vendor Have a Duty to Aid its Competitors? in: 37 Jurimetrics Journal of Law, Science and Technology, 1996/97, S. 355 (393).

601 Vgl. Montag, EuZW 1997, 71.

anderes zu ersetzen. Lediglich der Wettbewerb, der von dem die Kompatibilität mit dem De-facto-Standard setzenden Unternehmen abhängt, soll und kann durch eine Kartellrechtskontrolle vor Missbräuchen geschützt werden. Durch die essential facilities Doktrin wird es dem Marktbeherrscher damit nicht verboten, ein *tipping* des Marktes für sich auszunutzen, allerdings darf dieses Monopol nicht auch auf abgeleitete Märkte im Wege des missbräuchlichen Marktmachttransfers ausgedehnt werden.

c) Schnittstellen als wesentliche Einrichtungen

Informationen über Schnittstellen können für Dritthersteller von Soft- und Hardware also den Charakter einer Engpasseinrichtung haben.[602] Dafür muss die De-facto-Norm eine marktbeherrschende Stellung vermitteln, des Weiteren darf ohne Zugang zu den relevanten Informationen ein Tätigwerden auf einem abgeleiteten Markt nicht möglich sein.[603] Dies wäre z.B. dann zu bejahen, wenn der Inhaber des De-facto-Standards auch die Kontrolle über benachbarte Märkte wie etwa Peripheriegeräte auszuüben beabsichtigte.[604]

Nach der *Bronner*-Rechtsprechung müsste der De-facto-Standard unerlässlich für den Zugang zum abgeleiteten Markt sein und es dürfte keine Möglichkeit der Duplizierung bestehen.

aa) Durch Ausschließlichkeitsrecht abgeschirmte Schnittstellen

Für die zwangsweise Öffnung von Schnittstellen macht es keinen Unterschied, ob sie durch gewerbliche Schutz- oder Urheberrechte abgeschirmt werden können oder bloß geheim gehalten werden.[605] Sobald die Voraussetzungen der essential facilities Doktrin vorliegen, ist Auskunft über den Schnittstellen-Code zu geben. Nach der *Bronner*-Rechtsprechung darf der Zugang begehrende Wettbewerber allerdings nicht selbst in der Lage sein, eine entsprechende Einrichtung herzustellen. Dagegen ist es belanglos, ob eine Duplizierung aus rechtlichen oder tatsächlichen Grunden unmöglich ist. Im Hinblick auf die essential facilities Doktrin kommt es nur darauf an, dass ein Tätigwerden auf dem nachgelagerten Markt nur über das Nadelöhr der wesentlichen Einrichtung möglich ist.[606] Da die Anwendbarkeit der essential facilities Doktrin nicht vom Bestehen von Sacheigentum oder Immaterialgüterrechten abhängt, entscheidet der gesamte

602 Pilny, GRUR Int. 1995, 954 (961).
603 Vgl. Heinemann, (Fn. 423), S. 520 f.
604 Pilny, GRUR Int. 1995, 954 (960).
605 Pilny, GRUR Int. 1995, 954 (961).
606 Siehe Heinemann, (Fn. 423), S. 519.

rechtliche und wirtschaftliche Zusammenhang über die Anwendbarkeit des Kartellrechts.[607] In den meisten Fällen werden die Schnittstellen jedoch durch gewerbliche Schutzrechte oder Urheberrechte abgesichert sein.

bb) Weniger weitrechende Informationserlangung statt Lizenzierung als Rechtsfolge

Die Lizenzierung eines Schutzrechts wird oft gar nicht begehrt – es sei denn, diese Schnittstelle ist patent- oder urheberrechtlich geschützt. Um kompatible Produkte herstellen zu können, werden in vielen Fällen lediglich Informationen über technische Eigenschaften benötigt. Dagegen ist für ein lediglich kompatibles Produkt keine Lizenz erforderlich. Es werden lediglich Schnittstelleninformationen nachgefragt, um kompatible Produkte herstellen zu können.[608] Mithin wird keine Lizenz begehrt, um ein identisches Produkt anzubieten, sondern nur eine Schnittstelleninformation, mit der eigene, kompatible Produkte angeboten werden sollen.

cc) Schutz vor Imitation durch Lizenzverweigerung

Die rechtliche Ausgangslage ist selbstverständlich eine völlig andere, wenn es Mitbewerbern nicht um die Vermarktung kompatibler Produkte, sondern um die Imitierung des durch die De-facto-Norm beschriebenen Produkts selbst geht. Ist die De-facto-Norm durch Schutzrechte abgesichert, kann ein Imitat nur bei Erteilung einer Lizenz hergestellt werden. Wird eine solche Lizenz verweigert, ist damit aber kein Marktmachttransfer verbunden. Wenn Konkurrenten der Zugang zum beherrschten Markt verweigert wird, verstößt dies nicht gegen das Missbrauchsverbot.[609] Dass die Verweigerung von Imitaten i.d.R. nicht gegen Art. 102 AEUV verstößt, hat schon die *Volvo*-Rechtsprechung unterstrichen, denn solange eine marktbeherrschende Stellung im Wettbewerb mit leistungsgerechten Mitteln erlangt wurde und nicht missbräuchlich ausgenutzt wird, ist die Verweigerung von Lizenzen grundsätzlich zulässig. Daraus zieht Heinemann den richtigen Schluss, dass „die Lizenzverweigerung, die sich auf das von der De-facto Norm beschriebene Produkt selbst bezieht, also – im Gegensatz zur Informationsverweigerung zwecks Herstellung kompatibler Produkte – i.d.R. nicht missbräuchlich [ist].“[610] Ansonsten wäre der Schutzbereich des geistigen Eigentums über die Maßen verkürzt. Und die Öffnung von gewerblichen

607 Vgl. Heinemann, (Fn. 423), S. 519.
608 Siehe Heinemann, (Fn. 423), S. 521.
609 Siehe Heinemann, (Fn. 423), S. 521 f.
610 Heinemann, (Fn. 423), S. 521 f.

Schutz- oder Urheberrechten mittels der essential facilities Doktrin würde von der Ausnahme zur Relgel avancieren.

IV. Zwangslizenz an einem De-facto-Standard setzenden Produkt – IMS-Health

Im Fall *IMS-Health*[611] stellte sich, ähnlich wie im Fall *Volvo*, die Frage, ob ein urheberrechtlich abgeschirmter De-facto-Standard durch eine kartellrechtliche Zwangslizenz geöffnet werden kann.

Von besonderer Bedeutung ist das Urteil vor allem wegen der vom EuGH vorgenommenen Marktabgrenzung. So gelangte der Gerichtshof zur Ansicht, dass ein vorgelagerter Lizenzmarkt und ein davon abgeleiteter Produktmarkt bestand, wogegen nichts einzuwenden ist.[612] Allerdings stellt sich in diesem Zusammenhang die Frage, ob in der Lizenzverweigerung ein missbräuchlicher Marktmachttransfer erblickt werden kann.

Des Weiteren setzte sich der EuGH mit der Anwendbarkeit der *Magill*-Kriterien auseinander und kam in *IMS-Health* zu einer kumulativen Prüfung. Danach muss im Zusammenhang mit Immaterialgüterrechten der Wettbewerb auf einem nachgelagerten Markt ohne Rechtfertigung ausgeschaltet und ein neues Produkt verhindert werden.

Ausgangspunkt der Vorabentscheidung des Gerichtshofs war, dass die Firma IMS-Health Absatzberichte für Pharmaunternehmen nach einer urheberrechtlich[613] geschützten 1860-Bausteinstruktur erstellte. Diese Struktur unterteilte das Bundesgebiet in 1860 sog. Bausteine.

Zudem hatte IMS-Health einen Arbeitskreis mit der pharmazeutischen Industrie eingerichtet, dessen Aufgabe es war, Verbesserungen mit dem Ziel einer optimalen Bestimmung der Bausteine vorzuschlagen.

---

611 EuGH vom 29.4. 2004 – Rs. C-418/01, Slg. 2004, I-5039 – IMS-Health GmbH & Co. OHG/NDC Health GmbH & Co. KG (*IMS-Health*).

612 „Der Technologie- oder Lizenzierungsmarkt bezieht sich auf den Schutzgegenstand – also die geschützte Erfindung oder das Werk – welcher beispielsweise durch Lizenzerteilung vermarktet werden kann. Demgegenüber bezieht sich der Produktmarkt auf die geschützten Produkte – Waren oder Dienstleistungen – welche unter Nutzung des Ausschließlichkeitsrechts hergestellt oder angeboten werden" (Immenga/Mestmäcker-(Ullrich/Heinemann), (Fn. 520), GRUR B., Rn. 46).

613 Die Bausteinstruktur sei ein dem Urheberschutz zugängliches Datenbankwerk im Sinne von § 4 Urheberrechtsgesetz (EuGH vom 29.4. 2004 – Rs. C-418/01, Slg. 2004, I-5039 (I-5073), Rn. 10 – *IMS-Health*).

Die 1860-Bausteinstruktur hatte sich damit zu einem De-facto-Standard entwickelt, an den die Kunden der IMS-Health ihre EDV- und Vertriebsstrukturen angepasst hatten. Das Unternehmen NDC-Health versuchte zunächst, Absatzberichte mit einer anderen 2201-Struktur zu vertreiben. Diese wurden von den Kunden wegen mangelnder Kompatibilität aber nicht berücksichtigt. Daher ging NDC-Health dazu über, Bausteinstrukturen von IMS-Health zu imitieren, was aufgrund des Urheberrechts gerichtlich untersagt wurde.[614] Das Unternehmen NDC-Health begehrte daher unter Bezugnahme auf die essential facilities Doktrin Zugang zu der urheberrechtlich geschützten „1860-Bausteinstruktur" von IMS-Health.

1. Vorlagefrage an den Gerichtshof

Fraglich ist im *IMS-Health* –Fall also, ob es einen Missbrauch darstellt, wenn ein marktbeherrschendes Unternehmen die Erteilung einer Lizenz zur Nutzung seiner urheberrechtlich geschützten Datenbank verweigert, wenn ein Konkurrent Zutritt zu demselben räumlichen und sachlichen Markt haben möchte, insbesondere weil alle anderen Produkte, die von dem Urheberrecht keinen Gebrauch machen, abgelehnt werden, da sich die Nachfrager auf die Verwendung von Produkten auf der Basis der urheberrechtlich geschützten Datenbank eingestellt haben (De-facto-Standard).[615]

Unerheblichkeit des De-facto Standards in IMS-Health

Die Kommission[616] hatte das Vorliegen außergewöhnlicher Umstände bejaht und mit einer umstrittenen[617] (und umgehend neutralisierten)[618] einstweiligen Anordnung eine Lizenzierungspflicht angeordnet, denn IMS-Health habe in Zusammenarbeit mit der pharmazeutischen Industrie eine Bausteinstruktur aufgebaut, die sich zum De-facto-Standard entwickelt habe, und die Lizenzverweigerung habe jeglichen Wettbewerb auf dem Markt für regionale Absatzdaten ausgeschlossen.

Auf Grund des De-facto-Standards im Fall *IMS-Health* ergaben sich allerdings keine Unterschiede hinsichtlich der marktbeherrschenden Stellung, auf die

614 EuGH vom 29.4. 2004 – Rs. C-418/01, Slg. 2004, I-5039 (I-5073), Rn. 9 – *IMS-Health.*

615 In diesem Sinne auch die Vorlagefrage des OLG Frankfurt, EuGH vom 29.4. 2004 – Rs. C-418/01, Slg. 2004, I-5039 (I-5075), Rn. 17 – *IMS-Health.*

616 Kommission, ABl. 2002 L 59/18, Rn. 179-186 – *NDC-Health/IMS-Health.*

617 Vgl. Lober, GRUR Int. 2002, 7; Schwarze, EuZW 2002, 75.

618 Beschluss des Präsidenten in EuG, T-184/01 R, Slg. 2001, II-2349 – *IMS-Health.*

gleiche Weise hatte etwa das Geschmacksmuster dem Unternehmen Volvo auch eine marktbeherrschende Stellung verliehen.

Die Wirkung war beide Male gleich, der Markt für das geschützte Produkt wurde komplett beherrscht. Im Fall *Volvo* wurde der Markt für geschützte Kotflügel deshalb beherrscht, weil diese Teile zwangsläufig nur eine Form haben konnten, es handelte sich um sog. *must match* Ersatzteile.

In *IMS-Health* lag der Fall nicht wesentlich anders. Aufbereitete Absatzberichte waren, wegen der Anpassung auf Kundenseite, nur in der urheberrechtlich geschützten Form verkäuflich, so entstand ein De-facto-Standard. Beide Male war der Markt an sich zwar potentiell weiter, im Fall *Volvo* könnten zwar auch andere Kotflügelformen angeboten werden, diese werden aber von den Kunden, die eine spezifische Form erwarten, nicht angenommen. Genau so lag es auch im *IMS-Health*-Fall.

Vor allem der sog. *lock in* Effekt ermöglichte es dem Unternehmen IMS-Health, den einmal gekippten Markt mit Hilfe des De-facto-Standards für Konkurrenten zu monopolisieren. Übersteigen die Wechselkosten die Vorteile aus der besseren Nutzung, kommt ein Wechsel praktisch nicht in Frage.

Der De-facto-Standard begründete also, ebenso wie im *Volvo*-Urteil, keinen kartellrechtlichen Öffnungsanspruch der Wettbewerber. Um zu einer Öffnung zu gelangen, müsste entweder ein expliziter Missbrauch vorliegen, wie z.B. eine diskriminierende Behandlung,[619] oder ein Hebelmissbrauch i.S.d. essential facilities Doktrin. Dieser setzt neben der Lizenzverweigerung weiterhin vor allem die Monopolausdehnung auf einen abgeleiteten Markt voraus.

2. Volvo und Magill als Leitentscheidungen in IMS-Health

Um zu klären, ob es sich bei der Lizenzverweigerung um einen Missbrauch i.S.d. Art. 102 AEUV handelt, ging der Gerichtshof zunächst auch auf das *Volvo*-Urteil ein, in dem festgestellt wurde, dass das ausschließliche Recht der Vervielfältigung zu den Vorrechten des Inhabers eines Immaterialgüterrechts gehöre, so dass die Verweigerung einer Lizenz als solche keinen Missbrauch einer beherrschenden Stellung darstelle, selbst wenn sie von einem Unternehmen in beherrschender Stellung ausgehen sollte.[620]

Demgemäß hielt sich IMS-Health auch für berechtigt, Lizenzen für den Markt zu verweigern, den dieses Urheberrecht betreffe. Eine Weigerung stelle

619 So in BGH vom 13.07.2004, BGHZ 160, 67 – *Standard-Spundfass.*

620 EuGH vom 29.4. 2004 – Rs. C-418/01, Slg. 2004, I-5039 (I-5081) Rn. 34 – *IMS-Health*; EuGH vom 5.10.1988 – Rs. 238/87, Slg. 1988, 6211 (6235), Rn. 8 – Volvo/Veng; EuGH vom 6.4.1995 - Verb. Rs. C-241/91 P und C-242/91 P, Slg. 1995, I-743 (I-823), Rn. 49 – *Magill.*

nur dann einen Missbrauch dar, wenn sie mit zusätzlichen missbräuchlichem Verhalten einhergehe, was hier nicht gegeben sei.[621] IMS-Health war der Auffassung, dass die 1860-Struktur keine wesentliche Einrichtung darstelle, da ein zweiter verbundener Markt, auf dem der Wettbewerb beschränkt werden könnte, nicht vorhanden sei.[622]

a) Außergewöhnliche Umstände in Magill

Allerdings fuhr der Gerichtshof in seiner Prüfung fort und führt die Umstände des *Magill*-Urteils auf, aus dessen außergewöhnlichen Umständen sich eine Zwangslizenz ergeben könne.

Danach betraf die Weigerung im *Magill*-Urteil ein Erzeugnis (Programminformationen), dessen Lizenzierung für die Herausgabe einer Fernsehzeitschrift unentbehrlich war. Denn ohne diese Lizenz war es unmöglich, eine Fernsehzeitschrift anzubieten. Die Weigerung war damit geeignet, jeglichen Wettbewerb auf dem abgeleiteten Markt (für Programmvorschauen) auszuschließen. Außerdem war die Weigerung nicht durch sachliche Erwägungen gerechtfertigt. Und ferner hatte die Weigerung das Auftreten eines neuen Erzeugnisses, nach dem eine potentielle Nachfrage der Verbraucher bestand, verhindert.[623]

b) Ableitung des EuGH aus Magill – drei kumulative Voraussetzungen

Wie der EuGH aus der bisherigen Rechtsprechung ableitet,

> „handelt ein Unternehmen, das über ein Recht des geistigen Eigentums verfügt und den Zugang zu Erzeugnissen oder Dienstleistungen verweigert, die für eine bestimmte Tätigkeit unerlässlich sind, bereits dann missbräuchlich, wenn drei Bedingungen kumulativ erfüllt sind: Die Weigerung muss das Auftreten eines neuen Erzeugnisses verhindern, nach dem eine potenzielle Nachfrage der Verbraucher besteht, sie darf nicht gerechtfertigt sein, und sie muss geeignet sein, jeglichen Wettbewerb auf einem abgeleiteten Markt auszuschließen."[624]

Ohne auf die *Volvo*-Rechtsprechung weiter einzugehen, nach welcher der Gerichtshof schon hier zu dem Ergebnis hätte kommen müssen, dass kein Miss-

---

621 Kommission, Entscheidung vom 3.6.2001 – Rs. COMP D3/38.004, Einstweilige Anordnung, ABl. EG 2002 L 59/18 (42), Rn. 182 – NDC-Health/IMS-Health.

622 Kommission, Entscheidung vom 3.6.2001 – Rs. COMP D3/38.004, Einstweilige Anordnung, ABl. EG 2002 L 59/18 (43), Rn. 183 – NDC-Health/IMS-Health.

623 Vgl. EuGH vom 29.4. 2004 – Rs. C-418/01, Slg. 2004, I-5039 (I-5082), Rn. 37 – *IMS-Health*.

624 EuGH vom 29.4. 2004 – Rs. C-418/01, Slg. 2004, I-5039 (I-5082), Rn. 38 – *IMS-Health*.

brauch vorliegt, begann der EuGH im *IMS-Health*-Urteil die Kriterien der *Magill*-Entscheidung auszulegen.

aa) Ausschluss jeglichen Wettbewerbs auf einem abgeleiteten Markt

Zuerst ging der EuGH auf das *Magill*-Kriterium der Ausschaltung des Wettbewerbs auf einem abgeleiteten Markt ein.[625] Dabei handelt es sich (unausgesprochen) um die Voraussetzungen der essential facilities Doktrin.

Im Gegensatz zur Kommission und NDC-Health[626] hielt es der Gerichtshof unter Verweis auf das *Bronner*-Urteil für sachdienlich, einen vorgelagerten Markt für die jeweiligen Erzeugnisse oder Dienstleistungen von einem nachgelagerten Markt zu unterscheiden, auf dem die jeweiligen Erzeugnisse oder Dienstleistungen für die Herstellung eines anderen Erzeugnisses bzw. die Erbringung einer anderen Dienstleistung verwendet werden.[627]

(1) Die Bestimmung eines hypothetischen Marktes genügt

Dabei genügt es, dass ein potenzieller oder auch nur hypothetischer Markt bestimmt werden kann. Dies sei der Fall, sobald die Erzeugnisse oder Dienstleistungen für eine bestimmte Tätigkeit unerlässlich seien und nach ihnen eine tatsächliche Nachfrage seitens der Unternehmen bestehe, für deren Tätigkeit sie unerlässlich seien.[628]

Die Annahme eines eigenen Marktes für die Einrichtung und die Feststellung der Beherrschung dieses Marktes durch den Inhaber ist also nicht davon abhängig, ob die Einrichtung selbstständig vermarktet wird. Der einzig entscheidende Gesichtspunkt ist, ob aus Sicht der Abnehmer ein Bedarf nach diesem Produkt oder dieser Leistung besteht. Denn würde man darauf abstellen, dass der Inhaber einer Einrichtung auf dem Markt tatsächlich als Anbieter aufträte, wäre es gerade die zu prüfende Verhaltensweise, nämlich die Weigerung, Dritten den Zugang zu dieser Einrichtung zu gestatten oder sie i.w.S. zu belie-

---

625 EuGH vom 29.4. 2004 – Rs. C-418/01, Slg. 2004, I-5039 (I-5082), Rn. 39 – *IMS-Health.*

626 Sowohl das Unternehmen NDC-Health, welches behauptet, ein neues Produkt anbieten zu wollen, als auch die Kommission sind der Auffassung, dass nach *Magill* die Verweigerung einer Lizenz aber auch ohne das Vorhandensein zweier getrennter Märkte als missbräuchlich angesehen werden könne (EuGH vom 29.4. 2004 – Rs. C-418/01, Slg. 2004, I-5039 (I-5081), Rn. 33 – *IMS-Health*).

627 EuGH vom 29.4. 2004 – Rs. C-418/01, Slg. 2004, I-5039 (I-5083), Rn. 42 – *IMS-Health.*

628 EuGH vom 29.4. 2004 – Rs. C-418/01, Slg. 2004, I-5039 (I-5084), Rn. 43 f. – *IMS-Health.*

fern, die eine Sanktionierung dieser Lieferverweigerung nach Art. 102 AEUV mangels Vorliegens einer marktbeherrschenden Stellung von vornherein ausschließen würde.[629]

(2) Unterscheidung zweier Produktionsstufen

Entscheidend sei folglich, dass zwei verschiedene Produktionsstufen unterschieden werden könnten, die dadurch miteinander verbunden seien, dass das vorgelagerte Erzeugnis ein für die Lieferung des nachgelagerten Erzeugnisses unerlässliches Element sei, so der EuGH.[630] Es sei also zu untersuchen,

> „ob es sich bei der vorgelagerten 1860er Struktur um ein für die nachgelagerte Lieferung von Daten über den regionalen Absatz von Arzneimitteln in Deutschland unerlässliches Element handelt."[631]

Aber selbst bei der Annahme, dass die 1860 Struktur unerlässlich war, um auf dem Markt für Absatzdaten aktiv zu werden (die Struktur also einen De-facto-Standard darstellt),[632] ergibt sich, entgegen dem EuGH, aus der Lizenzverweigerung kein Missbrauch.

Es lässt sich zwar ein vorgelagerter Lizenzmarkt von einem nachgelagerten Produktmarkt unterscheiden. Aber jeder Lizenzmarkt ist unerlässlich, um auf dem solchermaßen geschützten Produktmarkt aktiv zu werden. Um also zu einer Öffnung des Lizenzmarktes zu gelangen, müsste neben der Lizenzverweigerung weiterhin eine Monopolausdehnung auf einem abgeleiteten Markt stattfinden. Ein Schutzrecht wird aber erteilt, um dessen Inhaber vor Imitationswettbewerb

---

629 Eilmansberger, EWS 2003, 12 (16).

630 EuGH vom 29.4. 2004 – Rs. C-418/01, Slg. 2004, I-5039 (I5084), Rn. 45 – *IMS-Health.*

631 EuGH vom 29.4. 2004 – Rs. C-418/01, Slg. 2004, I-5039 (I-5084), Rn. 46 – *IMS-Health*; „Allerdings sei es Sache des vorlegenden Gerichts, zu prüfen, ob dem so ist, und, wenn ja, zu untersuchen, ob die Weigerung der IMS, eine Lizenz zur Verwendung der betreffenden Struktur zu erteilen, geeignet ist, jeglichen Wettbewerb auf dem Markt für die Lieferung von Daten über den regionalen Absatz von Arzneimitteln in Deutschland auszuschließen." (EuGH vom 29.4. 2004 – Rs. C-418/01, Slg. 2004, I-5039 (I5084), Rn. 47 – *IMS-Health*).

632 Ob die 1860 Struktur einen De-facto-Standard darstellt, ist zwischen Kommission (Entscheidung vom 3.6.2001 – Rs. COMP D3/38.004, Einstweilige Anordnung, ABl. EG 2002 L 59/18 (37), Rn. 143 ff. – NDC-Health/IMS-Health) und dem vorlegenden OLG Frankfurt (OLG Frankfurt/M vom 19.6.2001 - 11 U 66/00: "IMS-Health", in: MMR, 2002, 687 (689)) umstritten. So ist die Kommission der Ansicht, dass mit der 1860 Struktur ein Optimum erreicht sei, welches nicht verbessert werden könne. Dagegen sieht das OLG Frankfurt durchaus Platz für alternative Formen, Marktabsatzdaten zu verkaufen.

zu schützen. Würde dieser Zweck nicht erfüllt, verlöre das Immaterialgüterrecht seine spezifische Funktion. Auf dem Primärmarkt muss also der Schutzrechtsinhaber die Möglichkeit haben, die Verwendung durch Dritte ganz ausschließen zu können.[633] Diese Wertung liegt auch der *Volvo*-Entscheidung des Gerichtshofs zugrunde.

Der *Magill*-Entscheidung lag dagegen eine andere Fallkonstellation zugrunde, die mit dem *Bronner*-Urteil, aber nicht mit dem *Volvo*-Fall vergleichbar ist. So war es im *Bronner*-Urteil fraglich, ob der Markt für ein Hauszustellungssystem auch den Wettbewerb auf dem nachgelagerten Zeitungsmarkt ausschalten konnte. Und in *Magill*-Fall war es den Fernsehanstalten möglich, Programminformationen urheberrechtlich zu schützen, die aus der Ausstrahlung von Fernsehsendungen resultierten, diese geschützten Programminformationen waren dann aber auch in der Lage, nicht den Markt für Fernsehsendungen, sondern den abgeleiteten Markt für Fernsehzeitschriften zu monopolisieren.

Anders verhält es sich im Fall *Volvo*, hier wurde eine Lizenz nur verweigert, um das geschützte Erzeugnis selbst zu vermarkten. So liegt auch der Fall *IMS-Health*, eine Marktmachtausdehnung findet nicht statt, die Lizenz wird verweigert, um das geschützte Erzeugnis selbst zu vermarkten.

Und so gelangt man zu dem Ergebnis, dass die vorgelagerte 1860er Struktur zwar für die nachgelagerte Lieferung von Daten über den regionalen Absatz von Arzneimitteln unerlässlich ist. Der Gerichtshof hat aber verkannt, dass die Verweigerung ohne einen Hebelmissbrauch, also einen missbräuchlichen Marktmachttransfer, durch das Urheberrecht gerechtfertigt ist. Auf die Unerlässlichkeit allein kommt es nicht an.

bb) Zum Auftreten eines neuen Erzeugnisses

Gleichzeitig hat der Gerichtshof im *IMS-Health*-Urteil die Verhinderung eines neuen Produkts als Voraussetzung einer Zwangslizenz geprüft.

Der EuGH hat unter Bezugnahme auf GA Tizzano[634] festgestellt, das Kriterium aus Art. 102 S. 2 lit. b) AEUV beruhe

> „auf der Erwägung, dass bei der Abwägung zwischen dem Interesse am Schutz des Rechts des geistigen Eigentums und der wirtschaftlichen Handlungsfreiheit seines Inhabers auf der einen und dem Interesse am Schutz des freien Wettbewerbs auf der anderen Seite das zuletzt genannte Interesse nur dann überwiegen kann, wenn die

633 Lober, GRUR Int. 2002, 7 (11).

634 GA Antonio Tizzano, Schlussanträge in der Rs. C-418/01, vom 2.10.2003, Slg. 2004, I-5039 (I-5061), Rn. 62 – *IMS-Health*.

> Verweigerung der Lizenz die Entwicklung des Marktes zum Nachteil der Verbraucher verhindert."[635]

Daher könne die Weigerung eines Unternehmens in beherrschender Stellung, Zugang zu einem durch ein Recht des geistigen Eigentums geschützten Erzeugnis zu gewähren, obwohl dieses Erzeugnis für die Tätigkeit auf einem abgeleiteten Markt unerlässlich sei, nur dann als missbräuchlich eingestuft werden, wenn sich das Unternehmen, das um die Lizenz ersucht habe, nicht im Wesentlichen darauf beschränken wolle, Erzeugnisse oder Dienstleistungen anzubieten, die vom Inhaber des Rechts des geistigen Eigentums bereits auf dem abgeleiteten Markt angeboten würden, sondern beabsichtige, neue Erzeugnisse oder Dienstleistungen anzubieten, die der Inhaber nicht anbiete und für die eine potentielle Nachfrage der Verbraucher bestehe.[636]

Diese Restriktivierung der Zugangsvoraussetzungen wird erst verständlich, wenn man sich vor Augen hält, dass durch das Unerlässlichkeitskriterium – unter Verzicht auf den Hebelmissbrauch – ein unbeschränkter Zugang zu fremden Immaterialgüterrechten nach der *IMS-Health*-Rechtsprechung möglich wäre.

Da jeder Lizenzmarkt unerlässlich ist, um ein geschütztes Produkt herzustellen, käme eine Öffnung des Lizenzmarktes praktisch immer in Frage. Um dieses Ergebnis zu korrigieren, stellt der EuGH auf die Verhinderung eines neuen Produkts ab. Der Rechteinhaber soll danach wenigstens vor Imitationen geschützt werden.[637] Neue Produkte auf der Basis eines geschützten Rechtes kann somit aber jeder Konkurrent anbieten.

3. Schlussfolgerungen

Eine Lizenzverweigerung ist nach dem *IMS-Health*-Urteil missbräuchlich, wenn die *Magill*-Voraussetzungen kumulativ vorliegen. Zweckmäßiger wäre es im Fall *IMS-Health* allerdings gewesen, auf das *Volvo*-Urteil abzustellen und dem Unternehmen NDC-Health keinen Zugang zu der urheberrechtlich geschützten 1860 Struktur zu gewähren.

---

635 EuGH vom 29.4. 2004 – Rs. C-418/01, Slg. 2004, I-5039 (I-5085), Rn. 48 – *IMS-Health*.

636 EuGH vom 29.4. 2004 – Rs. C-418/01, Slg. 2004, I-5039 (I-5085), Rn. 49 – *IMS-Health*.

637 Die Kritik an dem Erfordernis des neuen Produkts wurde schon am *Magill* Beispiel eingehend erörtert, oben S. 156.

a) Marktmachttransfer als wesentliches Element der essential facilities Doktrin – Unerlässlichkeit allein würde immer zu einer Marktöffnung führen

Wenn der EuGH aber schon auf das *Magill*-Urteil abstellt, so wäre es sinnvoll gewesen, den Marktmachttransfer als das wesentliche, einen Missbrauch begründende Kriterium zu betrachten. Die Unerlässlichkeit allein spielt für einen Missbrauch jedenfalls keine Rolle. Eine Einrichtung muss zwar unerlässlich sein, dies muss der Inhaber aber auch dazu ausnutzen können, Marktmacht von einem Markt auf einen anderen Markt zu transferieren. Ansonsten ist jedes Recht unerlässlich, um die Befugnisse des Rechtsinhabers auszuüben.

Das Kriterium der Unerlässlichkeit allein würde also immer zu einer Öffnung von Immaterialgüterrechten führen, dieses Ergebnis hat der Gerichtshof durch die Heranziehung der Verhinderung eines neuen Produkts zu korrigieren versucht. Auf diese Weise wird der Rechteinhaber zwar vor Imitation geschützt, neue Produkte auf Basis seines Ausschließlichkeitsrechts, die er nicht anbietet, könnten aber von Konkurrenten angeboten werden.

Diesem Vorgehen kann nicht zugestimmt werden, richtig wäre es, im *IMS-Health*-Urteil das Lizenzbegehren unter Verweis auf den fehlenden Hebelmissbrauch abzulehnen.

b) Außergewöhnliche Situation in Magill und die Verhinderung des neuen Produkts

Eine sachliche Erklärung für das Kriterium des neuen Produkts im Zusammenhang mit Immaterialgüterrechten gibt es nicht.

Zwar hat das *Magill*-Urteil erstmals die Umstände beschrieben, unter denen eine Zwangslizenz erteilt wurde, danach lag sowohl ein Hebelmissbrauch, der den Wettbewerb auf einem abgeleiteten Markt ausgeschlossen hat, als auch die Verhinderung eines neuen Produkts vor. Allerdings hatte das Vorliegen dieser beiden Verbote nichts mit der immateriellen Eigenart des Urheberrechts zu tun, sondern mit der außergewöhnlichen Sachverhaltskonstellation im *Magill*-Fall, die nicht verallgemeinerungsfähig ist.

Denn ein Urheberrecht wurde nicht dazu benutzt, einen abgeleiteten Markt zu monopolisieren, sondern diesen Markt unberührt zu lassen, nur aufgrund dieser Situation wurde neben dem Hebelmissbrauch auch ein neues Produkt verhindert.

An sich ist es jedoch untypisch und als Ausnahme zu betrachten, dass ein Schutzrechtsinhaber sein geschütztes Produkt nicht vermarktet und so durch eine Lizenzverweigerung ein neues Produkt verhindert. Vielmehr wird der Schutzrechtsinhaber ein Interesse daran haben, seinen Gewinn zu maximieren. Entweder durch die eigene Verwertung oder durch die Erteilung von Lizenzen. Daher kommt es in der Regel nicht zur Verhinderung eines neuen Produkts.[638]

Im *Magill*-Urteil lagen die Dinge damit so, dass beide Verbotsnormen des Art. 102 AEUV jeweils unabhängig von einander zur Zwangslizenz führten. In anderen Fällen mag ein neues Produkt zufällig verhindert werden oder nicht, dies spielt für die Anwendung der essential facilities Doktrin auf Immaterialgüterrechte keine Rolle.[639] Die sich aus der kumulativen Anwendung der *Magill*-Kriterien ergebende Einschränkung der essential facilities Doktrin in Fällen mit Bezug zum geistigen Eigentum ist nicht gerechtfertigt, weil es keinen Grund für einen anderen Schutz des geistigen Eigentums gibt.[640] Der EuGH schießt weit über das Ziel hinaus, wenn der missbräuchliche Machttransfer bei notwendigen immateriellen Einrichtungen an sich nicht mehr als missbräuchlich gilt. Denn damit stellt er ohne zwingenden Grund den Einsatz der mit geistigem Eigentum verbundenen Machtposition zur Erlangung von Marktmacht auf verbundenen Märkten pauschal vom Missbrauchsvorwurf des Art. 102 AEUV frei.[641]

Der EuGH hat damit verpasst, die *Magill*-Kriterien richtig zu ordnen, stattdessen hat er sie im *IMS-Health*-Urteil unbesehen übernommen. Die atypische *Magill*-Entscheidung hinterlässt damit ein schweres Erbe.[642]

---

638 Immenga/Mestmäcker-(Ullrich/Heinemann), (Fn. 520), GRUR B., Rn. 59.

639 Kann nur noch die Verhinderung neuer Produkte zur Lizenzierung führen, so würde das eine ungerechtfertigte Ungleichbehandlung bedeuten. In Fällen mit Bezug zum Sacheigentum wie *Sealink II* ist es gerade wesentlich, dass dasselbe Produkt oder derselbe Dienst angeboten wird. Dies ist in essential facilities Fällen bei geistigem Eigentum nicht anders, wie das Beispiel *Magill* zeigt, wenn die Fernsehgesellschaften ebenfalls einen umfassenden wöchentlichen Programmplaner angeboten hätten, wäre es dennoch erforderlich gewesen, eine Zwangslizenz zu erteilen, um den abgeleiteten Markt für den Wettbewerb zu öffnen.

640 Heinemann, IIC 2005, 63 (71). Denn der Grund für den Schutz geistigen Eigentums liegt alleine in der Natur, die eine natürliche Abgrenzung – anders als bei Sachen – ausschließt, so muss ein öffentliches Gut durch die Umschreibung von Ausschließlichkeitsrechten zu einem privaten Gut konstituiert werden. Der Grund für ein Ausschließlichkeitsrecht ist aber nicht, dem Inhaber ein Instrument an die Hand zu geben, mit dem er abgeleitete Märkte unbeschränkt besetzen kann.

641 Münchener Kommentar zum Europäischen und Deutschen Wettbewerbsrecht-(Eilmansberger), (Fn. 352), Art. 82, Rn. 389.

642 Heinemann, Compulsory Licences and Product Integration in European Competition Law - Assessment of the European Commission´s Microsoft Decision, in: IIC 2005, 63 (71).

c) Die Marktabgrenzung in IMS-Health – Erfordernis zweier Märkte und der Hebelmissbrauch als Voraussetzung der Zwangslizenz

Die Haltung des EuGH zu dem Erfordernis zweier Märkte für die Anwendung der essential facilities Doktrin ist im Gegensatz zur Kommissionsentscheidung zu begrüßen. Sehr detailliert hat GA Tizzano analysiert, dass die Existenz zweier separater Märkte, nämlich ein Primär- und ein Sekundärmarkt, erforderlich für die Anwendung des *refusal to license* sei. Der Missrauch bestehe dann in der Weigerung zum Vertragsschluss, so dass die beherrschende Stellung auf einem vorgelagerten Markt missbraucht würde, um den Wettbewerb auf einem nachgelagerten Markt zu beschränken oder auszuschalten.[643] Zwar handelt es sich bei der 1860er Struktur um ein unerlässliches Einrichtung, um auf dem Martk für Datenlieferung tätig zu werden.[644] Dies reicht aber – wie oben gesehen – nicht aus, denn ein vorgelagerter Lizenzmarkt besteht immer.

Der Entscheidung wurde deshalb auch vorgeworfen, diese Konstruktion wirke künstlich,[645] denn der Schutzrechtsinhaber habe immer die Möglichkeit, eine Lizenz an seinem Schutzrecht zu erteilen.[646] Die Folge wäre, dass stets ein Primär- und ein Sekundärmarkt bestünde[647] und somit jeder Schutzrechtsinhaber über eine wesentliche Einrichtung verfügte, sobald sein geschütztes Erzeugnis nicht durch geschützte oder ungeschützte Erzeugnisse substituierbar wäre. Wollte ein Künstler sein Bild allenfalls durch Verkauf, nicht aber in anderer Form verwerten, wäre fraglich, ob auch ein Lizenzmarkt bestünde. In diesem Fall könnte ohne weiteres ein hypothetischer Lizenzmarkt begründet werden, denn der Künstler hätte ohne weiteres die Möglichkeit zur Lizenzierung. Ein vorgelagerter Lizenzmarkt erscheine daher für die essential facilities Doktrin zumindest in manchen Fällen problematisch. Würde man die Märkte dennoch auf diese Weise abgrenzen, so benötigte man ein starkes Korrektiv, damit nicht jedem Wettbewerber die Imitation von immaterialgüterrechtlich geschützten Gegenständen erlaubt wäre.

Entgegen dieser Ansicht in der Literatur ist es allerdings keine generelle Frage der Marktabgrenzung, sondern des Hebelmissbrauchs, ob ein Verhalten unter die essential facilities Doktrin fällt oder nicht. So ist es beispielsweise

---

643 GA Antonio Tizzano, Schlussanträge in der Rs. C-418/01, vom 2.10.2003, Slg. 2004, I-5039 (I-5059), Rn. 55 – *IMS-Health.*

644 EuGH vom 29.4. 2004 – Rs. C-418/01, Slg. 2004, I-5039 (I-5084), Rn. 46 – *IMS-Health.*

645 Vgl. Conde Gallego, GRUR Int. 2006, 16 (20).

646 Vgl. Conde Gallego, GRUR Int. 2006, 16 (20).

647 Geradin, Limiting the Scope of Article 82 EC: What Can the EU Learn from the U.S. Supreme Court´s Judgement in Trinko in the Wake of Microsoft, IMS, and Deutsche Telekom?, in: 41 CMLR 2004, 1519 (1530).

nicht vorstellbar, dass durch die Ausübung eines künstlerischen Urheberrechts ein abgeleiteter Markt besetzt werden kann,[648] da es an einem Machttransfer fehlt, wenn der Künstler keine Lizenzen an seinem Bild vergeben möchte.

Das IMS-Health-Urteil war nun das erste, in dem der Missbrauchsvorwurf kein Machttransferelement enthielt, weil das Unternehmen Absatzberichte verkaufte, die aus der urheberrechtlich geschützten 1860 Struktur resultierten. Ein abgeleiteter Markt wurde nicht missbräuchlich monopolisiert, [649] vielmehr weist das Urheberrecht seinem Inhaber die Nutzung dieses Rechts ausschließlich zu. Nach dem *Magill*-Urteil ist die Ausdehnung von Rechtsmacht auf weitere Märkte missbräuchlich. Damit ist der Fall *IMS-Health* wohl eher mit dem *Volvo*-Urteil vergleichbar, wo kein Marktmachttransfer vorlag, sondern nur die Nutzung des Ausschließlichkeitsrechts auf dem dafür vorgesehenen Produktmarkt.

Die Fälle *Magill* und *Bronner* sind dagegen nicht mit dem Fall *IMS-Health* vergleichbar, hier handelte es sich um den Vorwurf des Marktmachttransfers. Vom EuGH wird verkannt, dass die Doktrin der wesentlichen Einrichtung schon für sich das Schutzrecht zu öffnen vermag, allerdings nur, wenn das Element der Hebelwirkung einen Strukturmissbrauch begründet. Die Korrektur durch die Verhinderung eines neuen Produkts erweist sich damit als überflüssig.

d) Kein Nutzen für die Verbraucher durch das Kriterium des neuen Produkts in IMS-Health

Im Gegensatz zur *Magill*-Entscheidung würden die Konsumenten von der Entscheidung in *IMS-Health* auch nicht profitieren. Die Pharmaunternehmen, die i *IMS-Health*-Fall regionale Verkaufsdaten nachfragten, waren in diesem Fall auch die Konsumenten. Anders als die Fernsehzuschauer im *Magill*-Fall, die Interesse an einer umfassenden Programmvorschau hatten, war die Pharmaindustrie nicht an einem besseren Produkt interessiert. Sogar wenn die Mitbewerber von IMS-Health ein besseres System der Datensammlung und Aufbereitung anbieten könnten, was sie tatsächlich versuchten, indem sie andere Bausteinstrukturen entwickelten,[650] wären sie dennoch nicht in der Lage, die pharmazeutischen Unternehmen zu einem Produktwechsel zu veranlassen. Denn durch die enge Zusammenarbeit zwischen IMS-Health und der Industrie wurde diese letzt-

---

648 Pilny, GRUR Int. 1995, 954 (961).

649 Vgl. Eilmansberger, EWS 2003, 12; Vgl. Lober, in: GRUR Int. 2002, 7 (11 f.); Schwarze, Der Schutz des geistigen Eigentums im europäischen Wettbewerbsrecht, in: EuZW 2000, 75 (80); Siehe auch die erste Frage des Vorabentscheidungsersuchens des LG Frankfurt vom 12.07.2001 in den Rechtsstreit IMS-Health gegen NDC-Health – Rs. 2002/C 3/23, C-418/01, ABl. EG 2002 C 3/16.

650 EuGH vom 29.4. 2004 – Rs. C-418/01, Slg. 2004, I-5039 (I-5073), Rn. 7 – *IMS-Health.*

lich abhängig von der IMS-Health Bausteinstruktur und das, obwohl die Pharmaindustrie wohl gern Wettbewerb auf dem Markt gesehen hätte, um zumindest Monopolpreisen ausweichen zu können.

Nun hat sich die Bausteinstruktur zum De-facto-Standard entwickelt, weil nur die gemeinsame Nutzung durch Pharmaunternehmen, Apotheken und Ärzte eine Vergleichbarkeit der Daten ermöglichte und damit eine notwendige Voraussetzung für den Nutzen dieser Datenbank war. Die Bausteinstruktur von IMS-Health führte zu einem *lock in*-Effekt, so dass die Unternehmen nicht zu einem anderen Mitbewerber wechseln konnten, selbst wenn dieser ein innovativeres System anbieten sollte. Die Schwierigkeit, von einem zum anderen System zu wechseln, hat zur Folge, dass die Konsumenten bis zu einem gewissen Grad sogar Monopolpreise akzeptieren. Die Unerlässlichkeit des De-facto-Standards begründet auch einen Netzwerkeffekt, weil sogar neue Unternehmen auf dem Pharmamarkt nicht in der Lage sind, sich für eine andere Struktur zu entscheiden, da Apotheken und Ärzte es ablehnen würden, mit verschiedenen Systemen zu arbeiten.

Die Konsequenz daraus ist, dass den Konsumenten, also Pharmaunternehmen, Apotheken und Ärzten, nicht an einem neuen Produkt gelegen war.[651] Ihnen wäre vielmehr daran gelegen, eine größere Auswahl an Anbietern zu haben, die einen vergleichbaren Service und dieselbe Bausteinstruktur anböten, um auf diese Weise wenigstens Preiswettbewerb zu ermöglichen. Durch das Urheberrecht an der Bausteinstruktur war es allerdings anderen Unternehmen verwehrt, das gleiche Produkt auf dem Markt anzubieten. Dabei ist zu berücksichtigen, dass es nicht die Aufgabe des kartellrechts ist, auf Netzwermärkten, die nur einen Gewinner zulassen, ein herrschendes Unternehmen durch ein anderes auszuwechseln.[652] Vielmehr ist auch ein Missbrauch der Marktmacht erforderlich. Auch die essential facilities Doktrin schützt vor einem Monopol auf dem primären Produktmarkt nicht, da von dem Lizenzmarkt zum Produktmarkt keine Marktmacht missbräuchlich transferiert wird, also kein Hebelmissbrauch vorliegt. Erst wenn es zu unangemessenen Preisen und damit zu einem Preismissbrauch im Sinne von Art. 102 S. 2 lit. a) AEUV käme, wäre in diesem Fall ein Verstoß gegen das Wettbewerbsrecht feststellbar.

e) Probleme in Bezug auf zukünftige Fälle

Aus dem kumulativen Verlangen der *Magill*-Voraussetzungen im Fall *IMS-Health* ergeben sich vor allem Schwierigkeiten für die Entscheidung zukünftiger

651 Drexl, IIC 2004, 788 (802 f.).

652 Dazu Stapper, (Fn. 354), S. 175 f.; vgl. Gifford, Southwestern University Law Review 1996, 621 (639).

Fälle, insbesondere solche, die sich im IT-Bereich abspielen, da auch hier vor allem mit Netzwerkmärkten umzugehen ist. So waren in *Microsoft*-Fall[653] Schnittstelleninformationen, welche für die Kompatibilität mit Windows benötigt wurden, nach Ansicht der Kommission unerlässlich, damit sich auf dem nachgelagerten Markt für Serversoftware Wettbewerb entwickeln konnte. Denn Microsoft verfügte mit dem Betriebssystem Windows mit einem weltweiten, dauerhaften Marktanteil von über 90% über einen De-facto Standard. Durch die Verweigerung des Zugangs zu diesen unerlässlichen Schnittstellen habe Microsoft seine Marktmacht im Bereich der Betriebssysteme ausgenutzt, um den Wettbewerb auf dem Servermarkt auszuschalten. Microsoft hatte sich geweigert, das Unternehmen Sun mit Informationen über Schnittstellen für das Microsoft Betriebssystem Windows zu beliefern, die für den Vertrieb konkurrierender Serversoftware benötigt wurden, um so seine eigene Serversoftware zu vermarkten, ohne im Wettbewerb überlegen sein zu müssen. Nun besteht die besondere Schwierigkeit darin, dass Microsoft aufgrund der Beibehaltung des neuen Produkts im *IMS-Health*-Urteil geltend machen konnte, dass es bereits selbst Serversoftware herstelle und damit kein neues Produkt verhindere.[654] Im Grunde zielte Microsoft nämlich vielmehr auf eine horizontale Marktmachtausdehnung von den beherrschten Märkten für PC-Betriebssysteme bzw. für Schnittstellen zum Markt für Arbeitsgruppen-Serverbetriebssysteme ab.[655] Die Schnittstelleninformation diente dabei als überaus effizienter Hebel. Auf die Verhinderung eines neuen Produkts i.S. der Urteile *Magill* und *IMS-Health* war diese Maßnahme allerdings nicht gerichtet.[656] Microsofts Verteidigungsstrategie basierte dabei auf der *IMS-Health*-Entscheidung. Ironischerweise war es nämlich genau Microsofts Ziel, der führende Anbieter von Serversoftware zu werden. Angenommen, Microsofts Produkte hätten eine vergleichbare Qualität wie die der Konkurrenz, wäre darin keine Beschränkung zum Nachteil der Konsumenten zu sehen. Danach wäre eine Verpflichtung, geschützte Schnittstelleninformationen zu liefern, nicht möglich.

653 EuG vom 17.09.2007 – Rs. T-201/04, Slg. 2007, II-3601 – *Microsoft*.

654 EuG vom 17.09.2007 – Rs. T-201/04, Slg. 2007, II-3601, Rn. 621 f. – *Microsoft*.

655 Vgl. auch Heinemann, IIC 2005, 63 (72).

656 Thyri, WuW 2005, S. 388 (396)

V. Öffnung des Patentschutzes durch Zwangslizenzen – Standard-Spundfass (BGH)

Auch im *Standard-Spundfass*-Urteil[657] ging es um den zwangsweisen Zugang zu einem Produktmarkt, der – wie im Fall *IMS-Health* – durch einen patentrechtlich geschützten De-facto-Standard abgeschirmt war.

Auch der BGH nahm eine Marktabgrenzung vor, die der des EuGH im *IMS-Health*-Urteil entspricht. Nach dem Bedarfsmarktkonzept bestehe ein vorgelagerter Lizenzmarkt, da aus Sicht der Marktgegenseite ein geschütztes Patent „unersetzlich", d.h. nicht durch eine andere geschützte oder ungeschützte Lehre substituierbar sei, um auf dem nachgelagerten Markt für Spundfässer zu konkurrieren.

Allerdings handelte es sich im *Standard-Spundfass*-Urteil nicht um eine essential facilities Konstellation, sondern um einen Fall der missbräuchlichen Diskriminierung i.S.v. § 20 I GWB. Interessant ist daher vor allem die Frage, wie der Fall wohl zu entscheiden wäre, wenn kein Element der Diskriminierung enthalten wäre.

Um die Abläufe zu vereinheitlichen und einen Standard zu schaffen, fragte der Verband der Chemischen Industrie (VCI) nur noch eine bestimmte Fassbauart nach. Dazu wurden zunächst Vorschläge verschiedener Hersteller eingeholt und dann ein L-Ring Fass mit verbesserter Restentleerung ausgewählt. Voraussetzung des VCI war allerdings die patenrechtliche Freistellung für konkurrierende Fasshersteller. Der Wettbewerb unter den Fassherstellern sollte ausdrücklich nicht ausgeschlossen werden.

Durch die Beschränkung der Nachfrage des VCI auf das neue L-Ring Fass wurde ein Industriestandard geschaffen, andere Spundfässer waren praktisch unverkäuflich. Die Patentinhaberin räumte infolgedessen anderen Unternehmen sowohl entgeltliche als auch unentgeltliche Lizenzen ein. Die Beklagte erhielt allerdings keine Lizenz und stellte infolgedessen L-Ring Fässer ohne die Zustimmung der Patentinhaberin her.

Nach dem BGH bestünden zwar keine vertraglichen Ansprüche auf Lizenzerteilung, jedoch komme ein kartellrechtlicher Anspruch auf Gewährung einer Zwangslizenz nach § 20 I GWB (unbillige Behinderung) oder wegen des Missbrauchs einer marktbeherrschenden Stellung im Sinne des § 19 GWB in Betracht.[658]

657 BGH 13.07.2004, BGHZ 160, 67 – *Standard-Spundfass.*

658 BGH 13.07.2004, BGHZ 160, 67 – *Standard-Spundfass.*

1. Lizenzmarkt als vorgelagerter Markt

Zunächst kam der BGH zu dem Schluss, dass der Patentinhaber den Markt für Lizenzen beherrscht. Die Klägerin sei im Besitz einer marktbeherrschenden Stellung, da die Vergabe von Lizenzen am Patent einen eigenen sachlich relevanten Markt bilde, der vom nachgelagerten Markt für das Endprodukt zu unterscheiden sei. Auf dem Markt für die Lizenzvergabe sei die Klägerin als einzige Anbieterin Marktbeherrscherin. Die marktbeherrschende Stellung folge dabei aber nicht aus der Existenz des Patents, sondern aus der Erstarkung zum Industriestandard. Da nur noch patentgemäße Fässer verkäuflich seien, existierten keine weiteren Produkte, die aus Sicht der Marktgegenseite austauschbar seien.

> Denn „ist durch eine Industrienorm oder durch ein anderes, von den Nachfragern wie eine Norm beachtetes Regelwerk eine standardisierte, durch Schutzrechte geschützte Gestaltung eines Produkts vorgegeben, so bildet die Vergabe von Rechten, die potentielle Anbieter dieses Produkts erst in die Lage versetzen, das Produkt auf den Markt zu bringen, regelmäßig einen eigenen, dem Produktmarkt vorgelagerten Markt. Denn die Erlangung solcher Rechte ist für ein Unternehmen, welches das „Normprodukt" herstellen oder vertreiben will, unersetzlich."[659]

Der BGH kam so zu einer vergleichbaren Marktabgrenzung wie der EuGH im *IMS-Health*-Urteil, so dass ein vorgelagerter Lizenzmarkt von dem nachgelagerten Produktmarkt unterschieden wurde.

2. Diskriminierung

Eine Ungleichbehandlung ohne sachlichen Grund i.S.v. § 20 Abs. 1 GWB könne nicht ausgeschlossen werden. Die Klägerin erteilte einigen Interessenten entgeltliche oder unentgeltliche Lizenzen, der Beklagten aber nicht. Zwar umfasse ein Ausschließlichkeitsrecht typischerweise die Befugnis, Dritte von der Benutzung des Schutzgegenstands auszuschließen. Dies schließe auch das Recht ein, nicht jedem Interessenten, sondern anstelle oder neben der Eigennutzung nur einzelnen Bewerbern eine Lizenz zu erteilen und zwar auch dann, wenn der Rechteinhaber eine marktbeherrschende Stellung innehabe. Beim Vorliegen „zusätzlicher Umstände" könne der Spielraum aber eingeschränkt sein.[660]

---

659 BGH 13.07.2004, BGHZ 160, 67 = GRUR 2004, 966 (967) – *Standard-Spundfass*.

660 An dieser Stelle verweist der BGH auf die Urteile EuGH vom 5.10.1988 – Rs. 238/87, Slg. 1988, 6211 – Volvo/Veng; EuGH vom 6.4.1995 - Verb. Rs. C-241/91 P und C-242/91 P, Slg. 1995, I-743 – *Magill*; EuGH vom 29.4. 2004 – Rs. C-418/01, Slg. 2004, I-5039 – *IMS-Health*.

Diese zusätzlichen Umstände sah der BGH hier darin, dass sich die Marktbeherrschung des Patentinhabers nicht allein aus der der Erfindung zu Grunde liegenden Leistung ergebe, wie insbesondere daraus, dass sich auf Grund überragender technischer oder wirtschaftlicher Vorteile der erfindungsgemäßen Lehre alternative Lösungen auf dem Markt nicht absetzen ließen, sondern zumindest auch darauf beruhe, dass der Zugang zu einem nachgelagerten Produktmarkt auf Grund einer Norm oder auf Grund normähnlicher einheitlicher Vorgaben der Produktnachfrager von der Befolgung der patentgemäßen Lehre abhängig sei. Denn in diesem Fall verhindere oder erschwere die Norm, dass sich die patentgemäße Lösung, wie es dem Sinn und Zweck des Patentschutzes entspreche, im Wettbewerb mit abweichenden technischen Lösungen bewähren müsse.

Nach Auffassung des BGH ist es also als kartellrechtswidrig zu werten, wenn ein Patent, welches einen De-facto-Standard begründet, dazu eingesetzt wird, den Zutritt zu einem nachgelagerten Produktmarkt in ungerechtfertigter Weise zu beschränken.

a) Zusammentreffen von Diskriminierungsverbot und Hebelmissbrauch

Der BGH nahm eigenständige Märkte für die Lizenzvergabe und für die Endprodukte an. Und weil die Unternehmen der chemischen Industrie nur noch das „Normfass“ nachfragten, hatten Konkurrenten keine Ausweichmöglichkeit mehr. Mithin war der Patentinhaber marktbeherrschend.

Die Annahme getrennter Märkte ist für die Frage des Hebelmissbrauchs zwar wesentlich,[661] der BGH stellte aber vor allem deshalb auf den vorgelagerten Lizenzmarkt ab, weil auf dem nachgelagerten Markt für die Herstellung von L-Ring Fässern tatsächlich Wettbewerb herrschte. Im *Standard-Spundfass*-Fall kam es also nicht auf das Vorliegen zweier Märkte an, um einen Hebelmissbrauch zu begründen, vielmehr handelte es sich um einen Fall der Diskriminierung.[662]

b) Ungerechtfertigte Diskriminierung durch „zusätzliche Umstände“

Die Besonderheit des Falles lag nun darin, dass einige Interessenten bei der Vergabe von Lizenzen berücksichtigt wurden, andere dagegen nicht. Ein Missbrauch i.S.v. § 20 Abs. 1 GWB liegt erst dann vor, wenn für die unterschiedliche Behandlung keine sachliche Rechtfertigung vorgebracht wird.

Der BGH verlangte „zusätzliche Umstände“, die zur bloßen Ungleichbehandlung hinzutreten müssten. Er fand sie in der Tatsache, dass ein Industrie-

661 Heinemann, ZWeR 2005, 198 (202).
662 Heinemann, ZWeR 2005, 198 (202).

standard dazu benutzt wurde, den Zutritt zu einem nachgelagerten Markt zu beschränken. Der BGH führte damit Diskriminierungs- und Hebelmissbrauch zusammen. Eine Ungleichbehandlung als solche reicht für die Annahme eines Missbrauchs nicht aus. Treten aber zusätzliche Umstände wie z.B. eine Hebelwirkung hinzu, liegt – in Abwesenheit einer sachlichen Rechtfertigung – ein Missbrauch vor. In systematischer Hinsicht ist die Vermengung verschiedener Missbrauchsformen nicht befriedigend, es ist nicht statthaft, nur teilweise nachgewiesene Missbrauchsformen mit dem Ergebnis eines vollständigen Missbrauchs zusammenzusetzen.[663]

Im konkreten Fall sei dem BGH aber zuzustimmen, so Heinemann. Die Diskriminierung von Unternehmen, die auf abgeleiteten Märkten tätig sind, enthalte denknotwendig Elemente des Hebelmissbrauchs, da die marktbeherrschende Stellung auf dem vorgelagerten Markt eingesetzt werde, um die Wettbewerbsverhältnisse auf dem nachgelagerten Markt im Sinne des Marktbeherrschers zu gestalten. Der Missbrauch bestehe darin, dass einzelnen Unternehmen durch Geschäftsverweigerung das Tätigwerden auf dem abgeleiteten Markt gänzlich unmöglich gemacht werde. Da das Schutzrecht zur Industrienorm erstarkt sei, setze das Tätigwerden auf dem Markt für Spundfässer die Erteilung einer Lizenz voraus. Der Marktbeherrscher sei daher in seiner Entscheidung nicht mehr frei. Erteile er einzelnen Unternehmen eine Lizenz, könne er anderen die Lizenz nicht ohne sachliche Rechtfertigung verweigern. Es liege somit ein verbotene Diskriminierung vor.[664]

3. Wie wäre der Fall ohne Diskriminierungselement zu entscheiden?

Wäre der Schutzrechtsinhaber aber auch dann zur Lizenzerteilung verpflichtet, wenn er niemandem eine Lizenz erteilt hätte? Dann läge keine Diskriminierung, sondern eine unterschiedslose Gleichbehandlung vor. Der Fall ist hypothetischer Natur, da schon in den VCI Rahmenbedingungen zum Ausdruck kam, dass keine Abhängigkeit von einem Fasshersteller begründet werden sollte, sondern Lizenzen zu erteilen waren.

In dieser Konstellation kann sich ein Lizenzzwang aber nicht aus dem Hebelmissbrauch ergeben, wie schon ein Vergleich mit den Fällen *Volvo* und *IMS-Health* zeigt. Auch ein De-facto-Standard, der ein Schutzrecht erst zu einem unerlässlichen Engpass für einen nachgelagerten Produktmarkt macht, genügt nicht zur Begründung einer Zwangslizenz, da es trotz zweier Märkte an einem Hebelmissbrauch fehlt. Auch das *Standard-Spundfass*-Urteil gleicht damit dem

663 Heinemann, ZWeR 2005, 198 (203).
664 Heinemann, ZWeR 2005, 198 (203).

Volvo-Urteil, wo Konkurrenten Zugang zu einem Geschmacksmuster auf dem Hauptmarkt haben wollten. Der Inhaber eines Geschmacksmusters begeht keinen Hebelmissbrauch mit der Verweigerung einer Lizenz, die an Konkurrenten erteilt werden soll, die dieselben Teile produzieren wollen.[665] Erforderlich ist vielmehr ein Hebelmissbrauch, bei dem Marktmacht von dem einen Markt missbräuchlich auf einen anderen transferiert wird. Ein missbräuchlicher Marktmachttransfer kommt aber nicht allein durch den Transfer vom Lizenz- auf den Produktmarkt zustande, in diesem Fall rechtfertigt nämlich das Schutzrecht die Verweigerung einer Lizenz, wie der Fall *Volvo* gezeigt hat.[666] Ein missbräuchlicher Marktmachttransfer wurde dagegen im *Magill*-Fall vorgenommen, indem das Schutzrecht resultierend aus der Ausstrahlung von Fernsehsendungen auch auf den Markt für Fernsehzeitschriften ausgedehnt wurde.

Hat ein Unternehmen ein Schutzrecht, das unmittelbar auf die Produktion des Endprodukts, nämlich das Spundfass, abzielt, ist der abgeleitete Markt für dieses Endprodukt von der Belohnungsreichweite abgedeckt. Der Schutzrechtsinhaber hat dann die Möglichkeit, jegliche Lizenzierung zu verweigern, auch dann, wenn sich die geschützte Technologie zu einem De-facto-Standard entwickelt hat.[667] Ebenso konnte IMS-Health jedem Konkurrenten die Nutzung seines Urheberrechts verweigern, auch wenn es durch einen De-facto-Standard abgeschirmt war.

4. Lizenzzwang in Standard-Spundfass ohne Diskriminierung – Grenzfall

Heinemann möchte aber dann zu einem anderen Ergebnis kommen, wenn das betreffende Schutzrecht nicht selbstständig entwickelt wurde, sondern Ergebnis einer branchenweiten Kooperation ist, dies sei hier zwar nicht der Fall gewesen, das *Standard-Spundfass*-Urteil sei aber dennoch ein Grenzfall, da die Initiative zur Entwicklung der geschützten Lehre von entsprechenden Aufforderungen des VCI ausgegangen sei. Der Schutzrechtsinhaber wäre deshalb – wie bei Normsetzungen in anerkannten Normorganisationen oder bei Technologiegemein-

665 Siehe auch Heinemann, IIC 2005, 63 (74).

666 Vgl. Heinemann, Interne und externe Begrenzung des Immaterialgüterschutzes am Beispiel des *IMS Health*-Falls, in: Hilty, Reto M./Peukert, Alexander (Hrsg.), Interessenausgleich im Urheberrecht, Baden-Baden 2004, S. 207 (217).

667 Heinemann, Kartellrechtliche Zwangslizenzen im Patentrecht – Die Spundfass-Entscheidung des BGH vom 13.7.2004, in: ZWeR 2005, 198 (203).

schaften – zur Lizenzerteilung verpflichtet, auch wenn keine Diskriminierung vorläge.[668]

Keine Lizenz ohne Missbrauch

Natürlich könnten sich aus den Umständen des Einzelfalls kartellrechtswidrige Verhaltensweisen ergeben, gerade wenn die Initiative zur Entwicklung eines Defacto Standards von einem Verband ausging, denn dann mag sich aus der Anwendung von Art. 101 AEUV ein Öffnungszwang ergeben. Im *Standard-Spundfass*-Urteil kam dessen Anwendung aber wohl nicht in Betracht, da der VCI gerade darauf bedacht war, Wettbewerb zwischen den Herstellern, trotz des Standard L-Ring Fasses, aufrecht zu erhalten. Und tatsächlich wurden an die meisten Konkurrenten Lizenzen vergeben.

Abzulehnen ist aber, die Öffnung eines Schutzrechtes generell von dessen Erwerbsumständen abhängig zu machen. Denn es kommt nicht auf die Art und Weise der Schutzrechtserlangung an, sondern nur darauf, ob eine Ausschließlichkeitsstellung besteht und missbräuchlich ausgenutzt wird. Absichten und Begleitumstände spielen insofern für die Anwendung von Art. 102 AEUV für die Öffnung von Schutzrechten keine Rolle. Das Eigentum gewährt seinem Inhaber unabhängig vom Erwerb das Recht, ausschließlich und mit der Sache nach Belieben zu verfahren. Eine Einschränkung aufgrund der Erwerbsumstände ist nicht vorgesehen. Im Übrigen wäre fraglich, wo eine Grenzziehung vorzunehmen wäre. Wie viel Einfluss dürfte die Zusammenarbeit oder Motivation von außerhalb haben. Ein Urheberrecht ist nicht deshalb weniger wert und leichter zu öffnen, weil es wie im Fall *IMS-Health* in Zusammenarbeit mit der pharmazeutischen Industrie entwickelt wurde.[669]

Eine beherrschende Stellung wird durch viele Umstände geprägt, wann sie also rechtmäßig erlangt wurde oder nicht, kann oft nur schwer und in manchen Fällen gar nicht beantwortet werden. So hat das Unternehmen Microsoft die beherrschende Stellung auf dem Markt für Betriebssysteme wohl nicht durch die überlegene Leistung des Betriebssystems erlangt, sondern durch die Entschei-

---

668 Heinemann, ZWeR 2005, 198 (204), Vgl. auch Heinemann, (Fn. 666), S. 207 (217). Zu demselben Ergebnis, allerdings mit anderer Begründung, kommt auch Conde Gallego (GRUR Int. 2006, 16 (27)), die trotz fehlender Diskriminierung und Hebelwirkung geltend macht, dass auch in solchen Fällen das Tätigwerden auf dem Markt (für Spundfässer) vom Zugang zum Schutzrecht abhänge. Dies sei gerechtfertigt, weil die Belohnung des Schutzrechtsinhabers sich in solchen Fällen nicht im Wettbewerb mit anderen Leistungen herausbilde.

669 Siehe ausführlich zu dem Urheberrecht in *IMS-Health:* Heinemann, (Fn. 666), S. 207 (209 ff.).

dung von IBM, dieses System zu unterstützen. Netzwerkeffekte haben ihr Übriges dazu beigetragen. Deshalb sollte Microsoft aber nicht dazu verpflichtet werden, Wettberbern die Imitation des Windows-Betriebssystems gestatten zu müssen. Schutzrecht plus De-facto-Standard heißt nicht automatisch Zwangslizenz.

5. Ergebnis

Ein Schutzrechtsinhaber hat auf dem primären Produktmarkt auch die Möglichkeit, seine Stellung zu einem wirtschaftlichen Monopol auszubauen, wenn damit keine Diskriminierung oder andere missbräuchliche Verhaltensweisen verbunden sind.

Fehlt es an einer Diskriminierung, an einem Hebelmissbrauch oder an sonstigen missbräuchlichen Verhaltensweisen im Sinne des Kartellrechts, so kann keine zwangsweise Lizenzierung angeordnet werden. Im *Standard-Spundfass*-Fall konnte der De-facto-Standard auf dem Hauptmarkt nur aufgrund der Diskriminierung geöffnet werden.

Ebenso wie in den Fällen *Volvo* und in *IMS-Health* kommt eine Lizenzierung also nicht schon dann in Betracht, wenn ein Schutzrecht zu einem De-facto-Standard erstarkt. Konkurrenten können dann zwar nicht mehr auf dem Produktmarkt teilnehmen, weil das geschützte Produkt nicht durch andere geschützte oder ungeschützte Erzeugnisse substituierbar ist, allerdings stellt die Beherrschung des Hauptmarktes keinen Missbrauch einer marktbeherrschenden Stellung im Sinne des § 19 GWB bzw. des Art. 102 AEUV dar, solange es an einem Hebelmissbrauch oder sonstigem missbräuchlichen Verhalten fehlt. Das Wettbewerbsrecht hat in diesem Fall nicht zur Aufgabe, ein marktbeherrschendes Unternehmen durch ein anderes zu ersetzen.[670]

VI. Microsoft – Verweigerung von Schnittstelleninformationen zur Monopolisierung benachbarter Märkte

Wie spätestens seit dem *Magill*-Urteil feststeht, können wesentliche Einrichtungen auch aus Immaterialgüterrechten bestehen. Eine ähnlich gelagerte Informationsverweigerung im Bereich der Computerindustrie führte 2007 zu dem *Microsoft*-Urteil[671] des Europäischen Gerichts in erster Instanz. Danach können auch Computerschnittstellen für Wettbewerber geöffnet werden, soweit es sich bei diesen um wesentliche Einrichtungen handelt.

670 Siehe Stapper, (Fn. 354), S. 176.

671 EuG vom 17.09.2007 – Rs. T-201/04, Slg. 2007, II-3601 – *Microsoft*.

Im Fall *Microsoft* ging es um die Einschränkung der Kompatibilität von Windows mit fremder Serversoftware, um eigene Software am Markt durchzusetzen. Außerdem befasste sich das Urteil auch mit der Integration des Windows Media Players in Windows, auf diese Problematik soll nicht eingegangen werden.[672]

Das Unternehmen Sun Microsystems stellte die Serversoftware „Solaris“ für Arbeitsgruppenserver-Betriebssysteme her. Diese Software konnte auf Servern installiert werden und diente vor allem dazu, die gemeinsame Nutzung von Dateien, die auf Servern gespeichert sind, die gemeinsame Nutzung von Druckern oder die zentrale Verwaltung zu organisieren. Microsoft stellte mit Windows ein Betriebssystem für Client PCs her. Windows hatte einen weltweiten und dauerhaften Marktanteil von über 90% und es bestanden sehr hohe Marktzutrittschranken, u.a. aufgrund eines Netzwerkeffektes.[673] Daher bildete Windows einen De-facto-Standard bei Client PC-Betriebssystemen. Microsoft stellte aber auch eigene Serversoftware her.

Aufgrund der weiten Verbreitung von Windows war es für Hersteller von Arbeitsgruppenserver-Betriebssystemen unerlässlich, mit Windows kompatible Serversoftware anzubieten, da Verbraucher inkompatible Software in der Regel nicht nachfragten.

Bei früheren Versionen von Windows war es noch auf verschiedenen Wegen möglich, Kompatibilität herzustellen. Ab der Version Windows 2000 erschwerte Microsoft die Kompatibilität von Windows allerdings ganz erheblich.

Sun hatte Microsoft daher ersucht, die Schnittstellenspezifikationen von Windows offen zu legen. Microsoft rechtfertigte die Lieferverweigerung der Schnittstellen jedoch mit Patent- und Urheberrechten an den Schnittstellen.

Die marktbeherrschende Stellung von Windows ermöglichte es Microsoft somit, durch die Zurückhaltung von Schnittstelleninformationen konkurrierende Unternehmen auf dem Markt für Arbeitsgruppenserver-Betriebssysteme aus

672 Siehe zur Problematik der missbräuchlichen Kopplung und Produktintegration ausführlich Heinemann, IIC 2005, 63 (77). Auch der U.S. Fall in der Sache Microsoft betraf dies Problematik, dort beschäftigten sich Kartellbehörden und Gerichte mit der Kopplung des Internet Explorers in Windows, wodurch der frühere Marktführer Netscape völlig vom Markt verdrängt wurde. Siehe zu dem *U.S. Microsoft*-Fall auch Stapper, (Fn. 354), S. 180 ff.

673 Die Popularität eines PC-Betriebsystems unter den Nutzern hänge nämlich von seiner Popularität unter den Anbietern von PC-Anwendungen ab, die ihre Entwicklungstätigkeit wiederum auf das unter den Nutzern meistbeliebte PC-Betriebssystem konzentrierten. Die dadurch entfaltete Eigendynamik schütze Windows als De-facto-Standard (Kommission, Entscheidung vom 24.5.2004 – Rs. COMP/C-3/37.792, ABl. EG 2007 L 32/23 (24), Rn. 15 – *Microsoft*).

dem Wettbewerb zu verdrängen und die eigene Serversoftware zu fördern, ohne Konsumenten durch überlegene Leistungsparameter überzeugen zu müssen. So hatte Microsoft nun auch auf dem Markt für Serversoftware seit 2002 eine beherrschende Stellung mit einem bei weitem führenden Marktanteil zwischen 50 und 75%.[674]

1. Variation der Marktmachtausdehnung bei der Informationsverweigerung

Für die Anwendung der essential facilities Doktrin auf die Öffnung von Schnittstelleninformationen ist zu prüfen, inwieweit die Entscheidung eines standardsetzenden Unternehmens – die Kompatibilität seiner Technologie zu beschränken – mit der Verweigerung des Zugangs zu einer wesentlichen Einrichtung vergleichbar ist.

Die Besonderheit bei der Verweigerung von Kompatibilität bzw. Schnittstellen liegt darin, dass die Zugangsverweigerung nicht der Ausdehnung einer marktbeherrschenden Stellung auf einen nachgelagerten Markt dient (vertikale Integration), sondern der Eroberung und Absicherung eines horizontal benachbarten Marktes für Produkte ähnlichen Typs. Die bei der Entwicklung des Primärprodukts anfallenden Schnittstellen dienen dabei aber ebenso als Machthebel.[675] Es besteht kein wesentlicher Unterschied zu der vertikalen Marktmachtausdehnung.

Anders als sonst üblich wird hier nur ein aus der Erzeugung des Primärprodukts anfallender Informationsvorsprung (Schnittstellen) für die Herstellung von Kompatibilität zwischen dem Primär- und dem Sekundärprodukt ausgenutzt. Die Schnittstelle bildet damit die Engpasseinrichtung zwischen Primär- und Sekundärprodukt. Ohne diese Information ist es auch effizienteren Wettbewerbern nicht möglich, auf dem Sekundärmarkt in Wettbewerb zu treten.

Der Schlüssel zur Monopolisierung des zweiten Marktes für Komplementärprodukte liegt in diesen Fällen also nicht wie gewöhnlich darin, dass die Anbieter eine Einrichtung nutzen müssen, die dem Inhaber auch eine dominante Stellung auf dem Primärmarkt verschafft, sondern darin, dass zur Herstellung der betreffenden Komplementärprodukte die Schnittstelleninformation Bedin-

---

674 Je nach Berechnungsmethode (Kommission, Entscheidung vom 24.5.2004 – Rs. COMP/C-3/37.792, ABl. EG 2007 L 32/23 (25), Rn. 17 – *Microsoft*).

675 Münchener Kommentar zum Europäischen und Deutschen Wettbewerbsrecht-(Eilmansberger), (Fn. 352), Art. 82, Rn. 351.

gung für die nötige Kompatibilität ist, die in vielen Fällen nur dem Hersteller auf dem Primärmarkt bekannt ist.[676]

Die Offenlegung der Schnittstellen würde es Sun also nur ermöglichen, selbstständig innovative Software zu entwickeln, die Windows kompatibel wäre. Microsoft müsste aber nicht den Software-Code von Windows oder gar dessen Reproduktion erlauben.[677]

2. Missbrauch einer beherrschenden Stellung – außergewöhnliche Umstände aus Magill und IMS-Health in Microsoft

Wie der EuGH in seinem *IMS-Health*-Urteil bekräftigte, müssen die *Magill*-Kriterien kumulativ vorliegen, um in Fällen des geistigen Eigentums zu einem Lizenzierungszwang zu gelangen.

Nur in Situationen, die einen Hebelmissbrauch und die Einschränkung der Produktion zum Schaden der Verbraucher darstellen, läge dann ein Missbrauch nach Art. 102 AEUV vor. Anders gewendet sei die Hebelwirkung in Fällen des geistigen Eigentums allein nicht missbräuchlich. Dass ein neues Produkt verhindert wird, dürfte allerdings äußerst selten vorkommen.[678]

Durch das Verlangen dieses zusätzlichen Kriteriums wird also ein Unterschied in Fällen geistigen Eigentums gemacht. Für gewöhnlich verbietet die essential facilities Doktrin, Marktmacht dazu zu benutzen, benachbarte Märkte zu erobern, wenn der Erfolg nicht auf wirtschaftlicher Überlegenheit bzw. Leistung beruht. Wie schon eingehend erläutert, gibt es aber keinen Grund, geistiges Eigentum eingehender zu schützen als sachliches.[679] So spricht, anders als in den Fällen *Volvo*, *IMS-Health* und *Standard-Spundfass*,[680] im Fall *Microsoft* nichts dafür, dass die geschützten Schnittstelleninformationen dazu eingesetzt werden dürfen, auch den abgeleiteten Markt für Serversoftware zu monopolisieren. Denn ob Microsoft nun selbst Serversoftware angeboten hat oder nicht, ändert nichts an der Tatsache des missbräuchlichen Marktmachttransfers. Die *Magill*-Kriterien waren schon im *IMS-Health*-Fall nicht mehr adäquat, das *Microsoft*-Urteil bestätigte dies nun.

676 Vgl. Münchener Kommentar zum Europäischen und Deutschen Wettbewerbsrecht-(Eilmansberger), (Fn. 352), Art. 82, Rn. 381.

677 Kommission, Entscheidung vom 24.5.2004 – Rs. COMP/C-3/37.792, ABl. EG 2007 L 32/23 (25), Rn. 18 – *Microsoft*.

678 Siehe auch Heinemann, IIC 2005, 63 (72).

679 Vgl. die Besprechung zu *Magill* und *IMS-Health*.

680 In diesen Fällen wurde das Schutzrecht jeweils auf dem Hauptmarkt ausgeübt, so dass ein missbräuchlicher Marktmachttransfer nicht vorlag.

a) Kommission erachtet IMS-Health als nicht bindend

Sogar die Kommission betrachtete die vom EuGH in der früheren Rechtsprechung herausgearbeiteten außergewöhnlichen Umständen nicht als bindend für die *Microsoft*-Entscheidung. Es gäbe eine Reihe außergewöhnlicher Umstände, die zeigten, dass die Weigerung von Microsoft missbräuchlich gewesen sei.[681] Im *Microsoft*-Fall seien andere außergewöhnliche Umstände zu berücksichtigen als die, die der Gerichtshof im *Magill*-Urteil herausgearbeitet und in *IMS-Health*-Urteil bestätigt habe.[682]

b) Die Anwendung der IMS-Health-Kriterien in Microsoft

Will man sich aber an die *IMS-Health*-Rechtsprechung halten, ist fraglich, ob durch Microsoft die Produktion auf dem abgeleiteten Markt für Serversoftware eingeschränkt wurde. Microsoft zielte auf die Marktführerschaft auf dem Markt für Serversoftware ab. Hat die Weigerung, Schnittstelleninformationen zu liefern, also das Erscheinen eines neuen Produkts verhindert, welches Microsoft nicht schon selbst angeboten hat? Microsoft bot bereits Serversoftware mit steigendem Erfolg an. Wenn man annimmt, dass die Produkte von Microsoft eine vergleichbare Qualität zu den Konkurrenzprodukten hatte, wäre keine Einschränkung der Produktion zum Nachteil der Konsumenten auszumachen.[683] Nach dem *IMS-Health*-Urteil würde daraus folgen, dass trotz Hebelmissbrauchs kein Lizenzierungszwang angeordnet werden könnte. Dies ist genau die Argumentation, die Microsoft als Verteidigungsstrategie vorgebracht hat.

---

681 So handle es sich beispielsweise um den Abbruch einer früher bestehenden Geschäftsbeziehung. Außerdem lege die Software-Richtlinie nahe, dass Urheberrecht zugunsten von Interoperabilität eingeschränkt werden könnte (Kommission, Entscheidung vom 24.5.2004 – Rs. COMP/C-3/37.792, ABl. EG 2007 L 32/23 (25), Rn. 18, 25 f. – *Microsoft*); Und ferner handle es sich nur um die Ermöglichung von Kompatibilität im Gegensatz zur Imitation (EuG vom 17.09.2007 – Rs. T-201/04, Slg. 2007, II-3601, Rn. 305 – *Microsoft*). Vielleicht lag es an der Unsicherheit der Kommission, ob tatsächlich die Voraussetzungen von Art. 102 S. 2 lit. b) AEUV erfüllt waren, weshalb sie auch diese Umstände für erwähnenswert hielt (Heinemann, IIC 2005, 63 (66)). Aber auch die Kommission machte geltend, dass die Interoperabilitätsinformationen von den Mitbewerbern nicht genutzt würden, um genau die gleichen Produkte wie Microsoft zu entwickeln, sondern zur Entwicklung neuer, verbesserter Produkte (EuG vom 17.09.2007 – Rs. T-201/04, Slg. 2007, II-3601, Rn. 221 – *Microsoft*).

682 EuG vom 17.09.2007 – Rs. T-201/04, Slg. 2007, II-3601, Rn. 107 – *Microsoft*.

683 Heinemann, IIC 2005, 63 (72); Eine Einschränkung der Produktion verneint auch Thyri, WuW 2005, 388 (396).

3. Das EuG prüft Microsoft anhand von Magill und IMS-Health

Das EuG ging auf die Argumentation der Kommission[684] nicht weiter ein, sondern nahm eine Prüfung anhand des aus den Urteilen *Magill* und *IMS-Health* bekannten Schemas vor. Das Gericht behielt sich allerdings vor, auf die Argumentation der Kommission zurückzugreifen.

Auch das EuG begann den Fall wie üblich mit der Feststellung, dass die Unternehmen ihre Geschäftspartner grundsätzlich frei wählen können. Eine Lieferverweigerung seitens eines Unternehmens in beherrschender Stellung könne aber unter bestimmten Umständen, sofern sie nicht objektiv gerechtfertigt sei, einen Missbrauch einer beherrschenden Stellung im Sinne von Art. 102 AEUV darstellen.[685]

a) Geistiges Eigentum an den Schnittstellen

Microsoft vertrat die Auffassung, die ihr zur Last gelegte Weigerung, Interoperabilitätsinformationen zu liefern, könne keinen Missbrauch einer beherrschenden Stellung im Sinne von Art. 102 AEUV darstellen, weil diese Informationen durch Rechte des geistigen Eigentums geschützt seien.[686] Dieser Schutz stelle aber keine objektive Rechtfertigung im Sinne der Urteile *Magill* und *IMS-Health* dar. Der tragende Grund für die Ausnahme, die in diesen Urteilen zugunsten des freien Wettbewerbs vorgenommen werde, sei nämlich, dass das bloße Innehaben von Rechten des geistigen Eigentums für sich genommen keine objektive Rechtfertigung für die Weigerung, eine Lizenz zu vergeben, sein könnte. Ansonsten wäre die in der Rechtsprechung ausgearbeitete Ausnahme nie anwendbar, so das EuG.[687]

---

684 Zusammengefasst argumentiert die Kommission, dass Microsofts Weigerung, durch Rechte des geistigen Eigentums geschützte Informationen mitzuteilen, gegen Art. 102 AEUV verstoße, wenn alles in allem die positiven Auswirkungen auf die Innovationen im gesamten Wirtschaftssektor gewichtiger seien als die negativen Auswirkungen auf die Innovationsanreize für das Unternehmen in beherrschender Stellung (Vgl. EuG vom 17.09.2007 – Rs. T-201/04, Slg. 2007, II-3601, Rn. 706 – *Microsoft*).

685 EuG vom 17.09.2007 – Rs. T-201/04, Slg. 2007, II-3601, Rn. 319 – *Microsoft*.

686 Das Gericht entscheidet diese Frage nicht, geht aber von der für Microsoft günstigen Variante aus (EuG vom 17.09.2007 – Rs. T-201/04, Slg. 2007, II-3601, Rn. 312 und 289 – *Microsoft*).

687 EuG vom 17.09.2007 – Rs. T-201/04, Slg. 2007, II-3601, Rn. 690 – *Microsoft*.

b) Außergewöhnliche Umstände aus der bisherigen Rechtsprechung

Nach einer Zusammenschau der bisherigen Rechtsprechung in Lieferverweigerungsfällen[688] kam das Gericht zu der Feststellung, dass anhand „außergewöhnlicher Umstände“ ein Eingriff in Rechte des geistigen Eigentums gerechtfertigt sei.[689] Wie im *Magill*-Urteil sieht das EuG insbesondere folgende Umstände als außergewöhnlich i.d.S. an:

(1) müsse die Weigerung Erzeugnisse oder Dienstleistungen betreffen, die für die Ausübung einer bestimmten Tätigkeit auf einem benachbarten Markt unerlässlich seien;

(2) müsse die Weigerung geeignet sein, jeglichen wirksamen Wettbewerb auf diesem benachbarten Markt auszuschließen;

und (3) müsse die Weigerung das Auftreten eines neuen Produkts verhindern, nach dem eine potenzielle Nachfrage der Verbraucher bestünde.

Sei erwiesen, dass solche Umstände vorlägen, so könne die Weigerung des Inhabers einer beherrschenden Stellung, eine Lizenz zu erteilen, gegen Art. 102 AEUV verstoßen, sofern sie nicht objektiv gerechtfertigt sei.[690] Nur wenn sich ergeben sollte, dass einer oder mehrere dieser Umstände fehlten, würde das Gericht danach auf die von der Kommission geltend gemachten besonderen Umstände eingehen.[691] Auch merkt das Gericht an, der Umstand, dass die Weigerung das Auftreten eines neuen Produkts verhindere, nach dem eine potenzielle Nachfrage der Verbraucher bestehe, sei nur in der Rechtsprechung zur Ausübung eines Rechts des geistigen Eigentums zu finden.

Obwohl sich der *Microsoft*-Fall gerade dazu anbot, die Rechtsprechung zu ändern, wendete das EuG die *Magill*-Kriterien, wie zuvor der EuGH im Fall *IMS-Health*, kumulativ anstatt alternativ an.

aa) Unerlässlichkeit der Schnittstellen

Da Microsoft mit Windows über einen „Quasi-Standard“ bei Betriebssystemen verfügte, sei es nicht möglich, die konkurrierenden Betriebssysteme für Arbeitsgruppenserver weiterhin nachhaltig zu vermarkten, wenn diese keinen hohen

---

688 EuGH vom, 22.2.1974 – Verb. Rs. 6 und 7/73, Slg. 1974, 223 – *Commercial Solvents*; EuGH vom 5.10.1988 – Rs. 238/87, Slg. 1988, 6211 – Volvo/Veng; EuGH vom 6.4.1995 - Verb. Rs. C-241/91 P und C-242/91 P, Slg. 1995, I-743 – *Magill*; EuGH vom 26.11.1998 – Rs. C-7/97, Slg. 1998, I-7791 – *Bronner*; und EuGH vom 29.4. 2004 – Rs. C-418/01, Slg. 2004, I-5039 – *IMS-Health*.

689 Vgl. EuG vom 17.09.2007 – Rs. T-201/04, Slg. 2007, II-3601, Rn. 320-331 – *Microsoft*.

690 EuG vom 17.09.2007 – Rs. T-201/04, Slg. 2007, II-3601, Rn. 332 f. – *Microsoft*.

691 EuG vom 17.09.2007 – Rs. T-201/04, Slg. 2007, II-3601, Rn. 336 – *Microsoft*.

Interoperabilitätsgrad mit Windows erreichen könnten.[692] Andere Methoden zur Gewinnung von Schnittstellenspezifikationen führten nicht zu adäquaten Ergebnissen. Die Schnittstelleninformationen waren damit unerlässlich, um auf dem abgeleiteten Markt für Serversoftware in Wettbewerb zu treten.

bb) Hebelwirkung – Marktmacht auf dem benachbarten Markt für Serversoftware

Der wachsende Vorsprung, den Microsoft auf dem Markt für Serversoftware vor den Konkurrenten hatte, habe weniger mit den Vorzügen ihrer Produkte zu tun, als mit dem Vorteil der Interoperabilität.[693]

Fraglich ist, ob die Weigerung dazu geeignet sein muss, den gesamten Wettbewerb auf dem abgeleiteten Markt für Arbeitsgruppenserver-Betriebssysteme auszuschalten, denn ein Restwettbewerb bestand noch.[694]

Allerdings ging der Vorwurf dahin, dass Microsoft sein Quasi-Monopol auf dem Markt der Betriebssysteme für Client-PCs mittels einer Hebelwirkung zur Beeinflussung des Marktes der Betriebssysteme für Arbeitsgruppenserver ausnutzt habe.[695] Das Microsoft zur Last gelegte missbräuchliche Verhalten hatte mit anderen Worten seinen Ursprung in ihrer beherrschenden Stellung auf dem Primärmarkt für Windows. Selbst wenn Microsoft also keine beherrschende Stellung auf dem Markt für Serversoftware innehätte, könnte dies nicht ausreichen, um einen Missbrauch durch Microsoft zu verneinen.[696]

Es würde dem Zweck von Art. 102 AEUV, einen unverfälschten Wettbewerb auf dem gemeinsamen Markt zu erhalten und insbesondere den auf dem relevanten Markt noch bestehenden Wettbewerb zu schützen, klar zuwiderlaufen, wenn abgewartet werden müsste, bis die Konkurrenten vollständig vom Markt verdrängt wären.[697]

Ferner müsse nicht die Ausschaltung jeglichen Wettbewerbs auf dem Markt nachgewiesen werden. Maßgebend für den Nachweis einer Verletzung von Art. 102 AEUV sei, dass die fragliche Weigerung jeglichen wirksamen Wettbe-

---

692 EuG vom 17.09.2007 – Rs. T-201/04, Slg. 2007, II-3601, Rn. 387 f. – *Microsoft.*

693 EuG vom 17.09.2007 – Rs. T-201/04, Slg. 2007, II-3601, Rn. 407 – *Microsoft.*

694 Auf dem Markt der Betriebssysteme für Arbeitsgruppenserver sind nach wie vor Konkurrenten tätig, u. a. IBM, Novell, Red Hat und Sun, sowie mehrere Anbieter von Linux-Produkten (EuG vom 17.09.2007 – Rs. T-201/04, Slg. 2007, II-3601, Rn. 442 – *Microsoft*).

695 Vgl. Kommission, Entscheidung vom 24.3.2004 – Rs. COMP/C-3/37.792 (nicht im ABl. EG veröffentlicht), Rn. 533, 538, 539, 764 bis 778, 1063, 1065 und 1069 – *Microsoft.*

696 EuG vom 17.09.2007 – Rs. T-201/04, Slg. 2007, II-3601, Rn. 559 – *Microsoft.*

697 EuG vom 17.09.2007 – Rs. T-201/04, Slg. 2007, II-3601, Rn. 561 – *Microsoft.*

werb auf dem Markt auszuschalten drohe oder dazu geeignet sei. Dass die Konkurrenten des beherrschenden Unternehmens in marginaler Weise in bestimmten „Marktnischen“ präsent blieben, könne nicht ausreichen, um auf die Existenz eines solchen Wettbewerbs zu schließen.[698] Der Anteil von Microsoft, gemessen an verkauften Einheiten, am Markt der auf Servern mit einem Preis unter 25 000 USD installierten Betriebssysteme sei von 25,4% im Jahr 1996 auf 64,9% im Jahr 2002 gestiegen, eine Zunahme um fast 40% in nur sechs Jahren.[699] Die Weigerung habe also zur Folge gehabt, dass sich die Produkte der Konkurrenten von Microsoft mit Randpositionen hätten begnügen müssen oder sogar unrentabel geworden seien. Dass ein geringfügiger Wettbewerb bestehen blieb, stünde daher der Gefahr des Ausschlusses jedes wirksamen Wettbewerbs nicht entgegen.[700]

cc) Verhinderung eines neuen Produkts – Ausschluss von Folgeinnovationen

Wie zu erwarten sind Microsoft und das Gericht konträrer Auffassung in Bezug auf die Verhinderung eines neuen Produkts.

Nach Microsofts Auffassung habe ihre Weigerung das Auftreten eines neuen Produkts i.S.d. Urteils *IMS-Health* nicht verhindert.[701] Im Übrigen gäbe es nicht den geringsten Anhaltspunkt dafür, dass Sun die Microsoft-Technologie nutzen wolle, um ein anderes Produkt als ein Betriebssystem für Arbeitsgruppenserver zu entwickeln.[702] Auch könne ein Produkt nicht schon als neu eingestuft werden, wenn es wesentliche Elemente enthalte, die auf die eigenen Anstrengungen des Lizenznehmers zurückzuführen seien. Die Hinzunahme einer den Produkten eines Konkurrenten entnommenen Funktion könne schwerlich als Entwicklung eines neuen Produkts angesehen werden.[703]

Das Gericht führte an, die Tatsache, dass Microsoft das Auftreten eines neuen Produkts auf dem Markt verhindere, sei im Kontext von Art. 102 S. 2 lit. b) AEUV zu berücksichtigen, der Missbräuche verbiete, die in „der Einschränkung der Erzeugung, des Absatzes oder der technischen Entwicklung zum Schaden der Verbraucher“ bestünden.[704] Daher habe der Gerichtshof in der Sache *Ma-*

698 EuG vom 17.09.2007 – Rs. T-201/04, Slg. 2007, II-3601, Rn. 563 – *Microsoft*.
699 EuG vom 17.09.2007 – Rs. T-201/04, Slg. 2007, II-3601, Rn. 570 – *Microsoft*.
700 EuG vom 17.09.2007 – Rs. T-201/04, Slg. 2007, II-3601, Rn. 593 – *Microsoft*.
701 EuG vom 17.09.2007 – Rs. T-201/04, Slg. 2007, II-3601, Rn. 621 f. – *Microsoft*.
702 EuG vom 17.09.2007 – Rs. T-201/04, Slg. 2007, II-3601, Rn. 624 f. – *Microsoft*.
703 EuG vom 17.09.2007 – Rs. T-201/04, Slg. 2007, II-3601, Rn. 626 – *Microsoft*.
704 EuG vom 17.09.2007 – Rs. T-201/04, Slg. 2007, II-3601, Rn. 643 – *Microsoft*.

gill[705] entschieden, dass die Weigerung der dort betroffenen Fernsehanstalten als missbräuchlich im Sinne der genannten Vorschrift einzustufen sei, da sie das Auftreten eines neuen Erzeugnisses verhindere, das sie selbst nicht anböten und nach dem eine potenzielle Nachfrage der Verbraucher bestünde.[706] Und auch im Rahmen des *IMS-Health*-Urteils habe der Gerichtshof eine

> „Abwägung zwischen dem Interesse am Schutz des Rechts des geistigen Eigentums und der wirtschaftlichen Handlungsfreiheit seines Inhabers auf der einen und dem Interesse am Schutz des freien Wettbewerbs auf der anderen Seite [vorgenommen, wobei] das zuletzt genannte Interesse nur dann überwiegen kann, wenn die Verweigerung der Lizenz die Entwicklung des Marktes zum Nachteil der Verbraucher verhindert."[707]

Einschränkend führte das Gericht allerdings an, das Auftreten eines neuen Produkts, auf das in den Urteilen *Magill* und *IMS-Health* Bezug genommen wurde,

> „kann nicht der einzige Parameter sein, anhand dessen geklärt werden kann, ob eine Weigerung, für ein Recht des geistigen Eigentums eine Lizenz zu erteilen, den Verbrauchern im Sinne von Art. 102 S. 2 lit. b) EG schaden kann. Nach dem Wortlaut dieser Vorschrift kann ein solcher Schaden nicht nur bei einer Einschränkung der Erzeugung oder des Absatzes eintreten, sondern auch dann, wenn die technische Entwicklung eingeschränkt wird."[708]

Das EuG stellt damit also auf die Einschränkung der technischen Entwicklung ab, und insbesondere auf die Verhinderung von Anschlussinnovationen.

In diesem Zusammenhang sei zu betonen, dass es „eine Vielzahl von Differenzierungs- und Innovationsmöglichkeiten über die Gestaltung der Schnittstellenspezifikationen hinaus gibt."[709] Ein und dieselbe Spezifikation kann mit anderen Worten von Softwareentwicklern in vielfältiger, verschiedener und innovativer Weise implementiert werden. Die Konkurrenten könnten nach der Beseitigung des Hindernisses, das für sie der unzureichende Interoperabilitätsgrad mit der Windows-Domänenarchitektur darstelle, Betriebssysteme für Arbeitsgruppenserver anbieten, die nicht nur eine bloße Kopie der Microsoft Serversoftware seien, sondern sich von ihnen in Bezug auf Parameter unterscheiden würden, die

---

705 EuGH vom 6.4.1995 - Verb. Rs. C-241/91 P und C-242/91 P, Slg. 1995, I-743 (I-824), Rn. 54 – *Magill.*

706 EuG vom 17.09.2007 – Rs. T-201/04, Slg. 2007, II-3601, Rn. 643 f. – *Microsoft.*

707 EuGH vom 29.4. 2004 – Rs. C-418/01, Slg. 2004, I-5039 (I-5085), Rn. 48 – *IMS-Health.*

708 EuG vom 17.09.2007 – Rs. T-201/04, Slg. 2007, II-3601, Rn. 647 – *Microsoft.*

709 Kommission, Entscheidung vom 24.3.2004 – Rs. COMP/C-3/37.792 (nicht im ABl. EG veröffentlicht), Rn. 698 – *Microsoft.*

die Verbraucher als wichtig ansähen.[710] Die Offenlegung habe also für die Verbraucher eine größere Wahlmöglichkeit an innovativen Merkmalen in Arbeitsgruppenserver-Betriebssystemen zur Folge.

c) Ergebnis

Nach Auslegung der bisherigen Rechtsprechung durch das EuG liegt also auch das Kriterium des neuen Produkts im *Microsoft*-Fall vor.[711] Danach kommt es also nicht bloß auf die Verhinderung eines neuen Produkts i.e.S. an, vielmehr ist nach dem *Microsoft*-Urteil dieses Kriterium schon erfüllt, wenn Folgeinnovationen zum Schaden der Verbraucher eingeschränkt werden. Als solches beeinträchtigte die Weigerung zwar nicht unmittelbar die Innovationsfähigkeit der Konkurrenten, sondern eher die Fähigkeit der Verbraucher, von solchen Innovationen zu profitieren, dies wiederum beeinträchtigte dann aber mittelbar die Fähigkeit der Konkurrenten, an ihren Innovationen zu verdienen und sie letztlich überhaupt hervorzubringen.[712]

Damit lagen auch im *Microsoft*-Fall die vom Gerichtshof in den Urteilen *Magill* und *IMS-Health* herausgearbeiteten außergewöhnlichen Umstände vor, aus denen sich eine Zwangslizenz bzw. ein Offenlegungsanspruch in Bezug auf die Schnittstelleninformationen ergab.

4. Schlussfolgerungen

Auch im *Microsoft*-Fall wurde durch die Verweigerung einer Lizenz an Schnittstelleninformationen die Marktmacht auf dem Markt für Client PC-Betriebssysteme auf den abgeleiteten Markt für Serversoftware transferiert (Hebelmissbrauch). Des Weiteren handelte es sich um eine missbräuchliche Leistungseinschränkung im Sinne von Art. 102 S. 2 lit. b) AEUV.

a) Gemeinsamkeiten der Lieferverweigerungsfälle

Auf die von der Kommission vorgebrachte Argumentation, wie etwa den Vorwurf des Abbruchs der Geschäftsbeziehungen oder die Wichtigkeit der Interoperabilitätsinformationen, denen der Gesetzgeber besondere Bedeutung beimesse, kam es nach dem Urteil des EuG dagegen nicht an.

Es gibt einige Entscheidungen in der Rechtsprechung zum Thema *refusal to deal*, in denen die Gemeinsamkeit dieser Fallgruppe deutlich wird. Im *Commer-*

710 EuG vom 17.09.2007 – Rs. T-201/04, Slg. 2007, II-3601, Rn. 655 f. – *Microsoft*.
711 EuG vom 17.09.2007 – Rs. T-201/04, Slg. 2007, II-3601, Rn. 665 – *Microsoft*.
712 Vgl. EuG vom 17.09.2007 – Rs. T-201/04, Slg. 2007, II-3601, Rn. 636 – *Microsoft*.

cial Solvents-Urteil etwa entschied sich ein Unternehmen, eine schon länger andauernde Lieferung von Rohstoffen einzustellen, um selbst auf dem Markt für Derivate tätig zu werden. Ebenso behielt sich im Fall *Télémarketing* das beherrschende Unternehmen einen abgeleiteten Markt ohne Rechtfertigung vor. Im Fall *Magill* verweigerten Fernsehgesellschaften die Lizenzierung von Programmvorschauen, an denen sie Urheberrechte hielten. All diese Entscheidungen haben gemeinsam, dass die marktbeherrschende Stellung auf einen abgeleiteten Markt ausgedehnt wurde. Hinsichtlich anderer Merkmale unterscheiden sich die Fälle jedoch von Mal zu Mal. So betraf etwa der *Magill*-Fall geistiges Eigentum und auch nur hier wurde das Entstehen eines neuen Produkts verhindert. Und nur in den Fällen *Commercial Solvents* und *Télémarketing* war der Abbruch einer längeren Geschäftsbeziehung Gegenstand des Sachverhalts.

Diese Unterschiede machen deutlich, dass all diese Voraussetzungen, ob geistiges oder Sacheigentum berührt ist, ob ein abgeleiteter Markt bedient wird oder eine längere Geschäftsbeziehung abgebrochen wird, keine notwendigen Voraussetzungen für die Anwendung von Art. 102 AEUV in Lieferverweigerungsfällen sind. Es handelt sich um nichts anderes als um Umstände des Einzelfalls, die jedoch bei der Anwendung von Art. 102 AEUV in eine Gesamtbetrachtung einbezogen werden können.[713] Die essential facilities Doktrin aber stellt den Spezialfall hinsichtlich der Monopolausdehnung auf abgeleitete Märkte dar. In einem solchen Fall kommt es gerade nicht auf Verhaltensweisen an, die auf ihren Missbrauchsgehalt zu untersuchen sind, vielmehr ermöglicht die essential facilities Doktrin eine Beurteilung anhand der Marktstruktur. Kann also ein Markt nur über das beherrschte Nadelöhr bedient werden und kann diese Einrichtung nicht dupliziert werden, so ist sie als wesentlich zu klassifizieren. Gleiches gilt auch für die horizontale Marktmachtausdehnung, wenn es wie im *Microsoft*-Fall auf die Kompatibilität ankommt, die es erlaubt einen abgeleiteten Markt zu beherrschen. Danach ist es missbräuchlich einen abgeleiteten Markt durch Zugangsverweigerungen für sich zu monopolisieren, ohne dass dies auf wettbewerblicher Überlegenheit beruht.

b) Richtiges Ergebnis, falsche Begründung

Das Urteil des EuG ist im Ergebnis richtig, Microsoft konnte durch seine beherrschende Stellung auf dem Markt für PC-Betriebssysteme durch das Hervorrufen von Kompatibilitätsproblemen nämlich auch auf dem Markt für Serversoftware eine marktbeherrschende Stellung erlangen, ohne die Konsumenten durch wettbewerbliche Leistung überzeugen zu müssen. Fraglich ist allerdings,

713 Heinemann, IIC 2005, 63 (66).

ob die Begründung nicht eine andere hätte sein müssen. Es wird auf die *Magill*- und *IMS*-Kriterien abgestellt. Dass von Microsoft tatsächlich ein neues Produkt verhindert wurde, so die Argumentation des Gerichts, erscheint zwar möglich, denn Microsoft habe auf dem abgeleiteten Markt für Serversoftware Folgeinnovationen durch die Lizenzverweigerung verhindert, allerdings wirft dieses Urteil wieder die Frage auf, ob es tatsächlich notwendig ist, als Tatbestandsmerkmal der essential facilities Doktrin zusätzlich eine missbräuchliche Leistungseinschränkung in Lizenzverweigerungsfällen zu verlangen.

c) Missbräuchliche Leistungseinschränkung im Sinne von Art. 102 S. 2 lit. b) AEUV

Nach dem *IMS-Health*-Urteil ist eine Lizenzverweigerung in Bezug auf geistiges Eigentum dann missbräuchlich, wenn hierdurch das Auftreten eines neuen Produkts verhindert und jeglicher Wettbewerb auf einem abgeleiteten Markt ausgeschlossen wird.[714] Im Umkehrschluss liegt dann kein Missbrauch vor, wenn eine beherrschende Stellung dazu eingesetzt wird, einen abgeleiteten Markt unter Kontrolle zu bringen, solange nur dieser abgeleitete Markt vom Marktbeherrscher selbst bedient wird.[715]

Microsoft zielte auf eine horizontale Marktmachtausdehnung vom beherrschten Markt für PC-Betriebssysteme zum Markt für Arbeitsgruppenserver-Betriebssysteme ab. Aufgrund des De-facto-Standards, den Windows darstellte, konnte nun durch die Verweigerung der Schnittstelleninformationen Marktmacht vom Markt für PC-Betriebssysteme auf den Markt für Arbeitsgruppenserver-Betriebssysteme übertragen werden. Die Schnittstelleninformationen diente dabei als überaus effizienter Hebel. Auf die Verhinderung eines neuen Produkts im Sinne der Urteile *Magill* und *IMS-Health* war diese Maßnahme aber nicht gerichtet.[716]

Das EuG setzte sich über die Enge der *Magill*- und *IMS-Health*-Urteile hinweg, in dem es feststellte, dass die Offenlegung für die Verbraucher eine größere Wahlmöglichkeit an innovativen Merkmalen in Serversoftware zur Folge habe.[717] Durch diese weite Auslegung gelang es dem Gericht, in der Spur der Fälle *Magill* und *IMS-Health* zu bleiben. Dies erleichterte den Begründungsaufwand des EuG, ob es sich dagegen um die dogmatisch richtige Begründung handelt, darf bezweifelt werden.

---

714 EuGH vom 29.4. 2004 – Rs. C-418/01, Slg. 2004, I-5039 (I-5082), Rn. 38– *IMS-Health*.

715 Heinemann, GRUR Int. 2006, 705 (710).

716 Vgl. Thyri, WuW 2005, 388 (396).

717 EuG vom 17.09.2007 – Rs. T-201/04, Slg. 2007, II-3601, Rn. 655 f. – *Microsoft*.

d) Schutz der Konsumenten als Maßstab der IMS-Health Rechtsprechung

Wie schon im *IMS-Health*-Urteil hat das Gericht auch im Fall *Microsoft* keine Begründung für seine Schlussfolgerung geliefert, dass die missbräuchliche Leistungseinschränkung im Sinne von Art. 102 S. 2 lit. b) AEUV notwendige Bedingung für die Anwendung von Art. 102 AEUV auf geistiges Eigentum sei. Vielmehr übernahm auch das EuG dieses Kriterium unbesehen aus der *Magill*- und *IMS-Health*-Rechtsprechung.[718]

Die Rechtsprechung ging dabei nicht von dem Schutz des Wettbewerbs durch das Kartellrecht im Allgemeinen aus, sondern sie nahm Bezug auf den Schutz der Konsumenten im Speziellen. Diese konsumentenorientierte Anwendung des Kartellrechts wurde im *IMS-Health*-Urteil besonders deutlich. Art. 102 AEUV könne nur angewandt werden,

> „wenn die Verweigerung der Lizenz die Entwicklung des Marktes zum Nachteil der Verbraucher verhindert."[719]

Dieses Kriterium sei nur erfüllt, wenn nicht nur Produkte angeboten würden, die bereits auf dem Markt angeboten würden, sondern neue Produkte auf den Markt gebracht werden sollten, die nicht bereits von dem Rechteinhaber erbracht würden, und nach denen es zumindest eine potentielle Konsumentennachfrage gebe.[720]

Der Missbrauch gegenüber den Verbrauchern ist allerdings unabhängig von dem Missbrauch gegenüber anderen Konkurrenten.[721] Könnte in Fällen der Lizenzverweigerung das Argument der Verhinderung eines neuen Produkts Gehör finden, wenn bloße Verbesserungen verhindert würden, so würde das den Schutz durch geistiges Eigentum empfindlich treffen. Es muss dem Inhaber des geistigen Eigentums vorbehalten sein, selbst Verbesserungen seines Produkts vorzunehmen. Daher wird Art. 102 S. 2 lit. b) AEUV allein auch nie zur Öffnung von Schutzrechten angewandt. Werden Produkte mit vergleichbarer Qualität angeboten, ist es also nicht angezeigt von der Einschränkung der Produktion zu sprechen.

Dass Microsoft Verbesserungen – besser gesagt Vielfalt – für die Verbraucher durch die Ausschaltung von Wettbewerb auf dem abgeleiteten Markt für

---

718 Siehe EuG vom 17.09.2007 – Rs. T-201/04, Slg. 2007, II-3601, Rn. 643 f. – *Microsoft*.

719 EuGH vom 29.4. 2004 – Rs. C-418/01, Slg. 2004, I-5039 (I-5085), Rn. 48 – *IMS-Health*.

720 EuGH vom 29.4. 2004 – Rs. C-418/01, Slg. 2004, I-5039 (I-5085), Rn. 49 – *IMS-Health*.

721 Drexl, IIC 2004, 788 (801 f.).

Serversoftware verhinderte, lag an der Verhinderung von Wettbewerb auf dem abgeleiteten Markt.

Richtig wäre also eine andere Lösung, nämlich zu unterscheiden zwischen dem Missbrauch gegenüber Verbrauchern, der in der Einschränkung der Produktion erblickt werden kann, wie dies im *Magill*-Urteil tatsächlich der Fall war – weil es überhaupt keine umfassende Fernsehzeitschrift gab –, und dem Missbrauch von Marktmacht, die dazu eingesetzt wird, auch einen abgeleiteten Markt zu erobern. Bei der essential facilities Doktrin, sprich dem Hebelmissbrauch, kommt es nicht auf eine Unterscheidung zwischen geistigem und Sacheigentum an. Vielmehr ist der Einsatz von Marktmacht zur Eroberung abgeleiteter Märkte in beiden Fällen gleichermaßen missbräuchlich, wenn der abgeleitete Markt nicht durch überlegene Leistung monopolisiert wird und es damit auch effizienteren Mitbewerbern unmöglich gemacht wird, auf dem abgeleiteten Markt in Wettbewerb zu treten. Die Monopolisierung führt zu einem unmittelbaren Nachteil für den Wettbewerb und damit auch zu einem mittelbaren aber langfristigen Nachteil für die Verbraucher. Auf einen unmittelbaren Schaden für die Verbraucher kommt es dagegen in dieser Fallgruppe nicht an. Vielmehr ist es wünschenswert, den Wettbewerb als solchen zu schützen, um durch die Aufrechterhaltung von Wettbewerbsdruck Innovation und Effizienz zu erhalten und zu fördern. Ein solcher Ansatz greift viel weniger in die Freiheit der Märkte ein und schützt den Wettbewerb und letztlich die Verbraucher effektiver.

e) Kumulatives Verlangen von Hebelmissbrauch und Art. 102 S. 2 lit. b) AEUV

Fraglich ist, ob es zur Öffnung von Immaterialrechtsgütern sinnvoll ist, neben dem Hebelmissbrauch auch auf die Einschränkung der Produktion oder der Verhinderung von Folgeinnovationen zum Schaden der Verbraucher abzustellen.

Im *Microsoft*-Urteil konnte das EuG noch an die *Magill*-Rechtsprechung anknüpfen und Microsoft die missbräuchliche Verhinderung von Folgeinnovationen nachweisen, dies lag allerdings an der Besonderheit, dass die Konkurrenten lediglich kompatible Produkte auf dem abgeleiteten Markt für Serversoftware anbieten wollten.

Der Schlüssel zur Monopolisierung des zweiten Marktes für Komplementärprodukte liegt in diesen Fällen also nicht wie gewöhnlich darin, dass die Anbieter eine Einrichtung nutzen müssen, die dem Inhaber auch eine dominante Stellung auf dem Primärmarkt verschafft (Windows), sondern darin, dass zur Herstellung der betreffenden Komplementärprodukte die Schnittstelleninformation Bedingung für die nötige Kompatibilität ist.[722] Dabei handelt es sich zwar

722 Vgl. Münchener Kommentar zum Europäischen und Deutschen Wettbewerbsrecht-(Eilmansberger), (Fn. 352), Art. 82, Rn. 381.

auch um einen Hebelmissbrauch, da die Schnittstelleninformationen unerlässlich und nicht duplizierbar sind, um auf einem abgeleiteten Markt tätig zu werden, allerdings wird in den „gewöhnlichen“ essential facilities-Fällen auf dem abgeleiteten Markt bereits die gleiche Leistung durch den Inhaber erbracht.[723]

Werden lediglich Kompatibilitätsinformationen nachgefragt, so besteht also ein Unterschieden zu gewöhnlichen essential facilities Fällen, in denen das gleiche Produkt auf einem abgeleiteten Markt angeboten werden soll: In gewöhnlichen Situationen möchte ein potentieller Wettbewerber Zugang zur wesentlichen Einrichtung, um genau dieselben Produkte oder Dienstleistungen auf einem abgeleiteten Markt anbieten zu können. So wird beispielsweise der Zugang zu einem Gasnetz begehrt, um auf dem abgeleiteten Markt für Gaslieferungen in Wettbewerb treten zu können.[724] Werden Informationen zur Herstellung kompatibler Produkte begehrt, liegt der Unterschied darin, dass nicht beabsichtigt ist, die gleichen Produkte anzubieten, es sollen vielmehr andere, lediglich kompatible Produkte angeboten werden. So stellten die Spezifikationen nur ein Kompatibilitätsmerkmal der Serversoftware dar, sie waren für die Gestaltung der eigentlichen Software nicht maßgeblich. Es wurde keine Lizenzierung zur Imitation von Microsofts Serversoftware begehrt, sondern es wurde die zu lizenzierende Schnittstelleninformation nachgefragt, um selbstständig Serversoftware entwickeln zu können.

Dieser Unterschied hat Folgen. Handelt es sich lediglich um kompatible Produkte auf dem nachgelagerten Markt, so ist es nicht schwer, von der Verhinderung von Folgeinnovationen auszugehen. Ein solches Vorgehen ist dagegen nicht möglich, wenn es um die Monopolausdehnung in „gewöhnlichen“ essential facilities Fällen geht.

aa) Gewöhnlicher Fall der essential facilities Doktrin

Als Beispiel für einen „gewöhnlichen“ essential facilities Fall mit Bezug zum geistigen Eigentum soll der *Magill*-Fall dienen. Dort wurde neben der missbräuchlichen Marktmachtausdehnung auch ein umfassender Programmführer zum Schaden der Verbraucher verhindert. Für die Analyse ist vor allem die Konstellation interessant, in der die Sendeanstalten hypothetisch bereits einen umfassenden Programmführer angeboten hätten.

Ein neues Produkt i.S.v. Art. 102 S. 2 lit. b) AEUV wäre dann nicht verhindert worden. In diesem Fall hätte nämlich das Urheberrecht die Einschränkung

723 Siehe Heinemann, (Fn. 423), S. 513.

724 Vgl. Heinemann, (Fn. 423), S. 513; Das Missbrauchselement besteht hier in der Verweigerung des Zugangs zu einem Markt, der nur über das beherrschte Nadelöhr bedient werden kann.

der Erzeugung von ähnlichen Produkten, die auf das geistige Eigentum zurückgreifen müssten, rechtfertigen können. Die Fallgruppe „Einschränkung der technischen Entwicklung“ bezieht sich auf Verhaltensweisen des Marktbeherrschers, mit denen dieser dem Markt Innovationen zum Nachteil der Verbraucher vorenthält. Betrachtet man aber ausschließlich den Tatbestand von Art. 102 S. 2 lit. b) AEUV, so können legitime, objektive Interessen die Weigerung einer Lizenzvergabe an der gefragten Technologie objektiv rechtfertigen.[725] Denn Schutzrechte verleihen ihrem Inhaber die Befugnis, die geschützte Idee oder Erfindung allein zu nutzen und damit am Markt zu reüssieren. Eine Einschränkung der Erzeugung bei anderen Unternehmen geht damit unmittelbar einher und ist vom Gesetz vorausgesetzt. Das geschützte Produkt kann zwangsläufig, soll es ausschließlichen Schutz genießen, von keinem anderen Marktteilnehmer erzeugt werden. Die Nachfrage der Verbraucher kann die Öffnung eines gewerblichen Schutzrechts oder Urheberrechts allein nicht legitimieren.[726] Auch kann in jedem Fall von Lizenzverweigerung unterstellt werden, dass es eine zumindest potentielle Nachfrage nach dem Produkt gäbe, weil andernfalls der potentielle Lizenznehmer wohl kaum eine Lizenz verlangen würde. Ferner dürfte in den weitaus meisten Fällen von Lizenzverweigerungen eine Einschränkung der Erzeugung im Sinne des Art. 102 S. 2 lit. b) AEUV zu bejahen sein. Dies ist nicht verwunderlich, denn das neue Erzeugnis würde mit den eigenen Produkten konkurrieren und dem Lizenzgeber erheblichen wirtschaftlichen Schaden zufügen.[727] Sinn und Zweck von Schutzrechten ist es aber, den Wettbewerb wenigstens teilweise auszuschließen, um Mitbewerber von imitierendem auf substitutiven Wettbewerb zu verweisen. Damit geht selbstverständlich immer auch die Einschränkung der Produktion bei Wettbewerbern einher. Daher hatte GA Gulmann im *Magill*-Fall auch argumentiert, dass – selbst wenn das neue Produkt ein besseres Produkt sei, als die auf dem Markt angebotenen – das Verbraucherinteresse keine Beeinträchtigung der spezifischen Substanz des Schutzrechts rechtfertigen könne.[728] Wenn das neue Produkt im Grundsatz dieselben Verbraucherbedürfnisse befriedigt wie das geschützte Produkt, muss das Interesse des Rechteinhabers schwerer wiegen.

Und so erfüllt auch eine Lizenzverweigerung an der geschützten Blockstruktur im *IMS-Health*-Fall nicht den Tatbestand des Art. 102 S. 2 lit. b) AEUV,

---

725 Grabitz/Hilf-(Jung), Das Recht der Europäischen Union – Kommentar (Losebl. 1999), Art. 82 EGV, Rn. 250 (37. EL November 2008).

726 Dies wurde schon oben in den Schlussfolgerungen zum Fall *Sealink II* bezweifelt. So auch Stapper, (Fn. 354), S. 71.

727 Montag, EuZW 1997, 71 (74).

728 GA Claus Gulmann, Schlussanträge in der Verb. Rs. C-241/91 P und C-241/91 P vom 6.4.1995, Slg. 1995, I-743 (I-774), Rn. 97 – *Magill*.

obwohl NDC-Health möglicherweise sogar technische Innovationen hervorgebracht hätte, denn das Verhalten von IMS-Health war durch legitime, objektive Interessen gerechtfertigt und überschritt das zur Wahrung der eigenen Interessen erforderliche Maß nicht. Eine Zwangslizenz kommt also nur unter den „außergewöhnlichen Umständen" der essential facilities Doktrin in Betracht, als elementare Voraussetzung dafür fehlte im Fall *IMS-Health* aber ein Hebelmissbrauch.[729]

Nach dem *Microsoft*-Urteil des EuG soll es aber auch ausreichen, wenn Folgeinnovationen zum Schaden der Verbraucher verhindert werden. Etwaige Folgeinnovationen wie etwa ein anderes Layout oder zusätzliche redaktionelle Angebote lassen den hypothetischen *Magill*-Fall aber in keinem anderen Licht erscheinen. Dem Rechteinhaber sind nämlich auch solche Verbesserungen seines eigenen Produkts vorbehalten. Es muss einem Anbieter von Technologie möglich sein, seine Produkte selbst zu verbessern und ggf. Variationen zu schaffen, um so die Verbrauchernachfrage zu decken. Erst wenn dies nicht mehr geschieht, kommt ein Missbrauch in Betracht.

Hätten die Fernsehgesellschaften im Fall *Magill* also bereits einen umfassenden Programmführer angeboten, so wäre eine Zwangslizenz nicht mit der Anwendung von Art. 102 S. 2 lit. b) AEUV zu begründen gewesen. Weder wäre ein neues Produkt verhindert worden, noch wäre die Einschränkung von Folgeinnovationen für Wettbewerber missbräuchlich gewesen, da das Urheberrecht dem Rechteinhaber Verbesserungen seiner eigenen Produkte vorbehält, zudem wäre den Verbrauchern kein Schaden entstanden.

Die Lizenzverweigerung gegenüber Magill wäre dennoch missbräuchlich, zum einen waren die urheberrechtlich geschützten Programminformationen unerlässlich und nicht duplizierbar, um auf dem abgeleiteten Markt für Programmvorschauen tätig zu werden. Zum andern lag auch ein missbräuchlicher Marktmachttransfer vor: Ähnlich wie bei Netzen der Versorgungswirtschaft ermöglichte es das faktische Monopol an den Programminformationen, dieses Monopol auch auf den abgeleiteten Markt für Fernsehzeitschriften auszudehnen und damit Wettbewerb zu verhindern, ohne dass der Grund dafür eine überlegene Leistung am Markt war. Der Marktmachttransfer wurde dadurch begründet, dass es sich bei dem beherrschten Inputmarkt um den Markt für Sendeinformationen

---

729 Dass man nach dem Bedarfsmarktkonzept auch im Fall *IMS-Health* zu zwei getrennten Märkten, nämlich einem vorgelagerten Lizenzmarkt und einem nachgelagerten Produktmarkt, kommen kann, spielt für die essential facilities Doktrin keine Rolle, denn es fehlt an dem missbrauchsbegründenden Element der Hebelwirkung. Hier sind Schutzrechte aber gerade dazu verliehen worden, um den Produktmarkt bedienen zu können. Eine missbräuchliche Monopolausdehnung liegt damit nicht vor. (Siehe schon oben.)

handelte, die aus der Sendetätigkeit resultierten, wobei es sich bei dem Outputmarkt um den Markt für Fernsehzeitschriften handelte. Die Marktmacht auf dem Fernsehmarkt wurde also dazu ausgenutzt, den Wettbewerb auf dem Verlagsmarkt auszuschalten. Die Sendeanstalten verfügten damit über eine wesentliche Einrichtung, die es ihnen erlaubte, ihr Monopol auf dem vorgelagerten Markt für Programminformationen auf den abgeleiteten Markt für Programmvorschauen auszudehnen, ohne dies durch wettbewerblich überlegene Leistung rechtfertigen zu können.[730]

bb) Ergebnis

Die Einschränkung von Folgeinnovationen kann keine notwendige Bedingung für einen Missbrauch in essential facilities Fällen sein, dies zeigt ein Vergleich mit der herkömmlichen essential facilities Situation, in der Konkurrenten auf dem abgeleiteten Markt tätig werden, um ähnliche – und nicht lediglich kompatible – Produkte anzubieten.

Nur in den Fällen, in denen die Entwicklung kompatibler Produkte eingeschränkt wird, können Folgeinnovationen durch den Marktbeherrscher verhindert werden.

Das *Microsoft*-Urteil des EuG ist zwar im Ergebnis nicht zu beanstanden, der Begründung, die Bezug auf das kumulative Verlangen von Hebelmissbrauch und Art. 102 S. 2 lit. b) AEUV nimmt, ist allerdings nicht zuzustimmen.

Im Übrigen ist Art. 102 S. 2 lit. b) AEUV nur ein Beispiel für einen Missbrauch, es müsste dann eigentlich selbstverständlich sein, dass ein missbräuchliches Verhalten nach der Generalklausel des Art. 102 AEUV nicht davon abhängen kann, dass auch ein anderer Beispieltatbestand erfüllt ist. Die kumulative Verbindung von Beispielfällen ist daher abzulehnen, denn Art. 102 S. 2 lit. b) AEUV soll einen Missbrauch in diesem beispielhaften Fall begründen und nicht durch die Kombination mit anderen Missbrauchsfällen ausschließen.

Des Weiteren wird die Verfestigung der bisherigen Rechtsprechung negative Folgen für die zukünftigen Entscheidungen in Zwangslizenzfällen haben. Denn hätte der Fall *Microsoft* nicht die Einschränkung kompatibler Produkte betroffen – sondern eine „gewöhnliche“ essential facilities Situation –, wäre kein neues Produkt verhindert worden und die Verhinderung von Folgeinnovationen wäre gerechtfertigt gewesen.

Ein Marktmachttransfer läge aber trotzdem vor, dieser wäre nach der Rechtsprechung in Lizenzverweigerungsfällen aber nicht missbräuchlich, obwohl der

730 Siehe bereits oben Seite 154; Siehe auch Heinemann, (Fn. 423), S. 513.

gleiche Hebelmissbrauch bezogen auf Sacheigentum zu einem anderen Ergebnis, nämlich der Missbräuchlichkeit, führen würde.[731]

Diese unterschiedliche Behandlung von geistigem und Sacheigentum ist nicht gerechtfertigt, es gibt in diesem Zusammenhang keinen einleuchtenden Grund, weshalb geistigem Eigentum größerer Schutz zukommen sollte. Unterschiede hinsichtlich der Beeinträchtigung bestehen zwischen geistigem und Sacheigentum nicht, vielmehr hat eine Beeinträchtigung beide Male negative Folgen.[732]

Eine Unterscheidung ist im Übrigen auch nicht mit der *Commercial Solvents*-Entscheidung vereinbar, wonach gilt, dass die Ausdehnung einer marktbeherrschenden Stellung in einen abgeleiteten Markt einen Missbrauch darstellt, wenn die Monopolisierung nicht auf wettbewerblich überlegener Leistung beruht.[733]

731 Diese Ungleichbehandlung wird abgelehnt, Münchener Kommentar zum Europäischen und Deutschen Wettbewerbsrecht-(Eilmansberger), (Fn. 352), Art. 82, Rn. 378.

732 Eilmansberger, EWS 2003, 12 (15).

733 Heinemann, IIC 2005, 63 (73).

Gesamtergebnis

Wie schon im Fall *Commercial Solvents* deutlich wurde, ist als Hauptgrund für den Missbrauch einer marktbeherrschenden Stellung anzusehen, dass die Zugangs- bzw. Lieferverweigerung geeignet ist, Mitbewerber von einem bestimmten Markt zu verdrängen.

Unter Zuhilfenahme der essential facilities Doktrin können wesentliche Einrichtungen für den Wettbewerb geöffnet werden. Dabei muss nicht die rigorose Öffnung von Märkten befürchtet werden, vielmehr erfasst die essential facilities Doktrin nur eine eng umrissene Fallgruppe, in der unüberwindbare Marktzutrittsschranken durch eine Engpass entstanden sind und die für den Wettbewerb geöffnet werden können.

Der Befürchtung, die Öffnung wesentlicher Einrichtungen könnte Innovationsanreize schmälern, ist entgegenzuhalten, dass diese sogar wachsen können, wenn der Marktbeherrscher sich zumindest auf benachbarten Märkten noch nennenswertem Wettbewerb ausgesetzt sieht.[734]

Besonders gravierend ist ein Eingriff in Eigentumsrechte natürlich, wenn Mitbewerber durch den Zugang zu der eigenen Einrichtung im Wettbewerb gestärkt werden. Obwohl das Eigentum andere vom Gebrauch ausschließt, stellt die essential facilities Doktrin eine Rechtfertigung für Eingriffe in die Eigentumsrechte dar, denn das Kartellrecht wirkt der Gefahr entgegen, die Marktzutrittsschranken für den Wettbewerb darstellen.

Dass die Vertragsfreiheit durch eine Zugangspflicht legitimerweise beschränkt werden kann, ist heute nicht mehr strittig. Kontrovers werden aber die Voraussetzungen des Zwangszugangs diskutiert. Eine Präzisierung der Zugangsvoraussetzungen ist daher einerseits nötig, um Rechtssicherheit zu schaffen, andererseits um Konkurrenten kein sog. *free-riding* an fremder Leistung zu ermöglichen.

Im *Commercial Solvents*-Fall schien es zwar noch auf den Abbruch einer längeren Geschäftsbeziehung anzukommen. Ein besonderes Vertrauensverhältnis ist für die Anwendung der essential facilities Doktrin allerdings nicht erforderlich. Dies ist ein wichtiger Unterschied zu der Rechtslage in den USA.[735] Wie die Fälle *Magill* und *IMS-Health* gezeigt haben, ist auch der Schutz von potentiellem Wettbewerb von der essential facilities Doktrin erfasst, denn es können

734 Kommission, Entscheidung vom 24.3.2004 – Rs. COMP/C-3/37.792 (nicht im ABl. EG veröffentlicht), Rn. 783 – *Microsoft*; So auch Heinemann, GRUR 2006, 705 (713).

735 Dies wurde durch das Urteil *Verizon Communications Inc. v. Law Offices of Curtis V. Trinko*, 540 U.S. 682 (2004) des Supreme Court klargestellt. Siehe Drexl, IIC 2004, 788 (795).

auch Märkte vorbehalten werden, die noch gar nicht bedient werden oder nur für die interne Nutzung bestimmt waren.

Entscheidend ist also, dass die Marktstruktur dem beherrschenden Unternehmen die Möglichkeit verleiht, auch einen abgeleiteten Markt durch die Kontrolle des Engpasses zu monopolisieren und dadurch Wettbewerb auszuschließen, ohne den Konkurrenten im Wettbewerb überlegen zu sein.[736] Schutzgut ist mithin der Wettbewerb als Institution, ob es dabei um die Erhaltung oder die Eröffnung von Wettbewerb geht, spielt keine Rolle.

Die Konkretisierung der Anwendungsvoraussetzungen scheint für den Bereich des Sacheigentums gelungen zu sein. So sind einerseits die spezialgesetzlichen Regulierungen im Bereich der Telekommunikation, aber auch auf den Energiemärkten oder im Bereich des Verkehrs zu nennen, aber auch die allgemeine Normierung in § 19 IV Nr. 4 GWB, auf der anderen Seite hat der EuGH durch sein *Bronner*-Urteil zu einer erheblichen Präzisierung der Voraussetzungen in essential facilities Fällen beigetragen, so dass völlig unterschiedliche Lebensbereiche von der essential facilities Doktrin erfasst werden können, und auch der Kommission ist dies im Fall *Sealink II* gelungen.

Der EuGH hat daher auch zu Recht auf Immaterialgüterrechte in den Urteilen *Volvo* und *Magill* dieselben Maßstäbe angelegt wie in Fällen des Sacheigentums.

Für den Bereich des geistigen Eigentums ist den europäischen Gerichten bisher dennoch eine präzise Umschreibung der Zugangs- bzw. Lizenzenvoraussetzungen nicht gelungen, obwohl das Urteil *Magill* einen Meilenstein in diesem Bereich darstellt. Die Besonderheit dieses Falls hat in den nachfolgenden Urteilen zur Vermengung von verschiedenen Kriterien geführt, die nicht im Zusammenhang mit der essential facilities Doktrin stehen. Der EuGH mit dem Urteil *IMS-Health* und jüngst das EuG in der Sache *Microsoft* haben die ökonomischen Hintergründe dieser Fälle nicht richtig eingeordnet. Beide Gerichte halten die Öffnung von Immaterialgüterrechten nur unter der Einschränkung für möglich, dass ein neues Produkt zum Schaden der Verbraucher verhindert wird, um so einen ausreichenden Schutz vor Imitation zu gewährleisten. Das macht allerdings wenig Sinn, da die essential facilities Doktrin gerade unter der Voraussetzung des Hebelmissbrauchs Wettbewerbern die Imitation ermöglichen soll.

Bei Liefer- bzw. Lizenzverweigerungen lautet die Frage also, ob und unter welchen Voraussetzungen in das ausschließliche Verfügungsrecht eines marktbeherrschenden Unternehmens über seine materiellen oder immateriellen Güter eingegriffen werden kann. Die gleichmäßige Anwendung der essential facilities

736 Münchener Kommentar zum Europäischen und Deutschen Wettbewerbsrecht-(Eilmansberger), (Fn. 352), Art. 82, Rn. 378.

Lehre auf alle wesentlichen Einrichtungen, unabhängig von ihrer körperlichen oder geistigen Natur, macht deutlich, dass die essential facilities Doktrin keine Lehre speziell für den Konflikt von Kartellrecht und Recht des geistigen Eigentums ist. Sie ist auf alle Fälle anwendbar, in denen die Beherrschung eines Marktes zur Errichtung von Zutrittschranken für nachgelagerte Märkte eingesetzt werden kann. Der EuGH hat mit dem *Magill*-Urteil deutlich zum Ausdruck gebracht, dass Art. 102 AEUV auch auf immaterialgüterrechtlich vermittelte Marktbeherrschung Anwendung findet.[737]

Zwar haben Immaterialgüterrechte den Zweck, den Wettbewerb in Bezug auf das Schutzrecht einzuschränken, sie bieten damit die Motivation, in Forschung und Entwicklung zu investieren. Allerdings bedeutet das keine Freiheit vor dem Wettbewerbsrecht. Immaterialgüterrechte ermöglichen durch ihre Ausschlusswirkung erst, öffentliche Güter wie Ideen und Erfindungen im Wettbewerb als handelbare Güter einzusetzen. Dem geistigen Eigentum kommt daher ebenso wie dem Sacheigentum eine bloße Mittelfunktion im Wettbewerb zu, ein Anreiz oder eine Belohnung besteht aber nicht darin, dass der Wettbewerb als solcher ausgeschaltet werden soll.[738] Daraus folgt, dass auch immaterielle Ausschließlichkeitsrechte im Wettbewerb genauso wettbewerbskonform eingesetzt werden müssen wie das Sacheigentum.

Es ist daher geboten, geistiges und Sacheigentum hinsichtlich der Öffnung durch die essential facilities Doktrin gleich zu behandeln.

Um den Inhaber von Immaterialgüterrechten vor Imitationen zu schützen, verlangen die europäischen Gerichte zur Öffnung von Immaterialgüterrechten neben dem Hebelmissbrauch auch die Verhinderung eines neuen Produkts. Diese unterschiedliche Behandlung ist aber wegen der Vergleichbarkeit des Eigentumseingriffes nicht zu rechtfertigen. Zudem geht der von der Rechtsprechung beabsichtigte Imitationsschutz fehl, weil in essential facilities Situationen eine Öffnung des Rechts für Mitbewerber beabsichtigt ist. So ist es gerade das Ziel, Wettbewerb auf einem Outputmarkt dadurch zu ermöglichen, dass Zugang zu einem unerlässlichen Inputmarkt gewährt werden muss. Auf dem Outputmarkt können dann oft nur vergleichbare Erzeugnisse oder Leistungen angeboten werden. Besteht der Inputmarkt beispielsweise aus einem Hafen oder Programminformationen, so ist es auf dem Outputmarkt nur möglich, in Wettbewerb zu treten, wenn Konkurrenten ebenfalls Schifffahrtsdienste oder Fernsehzeitschriften anbieten.

Der kumulativen Verbindung von missbräuchlichen Beispielsfällen kann nicht gefolgt werden. Art. 102 S. 2 lit. b) AEUV soll einen Missbrauch in die-

737 Siehe Heinemann, (Fn. 423), S. 511.

738 Vgl. Ullrich, GRUR Int. 1996, 555 (566).

sem beispielhaften Fall begründen und nicht durch die Kombination mit anderen Missbrauchsfällen ausschließen. Wie vertreten wird, mag dieses kumulative Verlangen an einer mangelnden Bereitschaft der Gerichte gelegen haben, sich in die Materie einzuarbeiten.[739]

Keinesfalls ausgeschlossen ist allerdings, dass unabhängig vom Hebelmissbrauch auch ein Missbrauch i.S.v. Art. 102 S. 2 lit. b) AEUV gegeben sein mag.

Nachdem die *Chicago School* in den USA im Patentschutz noch eine allgemeine Rechtfertigung für eine Gewinnmaximierungsstrategie durch die Monopolisierung produktabhängiger Märkte erblickt hatte, wurde auch dort durch das Urteil in der Sache *Kodak* eine Wende eingeleitet. Danach greift die kartellrechtliche Missbrauchsaufsicht sogar auf abgeleiteten Märkten ein, die von einem Unternehmen selbst geschaffen wurden, wie etwa dem Ersatzteil- und Servicemarkt für die eigenen Produkte. Wichtige Teile der Wirtschaft sollen so nicht vom Wettbewerb abgekoppelt werden, was mittelbar auch dem Verbraucher zugute kommt. Diese Ansicht hat sich auch in Europa mit den Urteilen *Hugin* und *IMS-Health* durchgesetzt, abgeleitete Märkte werden danach nicht generell von der Missbrauchsaufsicht ausgeklammert.

Und auch die *Antitrust Guidelines for Licensing of Intellectual Property* des U.S. Department of Justice und der Federal Trade Commission stellen geistiges Eigentum dem materiellen Eigentum im Wesentlichen gleich. Danach sind dieselben Kartellrechtsregeln anzuwenden, die auch sonst auf Verträge über Eigentum angewendet werden, weil geistiges Eigentum insofern nicht schutzbedürftiger sei.

Investitions- und Innovationsanreize sollen also auch auf abgeleiteten Märkten erhalten bleiben, die vom Beherrscher evtl. selbst geschaffen wurden. Diese Erkenntnis ist vor allem dann wichtig, wenn es um den Wettbewerb auf Märkten geht, die durch Netzwerkeigenschaften gekennzeichnet sind.

Auf solchen Märkten führt nämlich ein Netzwerkeffekt dazu, dass sich nach dem Überschreiten eines gewissen Punktes ein Produkt am Markt durchsetzt. Auf Netzwerkmärkten kippt der Markt dann zugunsten eines Wettbewerbers, sog. *winner-takes-all*-Märkte.

Ein Markt kippt dann, wenn dieser nur wenige oder gar nur einen Anbieter zulässt und sich die Verbraucher in genügender Menge für ein Produkt entscheiden. Die so gewonnene Marktmacht wird dadurch verstärkt, dass sich auch die Hersteller von kompatiblen Programmen für die Zusammenarbeit mit dem Produkt entscheiden werden, so dass sie die meisten der im System gebundenen Konsumenten erreichen. Der Netzwerkeffekt besteht nun darin, dass es eine

739 Siehe Drexl, IIC 2004, 788 (790).

Rückkopplung zwischen dem Verhalten der Konsumenten und der Anbieter kompatibler Produkte gibt. Beide Effekte verstärken sich ab einem gewissen Grad gegenseitig. Denn auch die Konsumenten werden sich für das Produkt entscheiden, für welches es die meisten kompatiblen Produkte gibt.

Ist ein Netzwerkmarkt einmal gekippt, verfügt das marktbeherrschende Unternehmen mit seinem Produkt über einen De-facto-Standard.

Ist dieser De-facto-Standard durch Schutzrechte abgesichert oder ist es möglich, Kompatibilitätsinformationen für das standardsetzenden Produkt geheim zu halten, kann das beherrschende Unternehmen – sobald der Markt einmal zu seinen Gunsten gekippt ist – ohne Schwierigkeiten auch die abgeleiteten Märkte für kompatible Produkte erobern, indem es Schnittstelleninformationen zurückhält. Der Wettbewerb kann auf diese Weise ohne überlegene Leistung – wie z.B. in Bezug auf Qualität oder Preise – ausgeschaltet werden.

Im Fall *Microsoft* war es dem Unternehmen durch die Verweigerung von Schnittstelleninformationen, die unerlässlich für die Herstellung kompatibler Produkte und damit für den Wettbewerb auf produktabhängigen Märkten waren, also möglich, auch eine beherrschende Stellung auf dem abgeleiteten Markt für Serversoftware einzunehmen. Wettbewerber wurden durch die mangelnde Kompatibilität zu dem De-facto-Standard setzenden Betriebssystem Windows vom Markt verdrängt, ohne dass Microsoft seine Konkurrenten im Wettbewerb durch Effizienz oder Innovationen überboten hätte.

Ebenso ermöglichen De-facto-Standards in anderen Bereichen der Wirtschaft einem marktbeherrschenden Unternehmen, abgeleitete Märkte unter Kontrolle zu bringen und damit auch möglicherweise effizientere Wettbewerber auszuschließen, wie etwa der Fall *Standard-Spundfass* gezeigt hat. Andererseits ist die beherrschende Stellung auf einem Markt nicht ohne weiteres missbräuchlich, so dass der Marktbeherrscher seine Stellung mitunter bis hin zur Monopolisierung ausbauen kann.[740] Solange dies nur den Hauptmarkt betrifft, fehlt es aber an einem Hebelmissbrauch, der dadurch zum Ausdruck kommt, dass ein Monopol auf einen zweiten, aber verbundenen Markt ohne eigene Anstrengung ausgedehnt wird. So lag der Fall *IMS-Health.*

Proprietäre De-facto-Standards können also zu einer unerlässlichen Engpasseinrichtung führen und stellen dann eine wesentliche Einrichtungen dar, wenn etwa die Herstellung von Kompatibilität zum Standard setzenden Produkt notwendig ist, um einen abgeleiteten Markt zu bedienen. Gerade die IT Märkte neigen da-

740 Aber auch das Erlangen einer marktbeherrschenden Stellung als solche kann missbräuchlich sein (EuGH vom 21.02.1973 – Rs. 6/72, Slg. 1973, I-215 (I-246), Rn. 26 – *Continental Can*).

zu, De-facto-Standards hervorzubringen. Die essential facilities Doktrin ist besonders geeignet, Wettbewerb auf Netzwerkmärkten zu öffnen, wenn diese Standards durch Rechte des geistigen Eigentums geschützt sind. Auf diese Weise werden vor allem die Konsumenten vor Monopolpreisen und einem Mangel an Innovation und Effizienz geschützt.

Die essential facilities Doktrin ist allerdings auch in dieser Hinsicht in der Lage, einen Missbrauch zu verhindern, ohne dass es auf das kumulative Vorliegen von Art. 102 S. 2 lit. b) AEUV ankommen würde. Das Zusatzkriterium der Verhinderung eines von Verbrauchern nachgefragten neuen Produkts würde bedeuten, dass der bloße Machttransfer bei notwendigen immateriellen Einrichtungen an sich nicht mehr als missbräuchlich gelten würde. Damit schießt die Rechtsprechung aber über den gerechtfertigten Schutz von Immaterialgüterrechten hinaus und stellt die Erlangung von Marktmacht auf abgeleiteten Märkten vom Missbrauchsvorwurf des Art. 102 AEUV frei.

Vielmehr mag die Einschränkung von Folgeinnovationen zwar eine Lizenzverweigerung noch akzentuieren, sie stellt aber keine zusätzliche notwendige Bedingung dar.

Um einen abgeleiteten Markt zu öffnen, muss nicht auf missbräuchliche Absichten des Beherrschers der wesentlichen Einrichtung abgestellt werden, die oft schwer zu beweisen sind. Als Verhaltenselement ist eine Zugangsverweigerung ausreichend.

Die Wesentlichkeit einer Einrichtung bezieht sich auf die Unerlässlichkeit für den Zugang zu einem abgeleiteten Markt. Eine Einrichtung ist aber nicht wesentlich, wenn sie von Mitbewerbern – und seien es auch nur äußerst wettbewerbsfähige Mitbewerber – dupliziert werden kann. Ferner muss der Engpass einen Marktmachttransfer ermöglichen, indem Wettbewerb durch die Zugangsverweigerung auf dem abgeleiteten Markt ohne überlegene Leistung ausgeschaltet werden kann. Kommt keine Rechtfertigung des Einrichtungsinhabers in Betracht, so muss Zugang zu dem Wettbewerb auf dem abgeleiteten Markt gewährt werden.

Auf das Kriterium des neuen Produkts kommt es dagegen weder in Fällen des materiellen noch des immateriellen Eigentums an. Denn geistiges Eigentum ist hinsichtlich der Öffnung von Wettbewerb auf abgeleiteten Märkten nicht anders zu behandeln als Sacheigentum. Insofern werden nämlich Investitionsentscheidungen gleichermaßen frustriert. Ein Reüssieren auf dem abgeleiteten Markt würde aber sowohl in Fällen des materiellen als auch in Fällen des immateriellen Eigentums nur auf Kosten des Wettbewerbs und letztendlich der Konsumenten stattfinden, da die Monopolstellung auf dem abgeleiteten Markt nicht durch überlegene Leistung im Wettbewerb erlangt wurde, sondern durch Marktzutrittschranken. Die Beherrschung der Engpasseinrichtung würde den Wettbewerb um die Verbraucher auf dem abgeleiteten Markt ausschließen. Ohne Wettbewerbsdruck kann der Monopolist sich auf dem abgeleiteten Markt ohne Rücksicht auf die Verbraucher verhalten, er muss keine Innovationen anbieten, kann auf Effizienz verzichten und dennoch Monopolpreise verlangen.

Abgeleitete Märkte dürfen daher nicht von der kartellrechtlichen Missbrauchsaufsicht freigestellt werden. Eine Freistellung kann weder durch das geistige Eigentum als solches gerechtfertigt sein noch durch eine restriktive Anwendung der essential facilities Doktrin im Bereich des Immaterialgüterrechts.

Der Begriff der essential facility ist damit umfassend. Eine wesentliche Einrichtung kann aus materiellem oder aus immateriellem Eigentum bestehen, für die Zugangsvoraussetzungen bestehen keine Unterschiede.

Literaturverzeichnis

Adams, Gregory B.: Antitrust Constrains on Single-Firm Refusals to Deal by Monopolists in the European Economic Community and the United States, 20 Texas International Law Journal 1985, S. 1 - 54

Ahern, Patrick J.: Refusal to Deal After Aspen, in: 63 Antitrust Law Journal 1994, S. 153 - 183

Amato, Giuliano: Antitrust and the Bounds of Power, the Dilemma of Liberal Democracy in the History of the Market, Oxford 1997

Areeda, Phillip: Essential Facilities: An Epithet in Need of Limiting Principles, 58 Antitrust Law Journal 1989/90, S. 841 - 853

Areeda, Phillip / **Turner**, Donald F.: Antitrust Law An Analysis of Antitrust Principles and Their Application, Vol. III, Boston 1978

Baker, Johnathan B.: Recent Developments in Economics that Challenge Chicago Schools Views, in: 58 Antitrust Law Journal 1989, S. 645 – 655

Baxter, William F.: Legal Restrictions on Exploitation of the Patent Monopoly: An Economic Analysis, 76 The Yale Law Journal 1966, S. 267 – 370

Bekkers, Rudi / **Liotard**, Isabelle: European Standards for Mobile Communications: The Tense Relationship between Standards and Intellectual Property Rights, in: EIPR 1999, S. 110 – 126

Beier, Friedrich-Karl: Missbrauch einer beherrschenden Stellung durch Ausübung gewerblicher Schutzrechte? in: Festschrift für Karlheinz Quack zum 65. Geburtstag, Berlin/New York 1991, S. 15 - 32

– / – Gewerblicher Rechtsschutz und freier Warenverkehr im europäischen Binnenmarkt und im Verkehr mit Drittstaaten, in: GRUR Int. 1989, S. 603 – 615

Bender, David: Intellectual Property Antitrust, Volume one, New York 1996

Besen, Stanley M. / **Farrell**, Joseph: Choosing How to Compete: Strategies and Tactics in Standardization, in: 8 Journal of Economic Perspectives 1994, S. 117 – 131

Bodewig, Theo: Der Entwurf neuer Kartellrichtlinien für den Erwerb und die Lizenzierung geistigen Eigentums in den USA, in: GRUR Int. 1995, S. 142 – 144

Bork, Robert Heron: Legislative Intent and the Policy of the Sherman Act, in: 9 Journal of Law and Economics (1966), S. 7 – 48

Bowman, Ward S. Jr.: Patent and Antitrust Law – A Legal and Economic Appraisal, Chicago/London 1973

Brechthold, Rainer: Anmerkungen zu: EuGH: Missbrauch einer marktbeherrschenden Stellung durch Ausübung des Urheberrechts (Magill), in: EuZW, 1995, S. 339 – 347

Bunte, Hermann-Josef**:** 6. GWB-Novelle und Missbrauch wegen Verweigerung des Zugangs zu einer „wesentlichen Einrichtung“, in: WuW 1997, 302 – 318

Busche, Jan: Marktmachtmissbrauch durch Ausübung von Immaterialgüterrechten?, in: Festschrift für Winfried Tilmann, Zum 65. Geburtstag, Köln/ München 2003, S. 645 – 656

Chrocziel, Peter: Einführung in den Gewerblichen Rechtsschutz und das Urheberrecht, München 1995

Clark, John Maurice: Towards a Concept of Workable Competition, in: American Economic Review, Vol. 30, No. 2, Part 1 (1940), S. 241 – 256.

– / – Competition as a Dynamic Process, Brookins Institution, Washington 1961

Cohen, William E.**:** Competition and Foreclosure in the Context of Installed Base and Compatibility Effects, in: 64 Antitrust Law Journal 1996, S. 536 – 569

Conde Gallego, Beatriz: Die Anwendung des kartellrechtlichen Missbrauchsverbots auf „unerlässliche“ Immaterialgüterrechte im Lichte der IMS-Health und Standard-Spundfass-Urteile, in: GRUR Int. 2006, S. 16 – 28

Coolley, Ronald: Unilateral Refusal to License, in: David Bender (Hrsg.), Intellectual Property Antitrust, Volume Two, New York 1996, S. 379-398

Crane, Daniel A.: Obama´s Antitrust Agenda – Can the new administration overcome the Chicago and Harvard school´s reservations?, in: Regulation 2009, S. 16 - 20

Crowther, Peter: Compulsory Licensing of Intellectual Property Rights, in: 20 ELR 1995, S. 521 - 528

David, Paul A. / **Greenstein**, Shane: The Economics of Compatibility Standards: An Introduction to Recent Resaerch, in: Economics of Innovation and New Technology 1990, S. 3 – 41

Demsetz, Harold**:** Toward a theory of property rights, in: The American Economic Review, Vol. 57, No. 2 (1967), S. 347 - 359

Deringer, Arved: Das Wettbewerbsrecht der Europäischen Wirtschaftsgemeinschaft – Kommentar zu den EWG-Wettbewerbsregeln, Düsseldorf 1962

Deselaers, Wolfgang: Die „Essential Facilities“-Doktrin im Lichte des Magill-Urteils des EuGH, in: EuZW 1995, S. 563 - 569

Doutrelepont, Carine: Mißbräuchliche Ausübung von Urheberrechten? Bemerkungen zur Magill-Entscheidung des Gerichts 1. Instanz des Europäischen Gerichtshofs, in: GRUR Int. 1994, S. 302 – 308

Drexl, Josef: Intellectual Property and Antitrust Law – IMS Health and Trinko – Antitrust Placebo for Consumers Instead of Sound Economics in Refusal-to-Deal Cases, in: IIC 2004, S. 788 – 808

– / – Die wirtschaftliche Selbstbestimmung des Verbrauchers: eine Studie zum Privat- und Wirtschaftsrecht unter Berücksichtigung gemeinschaftsrechtlicher Bezüge, Tübingen 1998

Ebenroth, Carsten Thomas / **Bohne**, Michael: Gewerbliche Schutzrechte und Art. 86 EG-Vertrag nach der Magill-Entscheidung, in: 12 EWS 1995, S. 397 – 404

Ehle, Dirk: Anmerkungen zum Urteil Bronner, in: EuZW, 1999, S. 89 – 90

Eichmann, Helmut: Das europäische Geschmacksmusterrecht auf Abwegen?, in: GRUR Int. 1996, S. 859 - 876

Eilmansberger, Thomas: Abschlusszwang und Essential Facility Doktrin nach Art. 82 EG, Überlegungen aus Anlass der Entscheidung „IMS-Health“ in: EWS 2003 S. 12 – 23

– / – Der Umgang marktbeherrschender Unternehmen mit Immaterialgüterrechten im Lichte des Art. 86 EWGV, in: EuZW 1992, S. 625 – 634

– / – How to distinguish good from bad competition under Article 82 EC: In search of clearer and more coherent standards for anti-competitive abuses, in: CMLR 2005, S. 129 – 177

– / – The essential facilities doctrine under Art. 82: What is the state of affairs after IMS Health and Microsoft?, in: 16 KCLJ 2005, S. 329 – 346

Emmerich, Volker: Kartellrecht, 10. Auflage, München 2006

Farrell, Joseph: Arguments for a Weaker Intellectual Property Protection in Network Industries, in: Kahin, Brian/ Abbate, Janet (Hrsg.), Standards Policy for Information Infrastructure, Cambridge/London 1995, S. 368 – 377

Fikentscher, Wolfgang**:** Wettbewerbsrecht im TRIPS-Agreement der Welthandelsorganisation, in: GRUR Int. 1995, S. 529 - 534

– / – Hauptfelder und Zwecke des Kartellrechts in rechtspolitischer und kollisionsrechtlicher Sicht, in: Festschrift für Werner Lorenz zum 70. Geburtstag, Pfister, Bernhard / Will, Michael (Hrsg.), Tübingen 1991, S. 341 -358

Fitzgerald, Darren: Magill Revisited, in: EIPR 1998, S. 154 – 161

Fleischer, Holger**:** Behinderungsmissbrauch durch Produktinnovationen, Baden-Baden1997

Fleischer, Holger / **Doege**, Niels: Der Fall United States v. Microsoft, in: WuW 2000, S. 705 – 717

Flynn, James: The Reagan Administration´s Antitrust Policy, „Orginal Intent“ and the Legislative History of the Sherman Act, in: 33 Antitrust Bulletin, 1988, S. 259 - 307

Forrester, Ian S.: Software Licensing in Light of Current EC Competition Law, in: 1 ECLR 1992, S. 5 – 20

Fox, Eleanor M.: The Modernization of Antitrust: A New Equilibrium, in: 66 Cornell Law Review 1981, S. 1140 – 1192

– / – Monopolization and Dominance in the United States and the European Community: Efficiency, Opportunity and Fairness, in: Notre Dame Lawyer, 1986, S. 981 – 1020

Frankfurter Kommentar Jaeger, Wolfgang / **Pohlmann**, Petra / **Rieger**, Harald / **Schroeder**, Dirk (Hrsg.): Kommentar zum Kartellrecht, Band II EG-Kartellrecht (Teil 1-2), Loseblattsammlung, Köln 2000 ff.

Furth, Helmut F.: Price-Restrictive Patent Licenses under the Sherman Act, 71 Harvard Law Review 1958, 815 – 842

Furse, Mark: The „Essential Facilities“ Doctrine in Community Law, in: ECLR 1995, S. 469 – 473

Geiger, Andreas: Patents, Trade Marks, Copyrights - a Mission for Article 82 EC, in: ECLR 2004, S. 311- 313

Geradin, Damien: Limiting the Scope of Article 82 EC: What Can the EU Learn from the U.S. Supreme Court´s Judgement in Trinko in the Wake of Microsoft, IMS, and Deutsche Telekom?, in: 41 CMLR 2004, S. 1519 – 1553

Gifford, Daniel J.: Microsoft Corporation, the Justice Department, and Antitrust Theory, in: Southwestern University Law Review 1996, S. 621- 670

Grabitz, Eberhard / **Hilf,** Meinhard: Das Recht der Europäischen Union, Band II EUV/EGV, (Losebl. 1999), München (37. EL 2008)

– / – Das Recht der Europäischen Union, Band III EUV/EGV, (Losebl. 1999), München (37. EL 2008)

Greaves, Rosa: The Herchel Smith Lecture 1998: Article 86 of the E.C. Treaty and Intellectual Property Rights, in: EIPR, 1998, S. 279 – 385

– / – Magill est arrivé... RTE and ITP v. Commission of the European Communities, in: 4 ECLR 1995, S. 244 – 247

– / – Von der **Groeben**, Hans / **Schwarze**, Jürgen (Hrsg.): Kommentar zum Vertrag über die Europäische Union und zur Gründung der Europäischen Gemeinschaft, Fünf Bände, Band 2, 6. Auflage, Baden-Baden 2003

Hanna, Ramsey: Misusing Antitrust: The Search for Functional Copyright Misuse Standards, Stanford Law Review 1994, S. 401 – 448

Harabi, Najib: Determinanten des technischen Fortschritts: eine industrieökonomische Analyse, in: Harabi, Najib (Hrsg.), Kreativität – Wirtschaft – Recht, Zürich 1996

Hardin, Garrett: The Tragedy of the Commons, in: Henderson (Hrsg.), The Fortune Encyclopedia of Economics, New York 1993

von **Hayek**, Friedrich A.: Recht, Gesetzgebung und Freiheit, Band 3: Die Verfassung einer Gesellschaft freier Menschen, 1981

Heinemann, Andreas: Immaterialgüterschutz in der Wettbewerbsordnung – Eine grundlagenorientierte Untersuchung zum Kartellrecht des geistigen Eigentums, Tübingen 2002

– / – Gefährdung von Rechten des geistigen Eigentums durch Kartellrecht? Der Fall „Microsoft" und die Rechtsprechung des EuGH, in: GRUR Int. 2006, 705 – 713

– / – Kartellrechtliche Zwangslizenzen im Patentrecht – Die Spundfass-Entscheidung des BGH vom 13.7.2004, in: ZWeR 2005, S. 198 – 206

– / – Interne und externe Begrenzung des Immaterialgüterschutzes am Beispiel des *IMS Health*-Falls, in: Hilty, Reto M./Peukert, Alexander (Hrsg.), Interessenausgleich im Urheberrecht, Baden-Baden 2004, S. 207 – 219

– / – Schutzrechte in der Informationsgesellschaft und ihr Verhältnis zum Kartellrecht, in: Behrens (Hrsg.), Stand und Perspektiven des Schutzes geistigen Eigentums in Europa, Baden-Baden 2004

– / – Compulsory Licences and Product Integration in European Competition Law - Assessment of the European Commission´s Microsoft Decision, in: IIC 2005, S. 63 – 82

Hobbes, Thomas: Leviathan or the Matter, Form, and Power of a Common Wealth Ecclesiastical and Civil, Edition Molesworth, Vol. III, London 1839

Hohmann, Holger: Die Essential Facility-Doktrin im Recht der Wettbewerbsbeschränkungen, Baden-Baden 2001

Hovenkamp, Herbert: Federal Antitrust Policy – The Law of Competition and its Practice, St. Paul, Minnesota 1994

– / – Antitrust Policy after Chicago, in: 84 Michigan Law Review 1985, S. 213 – 284

– / – Antitrust Remedies for Private Intellectual Property Bottlenecks, in: European Competition Law Annual 1998: Regulating Communications Markets, (Hrsg.) Ehlermann, Claus-Dieter/Gosling, Louisa, Oxford/Portland, Oregon 2000, S. 131 – 150

Hovenkamp, Herbert / **Janis**, Mark D. / **Lemley**, Mark A.: IP and Antitrust, An Analysis of Antitrust Principles Applied to Intellectual Property Law, Loseblattsammlung, Aspen 2004

Höppner, Thomas: Missbräuchliche Verhinderung „neuer" Produkte durch Immaterialgüterrechte - Zur Anwendung von Art. 82 EG auf Lizenzverweigerungen, in: GRUR Int. 2005, S. 457 – 464

– / – Die Pflicht interne Produktionsmittel zu vermarkten – zugleich Anmerkung zum EuGH-Urteil IMS, in: EuZW 2004, S. 748 - 752

Hummel, Marlies: die volkswirtschaftliche Bedeutung des Urheberrechts, Berlin 1989 (Studie im Auftrag des Bundesjustizministeriums, durchgeführt vom Ifo-Institut für Wirtschaftsforschung, München)

Immenga, Ulrich / **Mestmäcker,** Ernst-Joachim: Wettbewerbsrecht – Kommentar zum Europäischen Kartellrecht, Band 1. EG/Teil 1, 4. Auflage, München 2007

– / – Wettbewerbsrecht – Kommentar zum Europäischen Kartellrecht, Band 1. EG/Teil 2, 4. Auflage, München 2007

– / – Wettbewerbsrecht – Kommentar zum GWB, Band 2, München 2007

Jacobi, Philipp: Third Party Access im Europäischen Wettbewerbsrecht, Baden-Baden 2002

Joliet, René: Geistiges Eigentum und freier Warenverkehr – Die Entwicklung der Rechtsprechung des Gerichtshofs der Europäischen Gemeinschaften in den Jahren 1987 und 1988, in: GRUR Int. 1988, S. 177 – 185

Jones, Niegel: Euro-Defences: Magill Distinguished, in: EIPR 1998, S. 352 – 354

Jones, Bruce J. / **Turner**, James R.: Can an Operating System Vendor Have a Duty to Aid its Competitors? in: 37 Jurimetrics Journal of Law, Science and Technology 1996/97, S. 355 – 394

Jung, Peter: Die Zwangslizenz als Instrument der Wettbewerbspolitik, in: ZWeR 2004, S. 379 – 411

Kaplow, Louis: Extension of Monopoly Power Through Leveraging, 85 Columbia Law Review 1985, S. 515 - 556

Katz, Michael L. / **Shapiro**, Carl: Technology Adoption in the Presence of Network Externalities, in: 94 Journal of Political Economy 1986, S. 822 – 841

– / – System Competition and Network Effects, 8 Journal of Economic Perspectives 1994, S. 93 – 115

Van Kerckhove, Marleen: The Advocate General Delivers his Opinion on Magill, ECLR 1994, S. 276 – 279

Kilian, Wolfgang: Europäisches Wirtschaftsrecht, 3. Auflage, München 2008

Kirchner, Christian: Patentrecht und Wettbewerbsbeschränkungen, in: Ott, Claus/Schäfer, Hans-Bernd (Hrsg.), Ökonomische Analyse der rechtlichen Organisation von Innovationen, Tübingen 1994, S. 157 – 187

Kleißl, Katharina: Lizenzkartellrecht in der amerikanischen und europäischen Rechtsordnung, Berlin 2008

Koboldt, Christian: Property Rights und Urheberschutz, in: Ott, Claus/Schäfer, Hans-Bernd (Hrsg.), Ökonomische Analyse der rechtlichen Organisation von Innovationen, Tübingen 1994, S. 69 – 114

Korah, Valentine: The Ladbroke Saga, in: 3 ECLR 1998, S. 169 – 176

– / – Know-How Licensing Agreements and the EEC Competition Rules Regulation 556/89, Oxford 1989

Lande, Robert H.: Chicago Takes It on the Chin: Imperfect Information Could Play a Crucial Role in the Post- Kodak World, in: 62 Antitrust Law Journal 1993, S. 193 – 202

Langen, Eugen / **Bunte,** Hermann-Josef (Hrsg.): Kommentar zum deutschen und europäischen Kartellrecht, 2 Bände, Band 2: Europäisches Kartellrecht, 10. Auflage, München 2006

Lenz, Carl Otto: EU- und EG-Vertrag - Kommentar zu dem Vertrag über die Europäische Union und zu dem Vertrag zur Gründung der Europäischen Gemeinschaft, 4. Auflage, Köln 2006

Lemley, Mark A.: Antitrust and the Internet Standardization Problem, in: Connecticut Law Review 1996, S. 1041 – 1094

– / – The Economics of Improvement in Intellectual Property Law, in: Texas Law Review 1997, S. 989 – 1083

Lemley, Mark A. / **McGowan**, David: Could Java Change Everything? The Competitive Property of a Proprietary Standard, in: The Antitrust Bulletin 1998, S. 715 – 773

– / – Legal Implications of Network Economic Effects, in: 86 California Law Review 1998, S. 479 – 545

Leupold, Henning / **Pautke**, Stephanie: IMS-Health vs. Microsoft – Befindet sich die Kommission bei kartellrechtlichen Zwangslizenzen (erneut) auf Konfrontationskurs mit dem EuGH, in: EWS 2005, S. 108 – 116

Lober, Andreas: Die IMS-Health-Entscheidung der Europäischen Kommission: Copyright K.O.?, in: GRUR Int. 2002, S. 7 – 16

Locke, John: An Essay Concerning the True Original, Extent and End of Civil Government – Second Treatise on Government, 1698

Lugard, H. H. Paul: ECJ upholds Magill: It Sounds Nice in Theory, But How Does it Work in Practice? In: 6 European Business Law Review 1995, S. 231 – 234

Markovits, Richard S.: Tie-ins, Leverage, and the American Antitrust Laws, 80 Yale L.J. 195 (1970)

McGowan, David: Regulating Competition in the Information Age: Computer Software as an Essential Facility Under the Sherman Act, in: 18 Hastings Communications and Entertainment Law Journal 1996, S. 771 – 851

Menell, Peter S.: An Analysis of Copyright Protection for Application Programs, in: 41 Stanford Law Reviev 1989, S. 1045 – 1104

Mennicke, Petra: „Magill" – Von der Unterscheidung zwischen Bestand und Ausübung von Immaterialgüterrechten zur „essential facilities"-Doktrin in der Rechtsprechung des Europäischen Gerichtshofes? In: 160 ZHR 1996, S. 626 – 659

Graf v. **Merveldt**, Moritz**:** Anm. zu U.S. Supreme Court vom 13.1.2004 – (Verizon Communications Inc. v. Trinko) (GRUR Int. 2004, 674): GRUR Int. 2004, S. 687 – 681

Mestmäcker, Ernst-Joachim / **Schweitzer**, Heike: Europäisches Wettbewerbsrecht, 2. Auflage, München 2004

Mestmäcker, Ernst-Joachim**:** Staat und Unternehmen im europäischen Gemeinschaftsrecht – Zur Bedeutung von Art. 90 EWGV, RabelsZ 52 (1988), S. 526 – 586

Miller, Clifford: Magill: Time to Abandon the „Specific Subject-Matter" Concept, in: 10 EIPR 1994, S. 415 – 421

Montag, Frank**:** Gewerbliche Schutzrechte, wesentliche Einrichtungen und Normung im Spannungsfeld zu Art. 86 EGV, in: EuZW 1997, S. 71 – 78

Münchener Kommentar zum Europäischen und Deutschen Wettbewerbsrecht (Kartellrecht) Hirsch, Günter / **Montag**, Frank / **Säcker**, Fritz Jürgen (Hrsg.): Band 1 Europäisches Wettbewerbsrecht, München 2007

Myrick, Ronald E.: Will Intellectual Property on Technology Still be Viable in a Unitary Market? in: EIPR 1992, S. 298 – 304

Nikolinakos, Nikos: Access Agreements in the Telecommunications Sector – Refusal to Supply and the Essential Facilities Doctrine under E.C. Competition Law, in: ECLR 1999, S. 399 – 411

Oechseler, Jürgen: Netzzugang und Durchleitung auf der Grundlage des kartellrechtlichen Diskriminierungsverbots, in: ZHR 2000, 479 – 496

OECD: Competition Policy and Intellectual Property Rights, Paris 1989

Overd, Alan / **Bishop**, Bill: Essential Facilities: The Rising Tide, in: ECLR 1998, S. 183 – 185

Page, Amy C.: Microsoft: A Case Study in International Competitiveness, High Technoloy, and the Future of Antitrust Law, in: Federal Communications Law Journal 1994, S. 99 – 122

Papier, Hans-Jürgen: Durchleitung und Eigentum, in: BB 1997, S. 1213 – 1220

Pilny, Karl H.**:** Missbräuchliche Marktbeherrschung gem. Art. 86 EWGV durch Immaterialgüterrechte – Die Magill-Entscheidung des EuGH als Schnittstelle zwischen europäischem Wettbewerbsrecht und Urheberrecht, in: GRUR Int. 1995, S. 954 – 962

– / – Schnittstellen in Computerprogrammen – Zum Rechtsschutz in Deutschland, den USA und Japan, in: GRUR Int. 1990, S. 431 – 442

Popofsky, M. Laurence / **Popofsky**, Mark S.: Vertical Restraints in the 1990s: Is There a „Thermidorian Reaction“ on the Post-Sylvania Orthodoxy?, in: 62 Antitrust Law Journal 1994, S. 729 – 757

Prete, Luca: From Magill to IMS: Dominant Firms` Duty to License Competitors, in: EBLR 2004, S. 1071 – 1086

Reindl, Andreas: The Magic of Magill, TV Program Guides as a Limit of Copyright Law? In: IIC 1993, S. 60 – 82

Ridyard, Derek: Essential Facilities and the Obligation to Supply Competitors under UK and EC Competition Law, ECLR 1996, S. 438 – 452

– / – Compulsory Access Under EC Competition Law - A New Doctrine of "Convenient Facilities" and the Case for Price Regulation, in: ECLR 2004, S. 669 - 673

Rosen, Norman: Intellectual Property and the Antitrust Pendulum: Recent Developments at the Interface Between the Antitrust and Intellectual Property Laws, in: Antitrust Law Journal 1994, S. 669 – 694

Royall, M. Sean: Symposium: Post Chicago Economics – Editor´s Note, in: 63 Antitrust Law Journal, 1995, S. 445 – 454

Rule, Charles F.: The Administration´s Views: Antitrust Analysis After the Nine No-No´s, 55 Antitrust Law Journal 1986, S. 365 – 372

Scherer, Joachim: Das Bronner-Urteil des EuGH und die Essential facilities-Doktrin im TK-Sektor, in: MMR 1999, S. 315 – 321

Schmidt, Ingo / **Rittaler**, Jan B.: Die Chicago School of Antitrust Analysis – Wettbewerbstheoretische und –politische Analyse eines Credos, Baden-Baden 1986

Scholz, Rupert / **Langer**, Stefan: Europäischer Binnenmarkt und Energiepolitik, Schriften zum Europäischen Recht Band 13, Berlin 1992

Schröter, Helmut / **Jakob**, Thinam / **Mederer**, Wolfgang (Hrsg.): Kommentar zum Europäischen Wettbewerbsrecht, 1. Auflage, Baden-Baden 2003

Schuhmacher, Wolfgang**:** Die Essential Facility Doctrine als Herausforderung für das Urheberrecht, in: Dittrich, Robert (Hrsg.), Beiträge zum Urheberrecht VII, Wien 2003, S. 85 – 112

Schwarze, Jürgen: Der Schutz des geistigen Eigentums im europäischen Wettbewerbsrecht, in: EuZW 2000, S. 75 – 81

Schwintowski, Hans-Peter: Der Zugang zu wesentlichen Einrichtungen, in: WuW 1999, S. 842 – 853

Schindler, Katharina**:** Wettbewerb in Netzen als Problem der kartellrechtlichen Missbrauchsaufsicht – Die Essential Facility-Doktrin im amerikanischen, europäischen und schweizerischen Kartellrecht, Bern 1998

Shapiro, Carl**:** Aftermarkets and Consumer Welfare: Making Sense of Kodak, in: 63 Antitrust Law Journal 1995, S. 483 – 511

Shapiro, Carl / **Varian**, Hal R.: Information Rules, Boston 1999

Shurmer, Mark / **Lea**, Gary: Telecommunications Standardization and Intellectual Property Rights: A Fundamental Dilemma? in: Kahin, Brian/Abbate, Janet (Hrsg.), Standards Policy for Information Infrastructure, Cambridge/London 1995, S. 378 – 402

Shurmer, Mark / **Swann**, Gavin Peter: An Analysis of the Process Generating De Facto Standards in the PC Spreadsheet Software Market, in: Journal of Evolutionary Economics 1995, S. 119 – 132

Spindler, Gerald / **Apel**, Katharina: Urheber- versus Kartellrecht – Auf dem Weg zur Zwangslizenz?, in: JZ 2005, S. 133 – 138

Stapper, Thilo: Das essential facilities Prinzip und seine Verwendung zur Öffnung immaterialgüterrechtlich geschützter de facto Standards für den Wettbewerb, Berlin 2003

Strohm, Hans Gottfried: Wettbewerbsbeschränkungen in Patentlizenzverträgen nach amerikanischem und deutschem Recht, Köln 1971

Subiotto, Romano: The Right to Deal With Whom one Pleases Under EC Competition Law: A Small Contribution to a Necessary Debate, 6 ECLR 1992, S. 234 – 244

Sullivan, Lawrence A.: The Political Economy of the Sherman Act – the First One Hundred Years, Oxford 1991

– / – Section 2 of the Sherman Act and Vertical Strategies by Dominant Firms, in: Southwestern University Law Review 1992, S. 1227 - 1263

Temple Lang, John: Defining Legitimate Competition: Companies´ Duties to Supply Competitors, and Acces to Essential Facilities, in: Fordham Corporate Law Institut 1994, S. 245 – 313

– / – The principle of essential facilities and its consequences in European Community competition law, 1996 Oxford, S. 19 – 46

Thyri, Peter: Immaterialgüterrechte und Zugang zu wesentlichen Einrichtung - Der Fall Microsoft im Lichte von IMS-Health, in: WuW 2005, S. 388 – 399

Timberg, Sigmund: Urheberrecht und Kartellrecht, in: GRUR 1980, 463 – 471

Tom, Willard K. / **Newberg**, Joshua A.: Antitrust and Intellectual Property: From Separate Spheres to Unified Field, in: 66 Antitrust Law Journal 1997, S. 167 - 229

– / – U.S. Enforcement Approaches to the Antitrust-Intellectual Property Interface, in: Anderson, Robert/Gallini, Nancy (Hrsg.), Competition Policy and Intellectual Property Rights in the Knowledge-Based Economy (1998), S. 343 – 393

Treacy, Pat: Essential Facilities – Is the Tide Turning? in: ECLR 1998, S. 501 – 505

Troy, Daniel E.: Unclogging the Bottleneck: A New Essential Facility Doctrine, Columbia Law Review, 1983, S. 441 – 487

Turnbull, Sarah: Barriers to Entry, Article 86 and the Abuse of a Dominant Position: An Economic Critique of European Community Competition Law, in: 17 ECLR 1996, S. 96 – 103

Ullrich, Hans: Grenzen des Rechtsschutzes: Technologieschutz zwischen Wettbewerbs- und Industriepolitik, in: Schricker, Gerhard/Dreier, Thomas/ Kur, Annette (Hrsg.), Das geistige Eigentum im Dienste der Innovation, Baden-Baden 2001

– / – Wissenschftlich-technische Kreativität zwischen privatem Eigentum, freiem Wettbewerb und staatlicher Steuerung, in: Harabi, Najib (Hrsg.), Kreativität – Wirtschaft – Recht, Zürich 1996, S. 203 – 273

– / – Lizenzkartellrecht auf dem Weg zur Mitte, in: GRUR Int. 1996, S. 555 – 568

Venit, James S.: The „Essential Facilities" Doctrine: Its Role in EC Competition Law, in: European Competition Law Annual 1998: Regulating Communications Markets, (Hrsg.) Ehlermann, Claus-Dieter/Gosling, Louisa, Oxford/Portland, Oregon 2000, S. 237 - 272

Vinje, Thomas C.: Magill: Its Impact on the Information Technology Industry, in: EIPR 1992, S. 397 – 402

– / – The Final Word on Magill, in: EIPR 1995, S. 297 – 303

Von **Weizsäcker**, Carl Christian: Rechte und Verhältnisse in der modernen Wirtschaftlehre, in: Kyklos, Vol. 34, 1981, 345-376

Williams, Mark: Sega, Nintendo and After-market Power: The MMC Report on Video Games, in: ECLR 1995, S. 310 – 318

Wirtz, Markus / **Holzhäuser**, Michael: Die kartellrechtliche Zwangslizenz, in: WRP 2004, S. 683 – 694

Europäische Integration
und internationale Wirtschaftsbeziehungen
Rechtswissenschaftliche Studien

In der Reihe Europäische Integration und Internationale Wirtschaftsbeziehungen werden rechtswissenschaftliche Forschungsergebnisse publiziert, die wirtschaftsrechtliche Fragen der regionalen und globalen wirtschaftlichen Integration zum Gegenstand haben. Zwar liegt der Schwerpunkt auf der EU und ihrer Binnenmarktintegration. Das Programm der Reihe schließt aber die Außenbeziehungen der EU und die internationale Dimension des Welthandelsrechts, insbesondere der WTO, des Kapitalmarktrecht sowie des Rechts der Direktinvestitionen mit ein. Die Fragestellungen können sowohl privatrechtlicher, als auch öffentlich-rechtlicher oder völkerrechtlicher Natur sein. Die Reihe insgesamt soll im Hinblick auf die internationalen Wirtschaftsbeziehungen gerade den Zusammenhang zwischen den rechtswissenschaftlichen Disziplinen deutlich machen. Für die Aufnahme in die Reihe kommen überdurchschnittliche Dissertationen in Betracht, aber auch Forschungsergebnisse aus anderen Zusammenhängen.

Band 1 - 21 herausgegeben von Peter Behrens
Ab Band 22 herausgegeben von Peter Behrens und Wolfgang Wurmnest

Band 1 Hella Kinder: Die Außenindustriepolitik der Europäischen Gemeinschaft dargestellt am Beispiel von Antidumpingmaßnahmen. 1996.

Band 2 Stefan Flach: Rechtsbindung einer industriepolitischen Instrumentalisierung öffentlicher Aufträge. 1996.

Band 3 Nicolas Baron von Behr: Multinationale Unternehmen und Exportkontrollen. Völkerrechtliche Zulässigkeit und Grenzen extraterritorialer Ausfuhrbeschränkungen. With an English Summary. 1996.

Band 4 Andreas Pense: Die personalistische Eurokapitalgesellschaft als Instrument der Unternehmenskooperation in der EU. Ein Entwurf auf rechtsvergleichender Grundlage. 1997.

Band 5 Marcus Mackensen: Institutionelle Anleger im Unternehmensrecht Deutschlands und der USA. 2000.

Band 6 André Schwanna: Die Gründung von Gesellschaften in Deutschland, Frankreich und Großbritannien. Gemeineuropäische Prinzipien des Gesellschaftsrechts. 2002.

Band 7 Ulfert Frenzel: Die Beurteilung von Forschungs- und Entwicklungskooperationen zwischen Herstellern und Zulieferern in der deutschen Automobilindustrie nach europäischem und deutschem Kartellrecht. 2003.

Band 8 Fabian Stancke: Einstweilige Anordnungen im dezentralen Vollzug des Gemeinschaftsrechts. Einstweilige Anordnungen und die Kohärenz des gemeinschaftlichen Rechtsschutzsystems bei der Anwendung des Gemeinschaftsrechts durch deutsche Verwaltungs- und Zivilgerichte. 2004.

Band 9 Katerina Buchtova: Marktstrukturelle Kriterien bei der kartellrechtlichen Beurteilung vertikaler Bindungen im europäischen und im tschechischen Kartellrecht. 2004.

Band 10 Katja Koch: Handelspräferenzen der Europäischen Gemeinschaft für Entwicklungsländer. Typologie, Konditionierungen, WTO-Konformität. 2004.

Band 11 Julia Richter: Gatekeeper Positionen in der europäischen Fusionskontrolle. Marktabschottungsgefahren bei Zusammenschlüssen im Informations- und Kommunikationssektor. 2004.

Band 12 Ulrike Schmidt-Tiedemann: Geschäftsführung und Vertretung im Gesellschaftsrecht Deutschlands, Frankreichs und Englands. Eine rechtsvergleichende Untersuchung zur Feststellung ge-meineuropäischer Prinzipien des Gesellschaftsrechts. 2004.

Band 13 Kerstin Dittmann: Öffnung von Märkten durch kartellrechtlichen Kontrahierungszwang. Eine Analyse von § 20 Abs. 1 GWB und Art. 82 EG unter Berücksichtigung der *essential facilities-doctrine*. 2004.

Band 14 Susanne Wendt: Die Kontrolle der Geschäftsführung in Personen- und Kapitalgesellschaften in Deutschland, Frankreich und England. Eine rechtsvergleichende Untersuchung zur Ermittlung gemeinsamer Prinzipien des Gesellschaftsrechts. 2004.

Band 15 Britta Noack: Industrielle Zulieferverträge und Art. 81 EGV. Unter besonderer Berücksichtigung der Gruppenfreistellungsverordnung 2790/99 für vertikale Vereinbarungen. 2004.

Band 16 Sven Krämer: Der Wechsel von Gesellschaftern bei Personen- und Kapitalgesellschaften in Deutschland, England und Frankreich. Eine rechtsvergleichende Untersuchung zur Ermittlung gemeinsamer gesellschaftsrechtlicher Prinzipien. 2004.

Band 17 Philip Peitsmeyer: Die Vererbung von Gesellschaftsanteilen an Personen- und Kapitalgesellschaften in Deutschland, Frankreich und England. Eine rechtsvergleichende Untersuchung zur Ermittlung gemeinsamer Prinzipien des Gesellschaftsrechts. 2004.

Band 18 Jörg Arzt-Mergemeier: Der gesellschaftsrechtliche Minderheitenschutz in Deutschland, England und Frankreich. Eine rechtsvergleichende Untersuchung zur Ermittlung gemeinsamer Prinzipien des europäischen Gesellschaftsrechts. 2006.

Band 19 Christian Rosner: Staatliche Ausgleichsleistungen für gemeinwirtschaftliche Verpflichtungen im Spannungsfeld zwischen Wettbewerb und Daseinsvorsorge. 2006.

Band 20 Andreas W. Dimke: Neutralitätspflicht und Übernahmegesetz. Eine vergleichende Untersuchung von Abwehrmaßnahmen bei feindlichen Übernahmen nach deutschem und US-amerikanischem Recht unter besonderer Berücksichtigung des deutschen Übernahmegesetzes. 2007.

Band 21 Justus Jansen: Der gesellschaftsrechtliche Kapitalschutz in Deutschland, England und Frankreich. Eine rechtsvergleichende Untersuchung zur Ermittlung gemeinsamer gesellschaftsrechtlicher Prinzipien. 2007.

Band 22 Paul Moritz Naue: Immaterielle Gegenstände – insbesondere Immaterialgüterrechte – als wesentliche Einrichtungen nach Art. 102 AEUV. 2012.

www.peterlang.de